# 中小企业文化生态的
# 聚合与嬗变

ZHONGXIAO QIYE WENHUA SHENGTAI DE JUHE YU SHANBIAN

李少惠 著

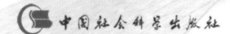

中国社会科学出版社

**图书在版编目（CIP）数据**

中小企业文化生态的聚合与嬗变/李少惠著．—北京：中国社会科学出版社，
2008.3
ISBN 978-7-5004-6678-9

Ⅰ.中…　Ⅱ.李…　Ⅲ.中小企业-企业文化-研究　Ⅳ.F276.3

中国版本图书馆 CIP 数据核字(2008)第 001942 号

责任编辑　郭晓鸿（guoxiaohong149@163.com）
责任校对　韩天炜
封面设计　福瑞来书装
版式设计　戴　宽

| 出版发行 | 中国社会科学出版社 | | |
| --- | --- | --- | --- |
| 社　　址 | 北京鼓楼西大街甲 158 号 | 邮　编 | 100720 |
| 电　　话 | 010—84029453 | 传　真 | 010—84017153 |
| 网　　址 | http://www.csspw.cn | | |
| 经　　销 | 新华书店 | | |
| 印　　刷 | 华审印刷厂 | 装　订 | 广增装订厂 |
| 版　　次 | 2008 年 3 月第 1 版 | 印　次 | 2008 年 3 月第 1 次印刷 |
| 开　　本 | 710×1000　1/16 | | |
| 印　　张 | 17.75 | 插　页 | 2 |
| 字　　数 | 330 千字 | | |
| 定　　价 | 32.00 元 | | |

# 目　　录

# 导　论

　　各国经济发展的实践业已证明，一国或地区经济的发展取决于该国或地区企业群体的整体素质。企业文化作为推动企业自身发展的精神动力源泉，近年来，这一领域的研究在欧美发达国家异军突起，并由此推动了企业文化理论的产生。中小企业是整个社会经济系统中不可或缺的一个重要组成部分，是欧美各国重要的经济支柱，近年来受到了理论界和企业界人士的广泛关注，他们多从中小企业的人力资源、企业模式、融资问题及政策扶持、外部发展环境等方面加以论述，对中小企业文化塑造的关注则不多，有关地域文化的概念更是主要见诸于世界各国对各种文化体系历史的研究中。美国学者安娜李·萨克森尼安的《地区优势：硅谷和128地区的文化与竞争》将硅谷的创业文化视为中小企业集群形成并带动经济发展的一个重要因素，从侧面论及地区特有文化与中小企业发展的关系。西班牙学者佩罗塔在《重商主义经济学》一书中则分析了西班牙社会各阶层的经济行为、价值取向对当地经济发展的抑制，从反面论述了文化因素对经济社会发展的阻滞作用。此外，西方学者还从宏观上对经济与文化的关系作了许多精湛的论述，如法国发展经济学家F. 佩鲁在《新发展观》一书中提出文化在经济增长中起着关键作用，文化是决定经济减缓或加速增长及检验增长是否合理的基础。简言之，西方理论界在阐明经济增长动力时，充分肯定了文化对区域发展的巨大作用。

　　随着我国市场经济的发展，国内学术界对企业文化的研究也呈现出方兴未艾的势头，尤其在中小企业已成长为市场经济的生力军时，越来越多的人开始重视中小企业文化体系的建设及其功用。近几年来，又有学者致力于对区域经济发展与地域文化特色的研究，不仅从区域经济的角度进行探析，而且逐渐深入到文化的层面，强调文化在区域经济发展中的作用。浙江大学的学者们对浙江地域文化在温州模式中的作用研究，以及广东学者对岭南文化与珠江三角洲地区经济发展的研究，正昭示着这一领域研究发展的新动向。在国内外相关领域研究的基础上，通过不断的探索、凝练和创新，我们逐步形成了自己的研究思路，提出研究地域文化的创新与中小企业文化发展及这两者之间的互动关系的课题。从目前国内该项目相关领域的研究现状来看，学者们关注较多的是大中型国有企业或跨国企业的文化建设，对中小企业文化建设的研究还很薄弱，即便有所论及，也多是套用企业文化建设的一般模式，未能将中小企业文化建设的研究置于地域文化根源视角下进行，而有关地域文化与企业文化，特别是西北欠发达地区中小企业文化与地域文化关系及创新互动作用的研究更是未见论及。

# 第一节　经济发展的文化维度

经济与文化是互动的两个范畴，是人类社会活动的两个主要方面。从文化人类学意义上来说，人类的一切经济活动同时也都是文化活动，都具有文化意义。经济与文化的关系本质上是一种共生互动的关系。在现实生活中，人们很难把经济活动和文化活动截然分开。可以说，几乎所有的经济活动都是按一定的文化运行的。在现代经济中，文化已成为经济的灵魂，成为经济发展中隐含的深层动力。我国地域辽阔，长期以来由于受自然条件、生态环境、经济条件、社会政治和文化环境、科技水平以及民族、宗教等多种因素的不同影响，形成了不同的经济文化区，使我国的经济文化具有地域性的特点，区域经济文化的协调发展成为中国进一步发展的突出问题。一般来说，发达的区域经济在客观上需要拥有与之相适应的先进的地域文化，而先进的地域文化也必然会提高人们在观念、意识等文化层面的素质，有力地推进区域经济的健康、持续发展，从而形成区域经济与文化的良性循环。地域文化与区域经济的关系极为密切，区域经济的发展对地域文化的成长与发展起着支撑作用，不同的区域经济孕育出不同的地域文化；而地域文化环境对区域经济的发展产生着巨大的反作用，各具特色的地域经济总是体现出不同类型地域文化的影响。

区域经济的发展决定着地域文化的发展。一定的地域文化是由特定的地域经济状况和发展过程决定的。区域经济是地域文化发展的基础，它决定着地域文化的发展水平及文化发展的结构、类型等。譬如，吴文化的兴盛源于该地区经济的繁荣。在古代，"赋出天下，而江南居十九"；在当代，以苏南为依托，江苏经济的规模和增长势头在全国多方领先。自古以来，吴经济根深叶茂，农丰工盛，由此造就了兴旺发达的区域文化，其深厚的文化底蕴和文化模式在全国居于领先地位，尤其是进入近代，江南地区更是人文荟萃。由此我们不难得出一个命题：没有扎实的经济基础，就不会有繁荣的文化事业。区域经济是区域文化不可缺少的基础，区域经济建设为区域文化发展提供着物质条件和基础保证。

当然，区域文化的发展也有其相对的独立性，除了受经济因素的制约以外，还受历史积淀、传统演化等多种因素的影响。比如，今天的关中、西安地区，经济发展水平虽不如东南沿海地区，但其科教实力、文化繁盛程度仍在全国居于领先地位。清代"晋商"名震天下，但山西的重商轻文也是远近闻名。雍正皇帝就曾感叹："山右大约商贾居首，其次者犹肯力农，再次者谋入营伍，最下者方令读书。"改革开放以来，广东在我国经济发展中一路领跑，但广东文化却呈现着一种二元并存的格局，即经济上的相对开放与意识形态上的相对封闭同时并存。这种二元并存的格局，弱化了经济对文化发展的决定作用，使当地的文化明显地滞后于经济的发展。广东文化与"长三角"地区的文化相比，明显带有浓厚的封建色彩。在广东的市郊和农村，作为封建文化和封建家族制标志的"祠堂"和"宗谱"依然非常普遍，这些早已为现代文明所摒弃的东西，却依然存在并禁锢着许多人的思想和行为。

地域文化对区域经济的发展具有反作用。21 世纪，经济和文化出现一体化的趋势，文化力日趋成为区域发展的一种强大的内在驱动力，对整个经济与社会发展起到越来越重要的作用。新制度经济学认为，意识形态和文化观念在降低交易成本、促进经济发展、维护社会稳定等方面具有积极作用。毛泽东在《新民主主义论》一文中指出："一定的文化是一定社会的政治和经济的反映，又给予伟大影响和作用于一定社会的政治和经济。"地域文化对区域经济的影响是显而易见的。

一方面，文化水平影响着经济发展，先进的文化造就发达的经济，落后的文化只能伴随着贫困的经济。目前，我国最重要的经济增长区之一的长江三角洲，其经济增长中历史传统、科技人文等地域文化因素即是一个重要方面。自宋朝以来，随着中国经济重心的南移，该地区即成为中国经济最为富庶、文化最为昌盛的地方，明末清初的中国资本主义萌芽也最早出现在这一地区；就民众素质而言，该地区民众的文化水平普遍较高，商品意识浓厚，积累了经营工商业的传统和经验，这些文化因素都促成了改革开放以来该地区经济的起飞。

另一方面，不同的地域文化类型，使文化观念主导下的区域经济呈现出不同的特点。齐鲁文化、吴越文化、三晋文化、岭南文化、巴蜀文化、闽南文化、游牧文化等各不相同，与之相适应的区域经济发展也呈现出不同的类型和特点。以吴文化为例，从文化与经济的关系来看，吴文化是主张发展经济、改善民生、贡献国家和好学兴教、尊崇科学的文化，以吴文化为背景，江南和苏南在经济发展中形成了独特的经济特征，其典型代表为"苏南模式"。"苏南模式"不仅是一种经济模式，还是一种文化模式，因为经济模式总是由人创造的，不同地域民众不同的文化传统（包括价值观、劳动技能、教育水平和实践经验等）深深地影响着区域经济的发展模式，使区域经济透射着浓郁的文化气息。

"文化是一个国家、民族的灵魂和精神支柱，是经济发展的先导，是经济繁荣和社会进步的动力和源泉。"中国城市科学研究院赵洪利先生的这一论述再次深刻地揭示了经济与文化的互动关系以及经济发展中文化因素的重要作用。在经济快速发展的今天，深入研究文化并挖掘富有特色的地域文化，其意义显得尤为重大。

# 第二节　基于文化生态学的研究理路

文化生态学这一概念是美国朱利安·斯图尔德提出来的。但生态学的思想可追溯到达尔文的"适者生存"的生物进化论思想，达尔文曾用生物适应环境的进化论思想论述过人类的由来和发展。其后，以拉策尔为代表的文化地理学派、以格雷布内尔为代表的文化圈派等都从地理环境方面论述过人类文化的创造；其他像现代进化论者、文化相对主义者等，也都从不同民族环境中论述过文化模式、文化类型的形成。

文化生态学是从人类生存的整个自然环境和社会环境中的各种因素交互作用来研究文化产生、发展、变异规律的一种学说。文化生态学认为，人类是一定环境总生命网的一部分，并与物种群的生成体构成一个生物层的亚社会层，这个层次通常被称为群落。如果在这个总生命网中引进超有机体的文化因素，那么，在生物层之上就建立起了一个文化层。这两个层次之间相互影响、相互作用，在生态上有一种共存关系。这种共存关系不仅影响着人类一般的生存和发展，也影响着人类社会文化的创造活动。

文化生态学虽然以生物学的概念作为工具性方法去分析、研究文化现象，但它并没有从遗传学上推导文化特征或文化模式，而是将文化置于整个环境来研究其产生、发展、变异过程，即人如何适应环境而创造了某种特征的文化，这些文化现象又是如何适应环境变迁而不断向前发展的。文化生态学认为，人虽然是总生命网的一部分，但人是社会化了的动物，在本质上是受文化活动影响的。因此，人并不是仅仅以有机体的本质进入生命舞台的，而是带着文化的因素出现的。文化的因素既影响总生命网，也受总生命网的影响。一些文化特征受自然环境的影响，但这种依存关系又是受文化自身因素影响的，如风俗、道德、宗教、信仰、知识等一系列的特殊目标和价值取向，它们与自然环境的关系则是间接的。这里，文化与环境的关系表现为各种因素的交互作用，表现为极其复杂的安排。正因为文化生态学极为注意文化发展的各种复杂变量的关系，所以它在研究方法上与 19 世纪的简单文化进化论和"环境决定论"是不同的；同时，由于它着重研究人类文化行为，研究环境适应的不同区域的文化特征，而不是生命网本身，所以它与一般的人类生态学和社会生态学也是不同的，尽管人类生态学家和社会生态学家在调查研究中也注意到了文化现象，但后者毕竟还没有成为他们研究的主要目标。

文化生态学在寻求用各种环境因素的交互作用来解释不同区域文化特征方面具有独到的见解。如果我们把人类的活动看做社会的主体，把人类的文化创造划分为科学技术（包括经验、知识等）、经济体制、社会组织和价值观（包括风俗、道德、宗教、哲学等）四个层次，依据它们与自然环境关系的密切程度，可以构造出文化生态系统的结构模式。与自然环境最近、最直接的是科学技术一类的智能文化；其次是经济机制、社会组织一类的规范文化；最远的是价值观念，自然环境虽然对它有影响，但影响比较弱，而且往往是通过科学技术、经济体制、社会组织等中间变量来发挥作用的。但反过来考察，对人类的社会化影响最近、最直接的却是价值观念，即风俗、道德、宗教、哲学等观念形态的精神文化，它表现为强度相关；其次是社会组织、经济体制；最远的是自然环境，它对人类社会化的影响则是通过经济体制、社会组织、价值观念等中间变项实现的。

综上所述，文化生态系统，是指影响文化产生、发展的自然环境、科学技术、经济体制、社会组织及价值观念等变量构成的完整体系。它不只研究自然生态，而且研究文化与上述各种变量的共存关系。中小企业植根于地域文化深厚的土壤中，相对于大型企业而言，中小企业与地域文化的联系更为密切，深受地域文化的影响。因此，要深入研究中小企业文化的地域特征并实现企业文化的创新，就必须从文化生态学的视角，借助文化生态学的分析理路从自然环境、科学技术、经济体制和社会组织等方面系统考察地域文化生态的历史演进，揭示中小企业文化形成的社会历史因素，特别是地域文化因素。在此基础上，研究中小企业文化生态各要素之间的互动关系，并以此为中小企业文化发展和创新探寻可能的路径，优化中小企业的文化生态，建立企业与环境之间"友好"、"融洽"的关系。

# 第三节  关系阐释和重构的理论体系

本书以经济与文化的一体化发展趋势为研究背景，立足于我国中小企业发展相对滞后这一现状，对中小企业的文化态势进行了理论研究和实证考察，提出以企业文化创新推进中小企业发展的思路。基于此，本书通过对中小企业文化的多维分析，揭示了中小企业文化的现实特征及形成的生态根源，重点探究了地域文化对中小企业及其集群发展的重大影响，并对中小企业文化与地域文化的关系进行了较为系统的理论研究，探寻了有效推动地域文化创新的路径。具体而言，本书的内容体系主要从以下几方面展开：

（一）中小企业及其集群发展

中小企业作为企业群体中的绝大多数，构成了经济体系的基础。随着中小企业"质的飞跃"，中小企业作为整体具备了与大企业相抗衡的能力，成为经济体系中与大企业同等重要的一极，使生产社会化同时向集中和分散两个方向并行展开。在业务上相互联系的一群中小企业，在特定空间地理位置上的集中，就构成了中小企业集群。美国的"硅谷"、好莱坞娱乐城，意大利的中小企业群落都是举世闻名的企业集群。在强调跨国公司、综合商社、企业集团等大型企业规模经济优势的今天，中小企业的集群发展成为提升中小企业整体素质、推动区域中小企业整体发展的有效模式。因此，本书不仅关注中小企业的个体成长，更关注中小企业的群体发展。

（二）地域文化的提出及透析

从文化人类学的意义来说，人类的一切经济活动同时也都是文化活动，都具有文化意义。经济与文化的关系本质上是一种共生互动的关系。地域文化与经济的互动构成了地域文化形态的特殊性，它在很大程度上决定了不同地域的生存景观。作为一种文化现象，地域文化除了在社会结构、功能形态、社区发展等社会领域发挥作用，也在诸如企业成长、产业形成与发展等区域经济发展中起着重要的作用，地域文化的这种重要功能正是本书研究的动机和价值起点。沿着这一方向，本书对地域文化的演进进行了分析，并对我国中小企业文化特性的地域文化根源进行深入剖析。

（三）中小企业发展的文化向度

文化是一种社会现象，企业是社会的经济细胞，企业文化作为一种微观组织文化，是在企业发展中经过领导人的倡导和全体员工的认同、实践和创新而形成的企业价值观念、信仰追求、道德规范、行为准则、经营特色、管理风格等。现代企业的运营与管理不仅受到"看不见的手"——价值规律的制约，同样也受到"无形之手"——文化规律的影响。在知识经济时代，企业的高效运营和竞争力越来越倚重于文化因素。因此，关注中小企业发展中文化因素的功效和中小企业的文化发展是本书的逻辑基点。

为全面阐述中小企业文化的体系结构及发展路向，我们将通过多层次、多视角的分析，来研究中小企业文化的根植来源、基本内容与影响因素，揭示中小企业文化与传统文化、地域文化及企业集群文化的相互关系。

企业的发展根植于社会文化的沃土中，中小企业及其集群发展离不开民族传统文化的传承和支撑。不同的国度和民族不同的历史背景、文化制度、价值观念和思维方式等因素，决定了该国度和民族企业文化的主体方向。因此，企业在任何时候都应该重视传承和开发历史文化资源，这是中小企业发展壮大并走向世界的文化内驱力。

地域文化反映了一个地区特定的人文历史境遇，也构成了该地区基本的人文特色。由于地域文化缓慢的渗透性，其始终潜移默化地影响着地方发展主体（包括政府、企业等各类组织及民众），并通过发展主体的组织整合功能，影响社会经济发展的各个环节，构成了区域发展的底色和背景。特定的地域文化是中小企业形成与发展的摇篮，也构筑了企业文化的底蕴，地域文化对中小企业集群成长和企业文化的发展都产生着深远的影响。

中小企业的集群成长必然使其在长期的生产经营实践逐步积淀下一些较为

稳定的特征，发展和集聚成为独特的文化，并随着文化的传承逐渐进入集群和群内成员的"灵魂深处"凝结成一种"集体潜意识"。这种带有明显文化特征的"集体潜意识"，无形之中"约定"着集群成员的思维认识、价值观念、取向以及生活和行为方式等。优秀的企业集群文化渗透到集群内的企业中，促使群内企业形成并维系一种健康的竞合关系，并对群内企业的文化建设输入积极的文化元素，推动中小企业自身的文化创新。企业文化作为集群文化的微观构成，企业文化的创新与发展也必然会推动集群文化发展与变迁。集群文化是地域文化不可分割的组成部分，也是地域文化与企业文化的"介质"，优秀的集群文化必然会带动地域文化的发展。因此，企业文化、集群文化与地域文化是相互交融、相互制约、共同繁荣的互动关系。

上述对中小企业文化体系的理论研究将指引本书的研究向着一个更为重要的方向深入，即对地域文化与中小企业文化互动关系的研究，这也是本书的重点所在。这一部分的研究可分为两个层次，其一是地域文化对中小企业文化发展的重要影响。这种影响首先是地域文化作为企业文化发展的环境因素，地域文化将通过产业发展的协同效应发挥作用，对区域中小企业的文化发展和中小企业的聚集、区域企业集群的发展产生深远影响。另一方面中小企业文化，尤其是企业集群的整体文化会反作用于地域文化，推动地域文化的创新与发展。可见，地域文化与中小企业文化发展存在着必然的、内在的互动、融合与嬗变关系。

（四）文化的重构与发展

传统文化是渊源于中国传统社会的自然、经济、政治等的环境，并在此基础上产生的、在今天的现实生活中仍起作用的价值观念和思维方式，它们已深深地积淀为民族的心理意识。传统文化及根植于其中的地域文化作为中小企业发展的"软环境"，与中小企业发展的互动与融合对于两者的协同发展具有重要的理论意义，要实现这两者的协同发展，就必须对中小企业的文化发展进行战略规划，以此来促进地域文化的现代化进程。同时，也必须通过地域文化的解构与重建来打破中小企业文化发展的"瓶颈"，并将它作为中小企业发展的"软环境"进行优化和培育。在这一过程中，传统文化与现代科学技术、现代制度文化和现代精神文化不断地结合和发展，在一定意义上，这既是文化上的创新、文化上的变迁，同时也是传统文化自其发端以来的继续和发展。

# 第一章　新经济条件下的文化向度

　　文化是人类思想的灵魂，在经济愈趋发达的今天，经济和文化的发展日益融合，文化力已经成为区域发展的一种强大的内在驱动力，对整个经济与社会发展起到越来越重要的作用。美国著名经济管理学家德鲁克说："今天，真正占主导地位的资源以及绝对具有决定意义的生产要素，既不是资本，也不是土地和劳动，而是文化。"新制度经济学亦认为，意识形态和文化观念在降低交易成本、促进经济发展、维护社会稳定等方面具有积极作用。实际上，文化是渗透、贯穿于政治、经济、精神生活各个领域的现象，文化确定了观察问题的特定角度，即从人本身作为社会历史主体发展的角度来考察社会生活，对包括政治、经济、意识形态等社会发展的各个侧面作出价值判断，把政治、经济等看成是有文化意义的事物。就这个意义而言，经济活动是一种文化活动，社会经济的发展与文化的发展，从总的趋势来说，是一致的。

## 第一节　文化：一个长期争论的概念

### 一　文化：包容广泛的社会历史范畴

　　"文化"一词，中国古已有之。"文"的本义，系指各色交错的纹理，有文饰、文章之义。《说文解字》称："文，错画也，象交文。"其引申为包括语言文字在内的各种象征符号，以及文物典章、礼仪制度等。"化"本义为变易、生成、造化，所谓"万物化生"（《易·系辞下》），其引申义则为改造、教化、培育等。文与化并联使用，则最早见于《周易·贲卦》之"观乎天文，以察时变；观乎人文，以化成天下"。最先将"文化"合为一词而用的是西汉的刘向，他在《说苑·指武》中写道："凡武之兴，为不服也，文化不改，然后加诛。"晋束皙《补亡诗·由仪》称："文化内辑，武功外悠。"南齐王融《三月三日曲水诗·序》中云："设神理以景俗，敷文化以柔远。"中国古代的这些"文化"概念，基本上属于精神文明范畴，往往与"武力"、"武功"、"野蛮"相对应，它本身包含着一种正面的理想主义色彩，体现了治国方略中"阴"和"柔"的一面，既有政治内容，又有伦理意义。此外，古代很大程度上是将该词作为一个动词在使用，是一种治理社会的方法和主张，它既与武力征服相对立，但又与之相联系，相辅相成，所谓"先礼后兵"，文治武功。有必要说明的是，"文化"一词在中国古代不很流行，也与现在社会学中所讲的"文化"概念不同。近代以来，中国学者对文化概念进行了多方面的探讨。梁启超在《什么是文化》中说："文化者，人类心能所开释出来之有价值之共业也。"梁漱溟在《中国文化要义》中说："文化，就是吾人生活所依靠之一切……文化之本义，应在经济、政治，乃至一切无所不包。"庞朴主张从物质、制度和心理三个层面去把握文化概念的内涵，其中"文化的物质层面，是最表层的；而审美趣味、价值观念、道德规范、宗教信仰、思维方式等，属于最深层；介乎二者之间的，是种种制度和理论体系"。《现代汉语词典》则把文化定义为："人类在社会历史发展过程中所创造的物质财富和精神财富的总和，特指精神财富，如文学、艺术、教育、科学等。"

西方的"文化"一词来源于拉丁文的"Cultura"，其主要意思是指耕作、培养、教育、发展出来的事物，是与自然存在的事物相对而言的。"文化"一词在西方也在逐步演变。在古希腊罗马时期，随着人们社会生活和政治生活的越来越广泛，文化被理解为培养公民参与社会政治的品质和能力。到了欧洲中世纪，由于神学占据了统治地位，文化为"祭祀"一类术语所代替，人们改造自然的能力让给了神的创造力。文艺复兴时期的思想家主张人道，反对神道，倡导以古希腊罗马文化代替宗教神学文化，文化被用以说明人的形成和发展过程。到了18世纪在启蒙运动时期的思想家们的著作中，文化与教养联系了起来，"文化程度"、"文化水平"成了理性的表现。他们把文化历史过程归结为人类理性的发展，用科学、艺术的成就来说明当时的市民社会秩序和政治设施的合乎理性，用人的自然本性及其需求来说明当时的自然观，并与原始民族的"不开化"和"野蛮性"对立起来。在德国古典哲学家的著作中，文化则被视为处于人们社会规范以外的绝对精神领域，人类社会文化发展的真正存在的目的与意义，被认为就在于达到这种精神的绝对自由。因此，德国古典哲学家们试图从道德领域（如康德）或美学领域（如席勒）及哲学领域（如黑格尔）来为德国社会的发展寻求出路。不难看出，法国启蒙思想家和德国古典哲学家的文化观点，乃是当时工业社会发展的需要在社会哲学思想上的反映，它和后来社会学作为一门学科所讲的文化概念的含义是不同的。

　　自从 19 世纪后期现代文化学诞生，人们对"文化"才从学科的角度有了全新的解释。但是由于流派众多，对"文化"概念的界定仍然是见仁见智，"文化"一词尚无统一的定义。在近代，给文化一词下明确定义的，首推英国人类学家 E. B. 泰勒，他在 1871 年出版的《原始文化》一书中，第一次把"文化"作为一个中心概念提了出来，并且将它的含义系统地表述为：文化是包括器物、秩序在内的由"知识、信仰、艺术、道德、法律、习俗，以及由作为社会成员的人所获得的任何其他能力和习惯的复合整体"。泰勒所说的"文化是一种复合体"的概念，显然将文化解释为社会发展过程中人类创造物的总称，包括物质技术、社会规范和观念精神，其包含的内容是非常广泛的，除了定义中所列举的内容外，其他像社会制度、社会组织等，也无不属文化内容。泰勒的文化定义虽然是描述性的，而且缺少物质文化的内容，但它却第一次给文化一个整体性的概念，并给后来的社会学家、人类学家研究文化现象界定了一个基本的范围。英国人类学家 B. K. 马林诺夫斯基发展了泰勒的文化定义，于 20 世纪 30 年代在其所著的《文化论》一书中，提出"文化是指那一群传统的器物、货品、技术、思想、习惯及价值而言的，这概念包容着及调节着一切社会科学。我们亦将见，社会组织除非视作文化的一部分，实是无法了解的。"他还进一步把文化分为物质的和精神的，即所谓"已改造的环境和已变更的人类有机体"两种主要成分。

　　用结构功能的观点来研究文化是英国人类学的一个传统。英国人类学家 A. R. 拉德克利夫·布朗认为，文化是一定的社会群体或社会阶级与他人的接触交往中习得的思想、感觉和活动的方式。文化是人们在相互交往中获得知识、技能、体验、观念、信仰和情操的过程。他们强调，文化只有在社会结构发挥功能时才能显现出来，如果离开社会结构体系就观察不到文化。例如，父与子、买者与卖者、统治者与被统治者的关系，只有在他们交往时才能显示出一定的文化。法国人类学家 C. 列维·斯特劳斯从行为规范和模式的角度给文化下定义。提出："文化是一组行为模式，在一定时期流行于一群人之中……并易于与其他人群之行为模式相区别，且显示出清楚的不连续性。"英国人类学家 R. 弗思在 1951 年出版的《社会组织要素》一书中指出，如果认为社会是由一群具有特定生活方式的人组成的，那么文化就是生活方式。美国文化人类学家 A. L. 克罗伯和 K. 科拉克洪在 1952 年发表的《文化：一个概念定义的考评》中，分析考察了一百多种文化定义，然后他们对文化下了一个综合定义："文化存在于各种内隐的和外显的模式之中，借助符号的运用得以学习与传播，并构成人类群体的特殊成就，这些成就包括他们制造物品的各种具体式样，文化的基本要素是传统（通过历史衍生或由选择得到的）思想观念和价值，其中尤以价值观最为重要。"

可见，文化本身是一个复杂的社会现象，文化这一概念内涵深邃、外延宽广，既有广义与狭义之分，也有宏观与微观之别。从文化哲学角度，文化结构区分为物质文化、制度文化、精神文化三个层面。物质文化实际上是指人在物质生产活动中所创造的全部物质产品，以及创造这些物品的手段、工艺、方法等。制度文化是人们为反映和确定一定的社会关系并对这些关系进行整合和调控而建立的一整套规范体系。而精神文化也称为观念文化，是以心理、观念、理论形态存在的文化。它包括两个部分，一是存在于人心中的文化心态、文化心理、文化观念、文化思想、文化信念等。二是已经理论化对象化的思想理论体系，即客观化了的思想。社会学对于文化的区分还在于提出了"亚文化"这一概念。当一个社会的某一群体形成一种既包括主文化的某些特征，又包括一些其他群体所不具备的文化要素的生活方式时，这种群体文化被称为亚文化。

对于复杂纷纭的文化现象，应从文化本身的规定性中进行剖析：首先，文化是由人类进化过程中衍生出来或创造出来的，是人类的创造物。文化不是自然生成的，不是自然界自身运动、变化、进化的结果，一切非人类创造的生物、物理现象，都不是文化，因为它对人来说还是自在之物。只有经过人类有意无意的加工制作，化为社会的对象、化为人的对象之时，我们才能称之为文化现象。其次，文化是人类创造的特质。这种特质，有两个含义：一是指人类创造物的最小独立单位。它是独立存在的、含有一定文化意义的单位，又是最小的、不能再分的文化单位。二是指人类创造物的新的内容和独特形式。我们并不是说人类活动的任何社会的、政治的、经济的内容和形式都是文化，只有在它们以独特的形式表现新的内容的时候，即构成一种新的特质的时候，我们才称之为文化。"封建社会"是一种文化，因为它表示着特定的社会经济形态。印度的宗教制度、中国的宗法制度，也是文化，因为它表示着一种特殊的社会文化制度。再次，文化是人类创造的特质所构成的复合体。特质是文化的最小的独立单位，人类的文化很少以一种单一的特质存在，往往是由许多特质构成的复合整体。因此，文化是一个整体性的概念，它是包含着相互关联的各种特质的全部总和。最后，文化是不同形态的特质。无论是物质的、精神的，还是物质与精神相结合的，都是文化形态。任何文化都不可能离开一定的形式与形态，因为文化创造从本质上说是人类对外部世界各种事物存在的一种价值思维肯定，这种肯定，既是价值的、功能的，又是形式、形态、法则、秩序的。[①]

## 二 文化是内在的观念和规则系统

社会学对"文化"这一范畴的描述性定义，为我们研究社会文化提供了一个基本框架。但在此基础上，我们必须关注作为社会制度中非正式规则的"文化"内涵，在制度经济学中，文化通常被理解为内在的观念和规则系统。许多已经在一个共同体内发展起来并已成形的非正式制度构成了"文化"这一系统中的组成部分。实际上，共同的规则和价值界定着一个社会，它们对于社会行为，包括经济行为来讲是必不可少的。

"文化"一词被用来指不同的事物。英国文化人类学家爱德华·泰勒在1883年将文化定义为囊括了"一个人作为社会一员所获得的全部能力和秉性"。这个定义恰如其分地指出了由文化来沟通的个人与社会群体间的张力。它还着重于这样一个事实，文化附着于习得制度和支持这些制度的价值，文化永远具有规范性的内涵。这种意义上的文化由语言、思想、价值、内在制度和外在制度构成。在多数定义中，文化还包括工具、技能、艺术作品，以及支持文化中纯制度性部分的各种礼仪和符号。文化含有许多内在制度——习俗和习惯——它们来自实践，且很难予以清楚阐述，也很难孤立地传递给不属于该文化的人群。因此，我们可以将文化视为一套基本上不可言传的规则系统，它靠各种符号和其他有关其制度性内容的有形提示物而得到巩固。

文化——价值和制度的系统，及其更具体化的要素——构成了社会中人力资本的一个重要组成部分，即它对于如何有效地转化劳动、资本、自然这些物质资源以服务于人类的需求和欲望具有重要的影响，我们称其为"文化资本或社会资本"[②]。在我们讨论文化对经济具有强大的经济性影响的思想时，必须

---

① 司马云杰：《文化社会学》，中国社会科学出版社 2001 年版，第 9～11 页。
② 〔德〕柯武刚、史漫飞：《制度经济学》，商务印书馆 2000 年版，第 195 页。

认识到，绝大多数文化性制度都是不可言传的，它们常常体现于组织之中。实际上，文化性规则往往无法被轻易地明确制定出来，文化也很难方便地从书本上学到，这类规则大都体现于各种使特定文化观念富有效能的"文化品"和组织之中。只有当文化性规则与组织结构和"文化品"同时转移时，只有在人们通过联合来学习文化规则时，文化系统才可能被外部人有效地采用。事实上，由观念、组织规则和有形资产构成的系统，常常被称为"文化"。对于生产复杂的现代服务来讲，如对于运营一个股票交易所、一个司法系统或一个复杂的分销网络来讲，这样的文化显得尤为重要。这就是为什么人们常常会发现，有效率的服务生产很难转入其他的国家和文化，而引入外国的服务业经常也会遭到抵制。总之，制度经济学将文化定义为共享的价值和一套规则系统。而从文化哲学角度，文化结构通常被区分为物质文化、制度文化、精神文化三个层面。根据本书的研究范畴，我们所讲的文化，主要包括文化的制度层面和精神层面两个方面。其中，精神文化是文化的核心，是以心理、观念、理论形态存在的文化，由两个部分构成：一是存在于人心中的文化心态、文化心理、文化观念、文化思想、文化信念等；二是已经理论化对象化的思想理论体系，即客观化了的思想。而制度文化则是人们为反映和确定一定的社会关系并对这些关系进行整合和调控而建立的一整套规范体系。制度文化应包括两个部分：一部分是人与人之间的权利意志结构；另一部分是为保障这种权利意志结构的正常运行由人们自觉创建的社会控制系统。

人与人之间的权利意志结构包括两项——所有制关系和亲属制度。所有制关系是由人与人之间的"契约形式"组成的。"契约"又由反映立约双方共同意志的定型化语言组成。任何契约都不能因第三者的干预或某一方的意志而改变。因此，陈述所有制关系的全部定型化的"契约"语言，就构成了一种"制度"——经济关系的"制度"化。亲属制度，由亲属名称体系组成。恩格斯说过，这种名称体系"并不是简单的荣誉称号，而是一种负有完全确定的、异常郑重的相互义务的称呼"，实际上也是一种定型化的语言符号系统，其特点与"契约"语言相同，属于另一类型的"契约"语言。它处于"一代新人再生产"的领域。可见，所有制关系和亲属制度都是由定型化的"契约"语言符号系统载荷的。在这里，符号本身以"制度"的形式出现，符号所载荷的社会信息则是物质社会关系的权利意志结构、人格化，它们都是历史发展过程中自然长成的，因此，这部分制度文化可定义为"由契约符号系统载荷的社会信息"。

与自然长成的制度文化相对应的是人们自觉地创建的制度文化——社会控

制系统。这种社会控制系统在史前时代，仅仅表现为传统和习惯的行为规范，其符号形式由日常语言承担。进入文明社会之后，由于出现了经济利益不同的社会集团，因而形成了带强制性的社会控制系统。这种社会控制系统首先明确地写在法律条文中，规定着社会的人们的经济行为、政治行为、法律行为、婚姻家庭组织以及传统的、道德的、宗教的等社会行为的法律准则。这些法律条文是对社会制度的直接陈述。这里的法律语言无疑是制度语言，而且是统一的制度语言，其"能指"和"所指"都既稳定又明确。但法律条文以外的行为规范，其符号形式的稳定程度就各不一样，政治语言最不稳定，道德语言次之，宗教语言比较稳定，宗教符号（包括象征符号和宗教仪式）一般不发生变化。可见，人们自觉创建的社会控制系统是由几类稳定程度不等的符号系统共同承担的，但这些符号系统都带有使社会成员共同遵守的规范化特点，因而都可视为制度符号系统。所以，这部分制度文化可定义为"由制度符号系统载荷的社会信息"。

# 第二节　文化的特性

作为人类特有的现象，文化在与人类相伴而生、与社会互动发展的历史过程中形成了自己独特的发展轨迹。随着文化功能的发挥，文化不断地将自己的特性表现出来。

## 一　文化是一个社会历史范畴

文化是与人的全面发展、社会的历史演进紧密相联系的，而人的发展在不同的历史条件下又各不相同，社会的发展也经历了不同的历史阶段，这就给文化概念涂抹上了浓厚的历史色彩，因而说文化是一个社会历史范畴。

在人类社会的早期阶段，人还没有完全从自然界中分离出来，这时人是靠着大自然的恩赐而生存的，因此人的文化发展只能是研究者的一种观念。随着社会生产的发展，人类具备了依靠自己的创造性活动改造大自然的能力，这时候人的文化发展才具备了真实的内容。但是，在阶级对抗的社会中，人的创造性活动、人类改变自然的能力变成了作为文化主体的人的异己和敌对的力量，把人的社会力量变成了压迫和剥削人、压抑人的发展的力量。这时文化在自己的发展过程中仿佛否定了自己。在这种情况下，伴随着文化进步的人的全面发展也就失去了真实的意义。

马克思主义认为，一定的文化（当做观念形态的文化）是一定社会的政治和经济的反映，又给予伟大影响和作用于一定社会的政治和经济；而经济是基础，政治则是经济的集中表现；一定形态的政治和经济决定一定形态的文化，一定形态的文化又施加影响和作用于一定形态的政治和经济。这一思想是被世界文化发展的历史证明了的。人类社会曾经历过畜牧、农业、工商三个发展阶段，相应地也曾出现过畜牧文化、农业文化和工商文化。同样，人类社会曾经历过原始社会、奴隶社会、封建社会、资本主义社会、社会主义社会，在文化史上也同样有原始社会文化、奴隶社会文化、封建社会文化、资本主义社会文化和社会主义社会文化。文化作为一种历史现象，它随着人类社会的产生而产生，并随着人类社会的发展由低级阶段向高级阶段进化，文化的发展必须与时代的发展相吻合。

## 二 文化的社会性

社会是由从事共同的物质生产活动和精神生产活动的人类所组成的共同体，在这个共同体中，以共同的物质生产活动为基础的人类自身紧密联系在一起，这样，人便成为社会的人。人的社会属性不仅使人所创造的文化打上社会的烙印，而且也使文化的创造活动广泛地存在于社会之中。这就是共同的物质生产活动构成了人们共同的生活方式，并且构成了一定社会范围的人们共同的道德准则和行为规范。同时，社会生产力的发展，人们交往活动范围的不断扩大，又使文化创造活动的领域不断扩大，最终，使文化的创造活动遍布于人们的物质生产活动、精神生产活动和人们的交往之中。在这种情况下，文化的创造活动、文化的发展变化几乎与社会的发展变化同步，文化与社会之间形成了一种密不可分的关系。正是在这样的基础上，我们在界定文化的内涵和外延时，才有可能将纯自然的东西排除在文化之外。人类创造文化的活动无时无刻不在社会中进行，同样，人类的文化传递、文化消费，也是离不开社会的。人类文化的传递不是依靠人的生物属性和人的本能自然传递的，而是依靠着社会的教育机制，有规律地、有目的地进行的。至于文化的消费就更离不开社会了。且不论人类群体的大规模的共同消费，即使是个体独特的文化消费，离开社会文化也是不可能进行的。文化创造、文化传递、文化消费的社会性，证明了文化的社会性是不依靠人的主观意志而存在的客观事实。因此我们说，文化的社会性是文化的重要特性。

文化与社会的密不可分性，还可以从社会的进化程度对文化的影响中反映出来。这种影响的积极方面表现为社会的每一次发展进化都对文化的发展产生促进作用，推动着文化的进步。也就是说，文化发展的契机是社会为其提供的。这在历史发展的各个阶段都有明显的表现。在社会发展的初级阶段，人与他所依附的共同体（部落或公社）是融为一体的，文化也便自然地与社会共同体分不开了。这种不可分性使文化的发展处于最低下的水平，因为这个时期的人类只是出于生存的需要才从事最简单的文化创造的。随着社会分工的出现，尤其是脑体劳动的分工，不仅从社会中分化出了专门从事文化生产的个体，而且随着脑体分工，在文化的发展上刻上了社会进化的印记。社会分工的发展，尤其是脑体分工的实现，不仅对当时的文化发展有着重要的意义，而且对后来文化的发展也起着决定性的作用。这些脑力劳动者的活动范围，便成为文化创造的优先领域，这对文化的发展，尤其是文化中的科学、艺术以及其他精神文化的发展具有划时代的意义。当社会的进化实现了城市和乡村的分离，城市变成了文化发展中心的时候，文化的进程又迈出了一大步。诚然，伴随社会进步的是阶级对抗的出现，文化与社会发展的非单向性、非直线性的关系日益变得明显起来。这时的文化只有符合具体时代的要求，与社会历史的发展方向一致，才能与社会的进化、发达程度同步。

社会对文化的消极影响一般在各个历史阶段的末期和社会动乱时期表现出来。例如，在帝国主义阶段，科学技术的飞速发展、物质财富的增加，不仅没有使人的发展程度提高，反而造成了人的精神空虚。这是由于社会的进化没有与人的全面发展取得一致。因此，这时的文化即使有大的发展，也只能是某些领域的极度繁荣，而另一些领域极度衰落的畸形发展，并不表现为文化的整体进化。这在目前某些发达资本主义国家中已成为屡见不鲜的事实。其明显的表现是文学、艺术以至哲学等文化领域的繁荣与人的信仰危机、精神空虚、吸毒、社会犯罪同时并存于文化体中，文化表面上的繁荣，掩盖着实质上的衰落。这并不是文化本身所能说明的，只有到社会中才能找到答案。

## 三　文化的历史继承性

历史继承性作为文化发展的必然规律，内含着这样两个方面的内容：一是每种新文化的创造、发展都必须继承、利用已往的文化成果；二是对历史文化批判地分析和创造性地改造，是当下文化创造的基础。

文化发展的历史继承性的具体内容是，每一个时代的人都是从上一代人那里承接社会的文化遗产，并把它传递给下一代。每个社会、民族或群体都要通过继承的形式，将已往文化加以批判吸收，使之得以延续。文化的延续可以同时在纵的和横的方向上进行，对文化的批判继承是纵向的延续，而文化借鉴和文化交流则是横向的延续。

文化的历史继承性同人类社会的历史延续性是一致的。人类历史的发展是一个不断向前延伸的过程，即使历史发展过程中出现过逆流，也不会中断它的进程。同样文化的发展也不会中间割开或断裂。不仅文化因素中的语言、文字不可能随着每一个新社会的产生而全部更换，即使是思想观念这样易于变化的因素，在新的社会条件下也不可能不存有前代以至前几代的痕迹。应当指出的是，文化的继承性与社会发展的延续性有着不同的特点。社会形态的变化更新是整体性的，一般采取突变的形式；而文化的发展变化往往是部分的变化，一般采取的是渐变方式。

在中华民族的发展历史上，新中国的成立为文化发展提供了新的制度环境，文化发生了根本性的变化。即使如此，社会主义文化也不是在全部消灭旧文化之后重新创造的，而是对旧有的文化根基加以改造的结果。因此，在中国社会主义新文化中，不仅有旧文化所创造的物质财富的累积——以长城、故宫为标志的古代物质文明，也有朴素的辩证法思想的火花，更有源远流长的文学艺术传统。尽管这些文化因素有的已改变了性质，被赋予了新的生命和新的意义，但是，其间的继承性的特征是没有改变的。从这个意义上来说，没有继承性，就没有文化的发展。文化的发展变化并不是每一次都在重新进行创造，也不是每一次都回到初创时期的文化起点，而是借助于已往文化所形成的基础，有赖于对过去文化的继承。这也是文化不断地向高级阶段发展的底蕴。

### 四　文化的地域性

文化除了具有历史延续性这一特点外，还有地域性的特点，即文化因地域的不同而有差别，文化地域性差别的存在，是形成不同民族、不同国家、不同地区文化交流的现实可能性基础。文化的地域研究涉及的一个基本概念是"文化区"。作为文化的空间分类，文化区由自然、社会、人文三重因素所决定，三者在历史进程中综合成某种地域性文化特色。对地域性文化特征的把握，既要着眼于自然环境之分，更要观照社会生活、人文传统之别。

在人类社会的早期阶段，人类产生的各个地域之间是相互隔绝的。这样，不同地域所繁衍的人群，便按照自己不同于其他群体的方式来创造自己的文化。由于这些人群的生产方式、生活方式存在着差异，由此产生的文化也就各不相同，这便形成了文化的地域性差别。随着民族、城邦乃至国家的出现，具有地域性特色的文化陆续派生出民族文化和国度性文化。

作为地域性文化派生物的国家文化是以国家为区域来划分的。它是一个国家中所有民族共同拥有的文化。如中国文化，就是在中国这片国土上，以汉民族文化为主，同时包括其他少数民族文化在内的文化共同体。国家文化的出现，在一个国家内树立了一种文化形象，同时也是一种内在的凝聚力。在国与国之间，国家文化是一个国家的精神风貌和文明程度的主要标志，也是国家之间相互区别的重要特征。

民族性文化也是一种地域性文化，它是以该民族的生存地域来划分的。民族精神是民族文化的核心。同一个民族可能分属不同的国家，甚至处在不同的地域，由于受该民族所居住国家和地域文化的影响，民族文化也在发生变化，但在相当长的历史时期内，民族文化的核心部分不会消失，如民族性格、民族精神、信仰、语言以及风俗习惯等。在通常的情况下，民族文化不同于国家文化。但是当我们指称一个拥有多民族的国家文化时，即是指这个国家中一个主要民族的文化。这样，地域性文化、国家文化、民族文化之间便有了交叉。陆地文化与海洋文化，美洲文化、拉丁美洲文化与华夏文化、印第安文化、希腊文化、大和文化等概念并存于文化的分类中。这是文化的地域性及由此派生的民族、国家性特征的综合表现。

地域性文化、民族文化的存在集中了地域中人民的智慧和优秀文化，丰富了世界文化宝库，同时也促成了不同文化之间的交流和融和。这不仅推动着世界文化的发展，也推动着不同地区、不同国家、不同民族的文化发展。

地域性文化并非静态、凝固的空间存在，而是因时演变的。一般而言，构成文化区的自然因素变化较慢，社会、人文因素迁延较快。我们对地域文化的考察，在观照历史的前提下，更要着眼当下，充分理解由城市化、市场化以及现代大众传播媒介的发展等因素所导致的地域范围的扩大和地理流动增加的全球化趋势。阿兰·伯努瓦指出："全球化以普遍消除资本的区域性为特征，正在使资本重新组合。'流动空间'正取代'地域空间',换句话说,地域正被网络取代,而网络不再对应于某一具体区域,而是被纳入世界市场内,不受任何国家的政治限制。政治空间和经济空间在历史上第一次不再联系在一起。"

全球化的浪潮,使处于不同地域的居民面对着共同的生活境遇,不在自己身边发生的事情再也不是像过去那样与自己完全不相关了。全球化浪潮把不同地域纳入到同一的、全国性的,甚至全球性的体系之中,从而促使人们的眼光从狭隘的、封闭的视野中摆脱出来,将更遥远的地域范围作为自身的关注对象,对更遥远的地域中所出现的文化现象发生兴趣。在全球化的背景下,世界各地的文化正逐渐脱离产生它的特定社会语境,转而成为一种"浮动的符号",直接进入其他不同地域的文化语境,并融入一个巨大的全球文化网络之中。

# 第三节 文化的社会功能

文化作为一种社会现象,在人类社会中产生,并在人类社会演化的推动下不断发展,文化在其发展过程中,也以自身的成熟程度作用于社会,从而使文化的社会功能得以实现。

## 一 文化发展推动着人类文明的进程

文明是人类社会的进步程度和开化状态的标志,是文化发展到了一定历史阶段的产物,因此文化是文明的基础。这里的一定"历史阶段"主要是就文化的进步程度而言。当人类的文化发展还处于低级阶段,无论是生活方式还是生产方式都还保留着动物的野蛮痕迹的时候,是不能称为文明的。换句话说,当人类还是野居洞穴、兽皮裹体、茹毛饮血,甚至如动物一样群婚杂交、弱肉强食、血腥争斗的时候,这样一种文化状态是不能称为文明时代的,恩格斯称之为蒙昧时代。人类经历了一个长时间的发展过程,才进入了野蛮时代。野蛮时代仅仅只是文明时代的准备阶段。只有当人类文化发展摆脱了野蛮状态,具备了文明产生的种种条件的时候,文明时代才能到来。在这里,文化的发展为文明时代的到来提供了基础和条件。

我国是世界四大文明古国之一。这是由于古代灿烂的文化成就为古老的中国立于世界文明之林提供了条件。以四大发明为代表的文明成果的出现及应用，不仅促进了中国的社会经济发展和政治的开化，甚至为欧洲的文艺复兴和启蒙运动提供了物质基础，也对整个资本主义的发生和发展起了促进作用。可以说，欧洲从封建社会过渡到资本主义社会的这一划时代变革，是与我国四大发明的西传分不开的。正如马克思所指出的："火药、指南针、印刷术——这是预告资产阶级社会到来的三大发明。火药把骑士阶级炸得粉碎，指南针打开世界市场并建立殖民地，而印刷术变成了新教的工具。总的来说，变成科学复兴的手段，变成精神发展创造必要前提的最强大的杠杆。"①

同时，中国文化的发达也增强了文化自身的同化能力。元代和清代，汉民族文化曾两度同化了比自己落后的异族文化，这本应该成为汉民族文化继续发展的基础，但是，这种动力因素却变成了保守因素，文化发展放慢了自己前进的脚步。18 世纪，中国学术上兴起了"朴学"热潮。朴学的兴起，以严密的考据方法代替理学的空谈，这无疑是方法论的一次革命。但是，文化保守因素的强大，反而将这场革命引向了烦琐考据的死胡同。许多一流的学者陷入烦琐考据的死胡同后，创造性的思维被扼杀了，成了"只食桑叶不吐丝"的蚕，致使中国的学术走上了与西方"文艺复兴"以后全然相反的道路，造成了中国近代文化的落后。尤其是中国传统文化中科技因素的落后，导致了被动挨打，使中国沦为半殖民地半封建社会，这可以从反面说明文化对文明的作用。

五四新文化运动以来，马克思主义在中国的传播，为中国的文化运动、思想革命提供了武器。中国在接受马克思主义的同时，不断吸收外来的优秀文化，使中国文化的发展进入了一个新的阶段，使社会发展摆脱了落后、被动的状态。在当前的知识经济到来的新时代，知识、文化日益成为经济发展的重要源泉，知识经济的文化底蕴日益深厚，文化作为社会文明的重要组成部分，必将更为有力地推动社会文明的进程。

## 二　文化发展促进着人的全面发展

文化的发展对人的素质，进而对整个民族素质的提升，都具有重要的作用。按照辩证唯物主义的观点，人类社会是人的生物性和社会文化性的统一。人的社会性，主要取决于人的文化性。失去了文化性，人类与其他动物就没有

---

① 马克思：《经济学手稿》，《马克思恩格斯全集》第 47 卷，第 427 页。

本质的区别，人的社会性也就失去了意义。一个民族素质的提高，取决于个体素质的提高。而个体素质的提高不在于个体动物性的发展，而在于文化性的不断发展。研究成果表明，人类在几十万年发展进程中，其生物性的变化，是极其微小的，发生根本变化的是人的文化素质。人类从刀耕火种到大机械化生产，从茹毛饮血、身裹兽皮、洞穴野居到现代化的生活，从栖居山林到遨游太空，从采集渔猎到创造生命，无论哪一种都是文化的进步。所以，一部人类进化史，几乎就是一部文化史，甚至可以说，丢开文化史，根本就看不见人类的发展。正是在人类文化的进程中，窥探到了人类文明的前进脚步，文化作为人类文明的重要组成部分的作用也得到了发挥。在社会主义条件下，文化对文明的作用通过提高人的文明素质表现出来，也就是通过对人的塑造、培育得以实现。

如前所述，人的社会性也就是人的文化性。人一生下来，就处在一定的文化氛围中，这种文化氛围中普遍流行的人生观、伦理道德观、价值观、生活方式、风俗习惯等都会对个体产生不同程度的影响，从而形成个体在特定文化氛围中的特定生活习惯、思维方式、伦理道德观念、价值取向。一个人不管他多么伟大，也都带有他所生活的特定时代、特定地区的文化痕迹，更不能超越该时代文化发展水平。也就是说，个体文化素质是由特定时代、特定地区的文化塑造培育出来的。先进的文化对人的素质具有积极的影响力，健康向上的文化生活能培养人的高尚的道德情操、积极的生活态度、不断进取的精神风貌，使人具有美好的精神世界。在这一方面，文化的独特作用是不可替代的。

## 三 文化维护着社会的有序状态

文化对于维护社会的有序状态也是必不可少的，文化具有的价值导向性和价值凝聚力，对"文化圈"内的社会成员产生着潜移默化的影响力和不可抗拒的统摄力、威慑力，规范着人们的信仰方式和行为取向。要维护社会的有序状态，除了要依靠法律制度的强制力量外，还要依靠文化的教化作用和道德的感化力量，来调整人与人之间的关系，建立和谐的人际关系。

在社会生活中，文化渗透于各个领域中，整合着人们的思想，协调着人们的行为，成为人们生活、行为的内在准则和支配力量。依靠着这种内在的准则，不同年龄、性别、职业，甚至不同民族的人们共同生存于同一地区、同一个国度，文化的这种整合作用是不可忽视的。在社会发展的各个阶段和社会生活的各个领域中，依靠自我约束来维持社会的有序状态是一种正常的和普遍的现象。文化的内在作用、无形的整合力量与法律制度的强制约束是相辅相成的，共同维护着社会的有序状态。目前在许多亚洲国家中，尤其是亚洲"四小龙"中的儒家文化热和台湾地区的"儒家资本主义"，正是由于认识到了文化对人们思想、行为的整合作用，认识到了儒家文化在生产发展和企业经营中的价值而兴起的。

中国传统文化是一种礼制文化或者道德文化，"以孝治天下"，对家庭的稳定起到了促进作用。中国文化对家庭稳定的维护是通过道德修养，要求人们按照礼的规定——长幼尊卑来扮演好自己的角色，以此维护家庭、社会的秩序。中国文化以礼和孝治天下，使每一个人都受到礼的约束，有适合的言行举止，不同身份、不同地位的人之间，服从尊长的意志，力求保持长幼尊卑秩序。对于一个人而言，学习知识与学习礼法是一致的，学习与修养是一致的，这种文化虽有诸多弊端，但它也培养了全民族的礼义观念，使其民众具有高尚行为和忠义双全的君子风度，使中国成为礼仪之邦。

中国传统文化以维护社会的安定为己任，以阐述治世之道为主，强调学以致用，反对好高骛远，是一种突出的治世之道。中国文化鼓励人民积极地参与政治，要求文人学士以天下为己任。中国学人士子以治国安邦为宗旨，通过"学而优则仕"的途径，积极参与政治。可以说，中国古代的文化与政治是融为一体的，文治教化，礼乐仁义成为治理国家的理想模式。随着教化的普及，中国传统的德治教化普及到了整个民族，成为一种深入人心的意识和观念，促进着社会的稳定发展。

在知识经济初见端倪、信息化时代已经来临的新的历史时期，渊源于中华民族五千年文明史、植根于有中国特色社会主义实践的当代先进文化，则能够给人们以美好的希望、崇高的理想和坚定的信念，给人们预示未来，标示方向，成为社会进步的导向，成为人们实践认识活动的路标，并为解决人类共同面临着的生存和发展的前途命运问题提供了新的价值观。例如，承认自然资源的生存和人类意义，给自然以终极关怀，保持生物多样性；承认社会的和谐协调发展对实现自我价值的先在意义，推动社会的全面进步；认识人类解放与自我解放的统一性，给自我、他人、人类以终极关怀。

人类社会发展历程是一个不断提升人的生存价值、不断高扬人的主体性的动态过程，当代先进文化所倡导的健康、文明、高雅、科学、公正的生活理念，促使人们形成科学的生活方式、文明的行为模式和健全的人格模式。网络时代，随着人们之间的交往交流增多，人们增强了形成人类共同价值观、伦理观的自觉性，使自己能够深刻理解共存互利、和平共处对于自我和他人、自然和社会存在和发展的必要性、重要性，从而更加自觉地保持文化"多样性"。这样的价值环境和伦理境界，为形成充满时代气息的新的社会风尚提供了深厚的思想基础。

## 四　文化促进着社会生产力发展

一定社会的文化是一定社会的政治和经济的产物，而一定社会的文化一旦产生，又会反过来对该社会的政治和经济的发展，尤其是对生产力的发展产生巨大的推动作用，主要体现在：

第一，文化通过提高人的精神素养为社会生产力发展提供了原动力。在生产力的诸要素中，人是第一位的，这不仅是指先进的生产设备是由人制造的，先进的生产技术是靠人掌握的，更主要的是指人的创造才能的发挥，极大地推动着劳动生产率的提高。在人的创造才能孕育、发挥的过程中，文化以其特有的影响人的精神世界的特点，融入人的思想、信念和目标追求中，激励着人的主体意识，鼓舞着人们的斗志，使人们的创造才能得到充分的发挥，从而转化为推动生产力发展的强大力量。同时，人是劳动的主体，劳动活动是人自我实现的活动，文化使人更加清醒地意识到劳动的目的、价值和意义，促使人在劳动活动中，审视劳动过程、研究劳动机制、创造新的劳动手段，以发展自身的劳动能力。这时，人就是以主体的姿态面对自身，"使自己的生命活动本身变成自己的意志和意识的对象"①。在社会生产过程中，文化不仅促进着人们改造世界的对象化活动，也推动着人们改造自身的主体化进程。

在现代人力资本理论中，文化因素同样也占据着十分显著的位置。很多经济学家都将文化因素视为人力资本的核心所在。科斯坦萨（Costanza）和戴利（Daly）就曾直接把人力资本定义为是人类本身所具有的教育、技能、文化知识以及经验的积累。泽亨哈夫特（Zweigenhaft）在一项关于文化资本和社会资本如何影响哈佛大学毕业生行为的研究中，则将文化资本完全等同于经济学中的人力资本。布迪厄也认为文化资本和人力资本的范畴十分相近，"被某些人视为人力资本的教育或任何的培训，都可以被另一些人视为文化资本（身体

---

① 《马克思恩格斯全集》第42卷，第96页。

形态文化资本)"。

第二，社会文化需求、文化心理在生产力发展中起着导向作用。人的需求都是包含着一定的文化内容的。即使是最简单的物质需求，也是包含着一定的文化追求的。例如，具有不同文化背景的民族在饮食方面千差万别，有关吃的各种需求也大相径庭，因而吃的文化意义也不尽相同，由此而产生的饮食生产的内容、方式更是千差万别。随着人类的进化，人们对饮食的要求越来越高，这种越来越高的要求本身就意味着其间的文化要求的强烈。这种文化要求刺激饮食工业的发展。如前几年兴起的儿童营养食品热、咖啡热等，吸引着饮食工业的优势力量，刺激了这一领域的设备更新，产品换代，更使这一行业的生产得到发展。诚然，这里有生产力的基础作用问题，但是，生产力的发展与人的文化要求、文化心理相脱离也是不可思议的，饮食工业如此，其他服装、鞋帽、建筑业的发展也莫不如此。

不仅人们的物质追求推动着相应的生产部门的发展，人们的精神追求、文化心理的变化对生产的带动作用也是明显的。随着社会的发展，物质生活水平的提高，人们对精神生活的需求越来越高。而满足人们高水平精神需求的文化心理，就使生产力在更高层次上运行。这种文化心理、文化行为不仅推动着物质生产力的发展，促使人们生产出更多更好的物质文化产品，而且也推动着精神生产力的发展。一个文化发达的地区，如一个旅游地区，它的生产力不论在布局结构还是在发展规模上，都受到旅游文化的影响或制约，甚至以旅游业为主的地区，其各种产业的配置都是围绕着旅游而展开的。山东潍坊市每年举办一次的国际风筝节，给这个城市经济带来了腾飞的契机。伴随着这一文化活动，经济活动也迅速展开，在文化交流的同时，经济交流取得了可观的成果。

第三，文化为生产力发展提供了文化环境。人们在物质生产劳动和精神生产劳动中，总是要结成一定的关系，也就是结成一定的生产关系。这种生产关系在一定意义上可以归结为一定的文化关系。由于人在生产力系统中是首要的能动因素，所以文化关系也就成为生产力系统形成和发展的必要条件。

从宏观上讲，一个国家，一个民族，由文化关系所形成的文化环境，影响着生产力系统的发展。也就是说，一个国家，生产力的长足发展需要一个优良的文化环境。在一个文明的国度，当人们处在一种和谐的文化关系中时，人们的创造力就易于得到发挥，生产力系统的其他各要素也便随之发挥作用，这样，就保证了生产力系统处于一种稳定有序的运行状态。在欧洲，15世纪的文艺复兴，不仅开辟了欧洲文化的新纪元，同时，自然科学、社会科学的巨大成就，人文主义思想的传播所带来的人的解放，也使欧洲生产力的发展进入了一个新的时代。而当文化环境遭到破坏，社会处于一种尖锐的矛盾状态时，生产力的正常有序的运行状态就会遭到严重破坏，就会出现民族分裂、社会动乱。欧洲中世纪宗教的黑暗统治，就毁灭了古希腊、罗马灿烂的文化成就，导致了欧洲历史上长达一千年的黑暗时期，在科技、文化等方面都被当时的中国远远地抛在后面。

就微观而言，一个企业如果重视文化在企业发展中的作用，为企业成员提供各种便于他们施展才华和满足精神需要的优美舒适的工作、生活环境，使他们的生活更充实、更丰富多彩，使他们感受到自己不单单是企业利润的实现者，更是一个具有社会性的"文化"人，潜藏在这些成员中的"文化"能量就会释放出来，变成聪明才智和创造力，企业生产力的发挥便有了可靠的保障。同时，文化在企业中的作用还从形成企业内部的凝聚力方面显现出来。一个企业如果能建立一种良好的文化环境，企业内部成员之间、企业成员与企业领导之间就会建立一种和谐的文化关系，形成企业发展的凝聚力、向心力。企业与企业之间的协同关系也会相应地建立起来，企业生产力的发展就具备了条件。所以，要发展生产力，必须重视文化建设。

第四，文化是一种资本。文化资本（culture capital）是布迪厄将马克思主义经济学中的资本概念进行扩展后提出的一个社会学概念。布迪厄认为资本并非仅限于经济资本，要全面认识和理解社会的结构与功能，就必须引进资本的一切形式，他将资本具体划分成三大形态：经济资本、文化资本和社会资本。其中，文化资本是一种表现行动者文化上有利或不利因素的资本形态。在某些特定条件下，文化资本可以转换成经济资本，而且转换过程是以教育资质的形式制度化的。布迪厄认为，在被视为后工业时代的当代社会，文化已渗透到社会的所有领域，并取代政治和经济等传统因素跃居社会生活的首位。也就是说，现代政治已无法仅凭政治手段解决问题，而现代经济也无法只依靠自身的力量而活跃。假如没有文化的大规模介入，那么无论是政治还是经济都是缺乏活力的。文化资本正是布迪厄在研究当代社会的文化问题时，作为一种理论假设而提出的一个社会学概念。

在社会生活中，"文化资本"泛指任何与文化及文化活动有关的有形或无形资产。它和金钱及物质财富等经济资本具有相同的功能。"文化资本"具体可划分为身体形态、客观形态及制度形态三种基本形式。身体形态文化资本通常指通过家庭环境及学校教育获得并成为精神与身体一部分的知识、教养、技能、品味及感性等文化产物。它的积累是一个具体化与实体化的过程。行动者可以如同通过劳动获得物质财富那样，通过学习积累知识和提高文化修养。文化资本的第二大形态是客观形态。具体地说，就是书籍、绘画、古董、道具、工具及机械等物质性文化财富。显然，这是一种物化形态的文化资本，是可以直接传递的。不过，客观形态的文化资本并不是一种与身体化过程毫不相关的完全"物化"资本。文化资本的第三种形态是制度形态。制度形态文化资本就是将行动者掌握的知识与技能以考试等方式予以承认并通过授予合格者文凭和资格认定证书等方式将其制度化。这是一种将个人层面的身体形态文化资本转换成集体层面客观形态文化资本的方式。从这个意义上讲，制度形态文化资本是一种介于身体形态文化资本与客观形态文化资本之间的中间状态。[1]

文化资本的积累通常是以一种再生产的方式进行的。"文化再生产"是一个体现代与代之间文化资本传递方式的概念，在布迪厄的文化阶级理论中占据着重要的位置。"再生产"着重强调资本积累过程中"反复生产或复制"的特征。也就是说，文化资本的积累不是一种从无到有的创造性生产，而主要是以传承方式实现的。不过，再生产并不是纯粹意义上的复制或拷贝。它必然受到许多外来因素——时间、转换和实践行为的制约。因此，再生产可以被理解为一种具有有限自由的重复性生产。文化资本的再生产主要通过早期家庭教育和学校教育来实现。第一种方式"在人们对此还未形成意识的早期就全面展开了。它是通过年幼时期的家庭体验获得的"。第二种方式"从较晚的时期开始，以一种系统的、速成的学习方式进行"。家庭无疑是文化资本最初也最主要的再生产场所，而且它通常都是以继承的方式进行的。在充分反映父母文化素养和兴趣爱好的家庭环境中，他们的一举一动都将成为孩子们竭力仿效的对象。孩子们正是通过这种无意识的模仿行为继承父母的文化资本并将其身体化的。这被布迪厄称为提前执行的遗产继承或生前馈赠的资本转移方式。[2]

就微观而言，现代企业的实践和理论发展也经历了经验管理、科学管理和文化管理三个阶段。自 20 世纪 80 年代以来，世界优秀公司率先进入了文化管理阶段。21 世纪迎来了"文化制胜"的时代，文化资本越来越成为企业竞争的关键因素，文化资本构成了企业的品牌、资信度、美誉度、心理契约等无形

---

[1] 朱伟珏：《"资本"的一种非经济学解读——布迪厄"文化资本"概念》，《社会科学》2005 年第 6 期。

[2] 同上。

资产。优秀的企业文化是企业不断增值的无形资本，成为企业持续发展的内在驱动力。正如通用公司总裁杰克·韦尔奇所说："文化是通用电气最无法替代的一个资本。"

五　文化成为"软实力"的重要源泉

美国哈佛大学约瑟夫·奈教授认为，一个国家的综合国力，既包括由经济、军事、资源等表现出来的"硬实力"，也包括文化、科技以及国家凝聚力等体现出来的"软实力"，只有两者兼具的国家，才能在国际舞台上纵横捭阖，争取主动。同样，在当今时代，一个地区的竞争发展，既有其资源、项目、资本、GDP 等"硬实力"的竞争，更有着文化、生态、科技乃至形象吸引力、群众凝聚力等"软实力"的竞争。

文化软实力作为在经济活动中所产生、蕴含的以人为主体、通过人的活动所体现出来的精神力与物质力的结合力，日益成为竞争软实力的核心。美国未来学家阿尔夫·托夫勒就曾说过，"哪里有文化，哪里早晚就会出现经济繁荣，而哪里出现经济繁荣，文化就会向哪里转移"。对一个国家或地区而言，文化是一个标杆、一种尺度，是衡量一个国家或地区现代化水平的重要标志和构造软实力的重要基础。对于经济欠发达国家和地区，要走出新的发展之路，就要发挥其比较优势和后发优势，注重提升文化软实力，靠文化力启动经济力，提升经济力。

自古以来，中国就很重视文化在社会经济生活中的作用，中国文化也在治理国家和处理与周边国家和民族关系过程中发挥着巨大影响力。可以说，中国疆域和中华民族在漫长的历史长河中之所以能够不断壮大，成为一个多民族的国家，文化发挥着关键的作用。在盛唐时期，中国不仅在经济、军事上具有很强的实力，在文化的整体成就上也达到了历史上的一个高峰，形成了较强的软实力。当时文化上的繁荣和成就，广泛而深远地影响了周边国家和民族，使他们认同并汲取了当时中国文化的精神理念，学习并接受了艺术、生活、制度、礼仪等许多领域的习惯和传统。时至今日，"以和为贵"、"和而不同"、"和实生物"等传统文化理念，依然为世界许多国家所认同，中国传统文化所具有的无穷智慧、无限魅力和极强的普世价值，如儒家文化、道家文化、佛教文化、兵学文化、养生文化、医学文化、汉字文化、气功文化、武术文化等，充分体现了中国传统文化所具有的世界意义。在国际交往中，随着中国文化软实力的提高，中国在国际事务中的话语权正在扩大，特别是对亚洲事务的影响力显著增强。美国威斯康星大学中国问题专家爱德华·弗雷德曼说："中国软实力改变了整个世界，尤其是亚洲。"在文化影响力日益凸显的新世纪，中国必须从国家战略的高度来认识构建软实力的重要性，破除限制软实力发展的种种障碍，继承和发扬优秀的民族文化传统，吸收发达国家有益的文明成果，整合各种资源，塑造民族精神，促进软实力的不断提升。

# 第四节　经济与文化

## 一　经济与文化的关系

21 世纪，经济和文化的发展日益融合，出现一体化的趋势，文化力日趋成为区域发展的一种强大的内在驱动力，对整个经济与社会发展起到越来越重要的作用。在现实生活中，人们很难将经济活动和文化活动截然分开。这是因为，经济活动是人类最基本的社会活动，它融于一个国家、民族的社会文化生活之中，体现、反映着不同历史文化的特质，并作为一种动态的文化而存在。可以说，几乎所有的经济活动都是按一定的文化运行的，文化的特性深刻地渗透于整个经济活动之中。文化既是一种动力，又是一种资源。文化的这种看不见、摸不着的底蕴作用，便成了经济发展中所隐含的深层次的动力，在经济和文化的这种互相影响中，不同的经济形式以不同的方式创造着不同的文化，不同的文化又以不同的方式创造着不同的经济形式。

而谈到经济和文化的关系，却很容易被理解为是两个互相外在的东西之间的关系。这往往来自两个方面的误解：一是仅从观念论的立场来理解文化，把文化等同于精神生产而与物质生产相对立，或者把文化等同于意识形态而与经济基础相对立。与这种误解相关的另一种误解，是把文化当做社会的某个"部分"，或者把文化当做社会的某个层面、某个领域的现象。例如目前流行的书籍报刊中，常把经济、政治和文化看成是社会生活中三个不同的领域，这种划分已成为国内外许多论者的习惯。[①]

---

① 陈筠泉、李景源：《新世纪文化走向——论市场经济与文化、伦理建设》，社会科学文献出版社1999 年版，第 87 页。

然而，这种习惯并非建立在科学论证的基础上，因而不能说是一种科学的划分。诚然，人们完全可能拿出某些经典性的论著来为这种划分辩护。例如，毛泽东在《新民主主义论》这部重要著作中就讨论了新民主主义的政治、新民主主义的经济和新民主主义的文化之间的关系，并认为"一定的文化是一定社会的政治和经济在观念形态上的反映"①。这似乎可以成为上述那种划分的科学根据，但是，毛泽东在这里使用的"文化"概念是严格限定的，是指"观念形态上"的文化，即通常所谓狭义的"文化"概念。因此，如果说把文化当做与政治、经济相提并论的一个领域来看待也有其合理性，但是，这种合理性也仅限于这种观念形态的、狭义的文化。

实际上，文化是渗透、贯穿于政治、经济、精神生活各个领域的现象，文化确定了观察问题的特定角度，即从人本身作为社会历史主体的发展的角度来考察社会生活，特别注重从是否有利于人本身发展这个价值尺度，对包括政治、经济、意识形态等社会发展的各个侧面作出评价。把政治、经济等看成是有文化意义的事物，也正是从是否有利于人本身发展这个角度来说的。因此，经济和文化并不是两个互相独立的东西。经济作为整个社会生活的基础，也构成人本身发展的前提和基础。从这个意义来说，经济活动是一种文化活动，经济现象是一种文化现象。社会经济的发展与文化的发展，从总的趋势来看，是一致的。

但是，肯定经济和文化发展在总趋势上的一致性，肯定经济是一种文化现象、经济活动是一种文化活动，肯定经济和文化发展在总的趋势上的一致性，并不是说文化和经济是等同的，并不意味着可以把文化问题简单地当做经济问题来对待和处理。从某种意义上可以把经济活动看做是文化活动，把经济现象看做是文化现象；但反过来，文化活动并非在任何情况下都可以视为经济活动。文化活动可以具有经济意义，也可以不具有经济意义。在马克思看来，在资本主义时代，一种活动是经济意义的活动还是非经济意义的活动，取决于这种活动是否服从于资本增值的目的。人们往往习惯于将文化活动等同于观念活动，将经济活动等同于物质生产。事实上，文化不限于观念领域，经济也不限于物质生产。即使是精神生产，如果服从经济规律，也具有经济意义。

由此可见，经济和文化之间的关系，不是两个互相独立的东西之间的关系，二者之间存在着一致性；但又不能因为二者之间的一致性而用单纯的经济

①《毛泽东选集》第 2 卷，人民出版社 1991 年版，第 694 页。

观点去看待文化创造活动。许多经济活动，可以看做是文化活动；但文化创造活动，却未必都是经济活动。活动是否具有经济意义、是否服从经济规律，要作具体的历史分析。马克思关于经济意义的活动和非经济意义的活动的区分，是针对资本主义社会的，我们不应当不顾历史条件生搬硬套这个区分标准。但是，注意到经济意义的活动和非经济意义的活动的区别，对于研究经济和文化的关系，对于揭示文化发展的特殊规律，具有重要的方法论意义。

## 二　经济的文化诠释

对经济的文化诠释，是把文化本身的特质与经济现象、经济规律、经济学的基本原理相结合来解释社会经济问题。一方面，要把经济现象和经济理论置于大文化的人文环境中去分析，研究文化、历史、制度、观念、习俗、地理环境等非经济因素对经济发展、经济思想、政策产生的影响；另一方面，要从经济学的角度分析探讨文化、制度、观念等非经济因素作为经济的外生变量是如何影响或左右一个社会经济发展的方式、道路和进程的。

从根本上讲，文化与经济的联系在于人既是经济活动的主体，又是一种文化、习俗、价值观念的载体，更是一个民族历史传统的延续者和承继者。推动、影响人类经济活动和行为的不仅仅是经济规律和准则，还有经济以外的因素，而且这种因素对一个民族经济发展的影响往往大于经济规律本身。马克斯·韦伯在谈到资本主义生产方式产生和发展时说："在任何一项事业背后，必然存在着一种无形的精神力量，尤为重要的是，这种精神力量一定与该项事业的社会文化背景有密切的渊源。"[1] 他认为："尽管经济合理主义的发展，部分地依赖合理的技术和法律，但它同时也取决于人类适应某些实际合理行为的能力与气质，如果这类合理行为受到精神上的阻碍，则合理经济行为的发展也会遇到严重的内部阻力。"[2] 因此，马克斯·韦伯提出了一个似乎与马克思主义存在决定意识相悖的观点：任何一种类型的经济，如果它要求人们具有一种与这个伦理道德相悖的民族精神，那么这种经济将不会发展；相反，如果一种经济与这种伦理道德相一致，那么它必然会兴盛起来。按照马克思主义的辩证唯物主义和历史唯物主义的原理，文化是由历史进程所创造的。哲学、法律、观

---

[1]　马克斯·韦伯：《新教伦理与资本主义精神》，四川人民出版社 1986 年版，中译本序第 3 页。

[2]　同上书，第 26 页。

念、道德等意识形态建筑在一定的经济基础之上，而不是相反。存在决定观念，而不是观念选择存在。我们知道，唯物主义的最高形态是实践的唯物主义。因为它看到了物质世界中能动的活动主体——人，看到了亿万客观实在中具有创造性意义的力量。看到了人及其力量，就是看到了文化的力量。正是由于文化的力量，客观的物质的世界发生了变化：不仅具有一个物质的世界，而且还具有一个精神的世界，这个精神世界不仅产生于物质世界，而且越来越超脱物质世界，并改造着物质世界，使物质世界着上了一层灿烂的精神世界的色彩。因此，当马克思说"物质生活的生产方式制约着整个社会生活、政治生活和精神生活的过程"[①] 时，并非要人们对"物质生活的生产方式"作机械的理解，而是让人们更加注重在社会生活领域的"物质基础"。而社会生活领域及其历史领域的"物质基础"，实质上就是人的活动，人的社会实践。无论是构成生产力的要素，还是生产关系变革的力量，都是与人的活动密切相关的。

人类创造着文化，文化塑造着人类自身。各个民族以不同的方式创造着不同的文化，不同的文化也用不同的方式创造着各个民族。不同民族有着自己区别于其他国民的特殊的生活方式、思维方式、价值尺度、审美情趣、情感意向和心理素质等，这就造成了文化的国别性，而文化的国别性是会带来经济发展道路、模式的国别性。任何社会经济的发展及发展的形式，都不能离开本民族的文化和历史的背景来解释或选择，文化、历史、价值取向的力量会使不同的民族选择不同的、抑或形式相同但内含差异的经济发展道路和方式。所以有欧美西方资本主义和以"四小龙"为代表的东方资本主义之别。任何一种经济发展道路的成功，首先要适合其民族文化的心理特点，并被这个民族广泛认同。西方文化赋予欧美资本主义的人文内涵是自由、民主、个人主义；东方文化赋予"四小龙"为代表的东方资本主义的内涵是集权、集体主义，然而两种模式都是成功的。此外，对相同的文化的不同解释，也会培育出不同的民族精神，并创造出完全不同的经济环境和发展道路与模式。例如，儒学在中国和日本就产生了迥然不同的经济结果，这恰恰证明了文化对经济的选择。或许可以这样说，马克思所揭示的是人类社会发展以及物质与精神关系的最基本的因果链条，而马克斯·韦伯的理论则是把积累了一定历史时期的民族历史、文化、价值观念作为研究的前提，把一个成熟的民族国家作为已知存在来探讨一脉相承

---

① 《马克思恩格斯选集》第 2 卷，第 83 页。

的历史、传统，潜移默化的文化、观念，根深蒂固的习俗、习惯和惯性思维方式对一个民族的经济发展及发展道路、方式的制约与影响。[①]

人类在创造着物质财富、从事着经济活动的同时，已经揭开了民族文化的序幕，并把文化、价值观念和民族性融入他们的经济活动和生产方式之中。人们生存的自然环境，决定了人们生存的方式和社会经济组织形式。男耕女织的古朴画面展示的不是农业社会的故事而是生产方式。中国古代社会商品经济发展缓慢，从根本上说不是抑商政策之过，而是农业社会之必然。因为抑商政策本身不是作为原因而是作为结果而存在的。"傍水者智，傍山者泰"。与深受河流及两岸肥沃土壤滋养的中国和印度相比，那些土地贫瘠的区域和国度是一种不幸。当生存迫使他们不得不向海洋索取时，不幸又带来了机遇。远古生存环境越容易、越畅顺，生活在其中的人就越趋向保守；相反，生存的环境越艰难、越颠沛，生活在其中的人越富有创造性。"傍水者智"为欧洲民族带来的是冒险、闯荡、机智、独立、务实、好利的性格品质，及其制度对生产过程——效率的追求。于是，提高生产力就不是单纯的发展生产的问题，而首先是观念和社会伦理问题。是经济制约观念，还是观念制约经济？从根本上说，两者是相互作用的。但当观念表现为文化的积淀时，它既制约着经济又制约着观念。所以，正如资本主义精神在资本主义秩序出现以前就已经有了一样，经济的改革必须从观念的更新开始，特区政策从起点上说不是经济改变观念，而是观念推动经济；但特区本身却是经济发展改变着人们的文化观念。没有无文化的经济，也没有无经济的文化。人们在价值规律中徜徉时，总是踏着文化的鼓点；在文化中遨游时，常常遵循着价值规律。经济文化把经济的人和社会的人高度地统一起来。

# 第五节　发展观：文化发展的认识论基础

## 一　传统发展观与文化发展

不同的发展观会有不同的发展目标、发展战略和发展模式，从而在文化建

---

① 陶一桃：《经济文化论》，冶金工业出版社 2001 年版，第 139～141 页。

设上也采取不同的态度。单纯经济增长的片面发展观是近代资本主义发展过程的产物，是那个历史过程的观念反映。自英国古典经济学家亚当·斯密后的许多资产阶级经济理论实际上都是这种发展观的理论表现。这种发展观把现代化过程片面地归结为单纯的经济增长过程，把经济增长过程又片面地归结为物质财富的增长过程，而在讨论物质财富和经济增长的时候又往往脱离了社会、历史和文化，认为一种脱离了具体社会、历史、文化的自由市场的自发调节就可以实现物质财富和经济的增长，就可以实现从农业社会向工业社会、传统社会向现代社会的转型和发展。

亚当·斯密在其经济学著作《国民财富的性质和原因研究》一书中把工业化过程理解为国家物质财富的增加过程。他认为不断增加资本积累就可以不断增加国家的物质财富，就可以实现增长和发展。斯密把人设想为只追求自身物质利益的经济人，这种经济人虽然追求自己的物质利益，力图有效地利用自己的资本，但在市场这只"看不见的手"的导引下，会在总体上造成国家物质财富和社会福利的增加。斯密不主张政府对市场的干预，认为政府只应充当市场的"守夜人"，因此他的经济理论被称为自由放任主义的理论。虽然他写了《道德情操论》一书，试图在经济生活之外去规范人们的行为，但自发的市场经济只能导致单纯的经济增长。因此他的经济理论本身包含的发展观，实际上是一种单纯经济增长的发展观。新古典学派继承了英国古典经济理论的基本思想，建立了一种更加抽象的纯经济理论，论证了一种更为明显突出的单纯经济增长的发展观。新古典学派的理论更加突出地强调了市场通过价格机制所自发地实现的调节作用，认为供给和需求之间的关系影响着价格，而价格的变动又会影响调整着供求关系，从而实现供求平衡，在局部的、微观的均衡基础上实现宏观的、一般的总供给和总需求之间的均衡，从而实现稀缺资源的最优配置，实现最优的增长和发展。这种理论还假定了一种静态的、瞬时的因而也是超时间超历史的均衡，否认了经济过程的历史性质。显然，如果新古典学派所描述和假定的市场和市场要素是现实存在的话，那么，这种增长只能是外延式的增长、单纯经济增长式的发展。如果说英国古典经济学家的发展观总结和概括了资本主义工业化的早期发展过程，那么，新古典经济学家的发展观则是以抽象的理论形式论述了资本主义在 19 世纪下半叶到 20 世纪 30 年代之前的发展状况。第一次世界大战、特别是 20 世纪 30 年代西方资本主义发达国家发生的经济危机使自由主义的经济发展理论受到了重大打击，于是出现了凯恩斯的宏观经济理论，提出了对市场调节进行国家宏观调控的发展思想。凯恩斯的国家宏观调控仍然局限在经济范围，因此他的理论和模式中所包含的也是一种单纯经济增长的发展观。

可以说，直至资源、能源、环境等全球问题凸显之前，在西方理论界对近300年来工业发达国家的传统发展模式提出反思之前，西方工业发达国家理论中占支配地位的发展观和发展理论就是单纯经济增长的片面发展观，这种发展观的一个总的思想是认为只要经济增长了、物质财富丰富了，人类就可以过上富裕、舒适、幸福、自由的生活。可是随着社会的发展，这种片面发展观及其影响下的资本主义社会的发展模式、发展道路的消极的、负面的影响和问题越来越清楚地暴露了出来，因而也就不断地受到进步思想家的批判，18 世纪的空想社会主义、特别是 19 世纪中叶诞生的马克思和恩格斯的科学社会主义都曾经尖锐激烈地批判过这种发展观和发展模式。20 世纪 50 年代以来，西方工业发达国家中还出现了不少站在资本主义立场上的思想家对这种发展观和发展模式的批判。丹尼尔·贝尔指出："美国自由主义的经济理论过去一直植根于发展观念……发展概念作为一种经济思想已被广泛吸收利用，以至于人们再也无法说明它在多大程度上属于自由主义者的创新……正是这种经济发展观念现在正遭受攻击——而且是来自自由派人士的攻击。他们不再认为丰裕是解决社会问题的答案。"①

单纯经济增长的片面发展观及其发展模式在文化建设上的弊端也是显而易见的：单纯经济增长的片面发展造成了经济增长和社会发展之间的紧张关系。追求片面的单纯经济增长，把追求经济增长作为发展的根本目的，就会把本应作为经济增长为之服务的对象的人变成实现单纯经济增长的手段，从而造成马克思曾经指出过的人的劳动及人自身的异化现象，造成人的畸形片面的发展。单纯经济增长的片面发展造成大量的外溢性影响，使社会承受着各种片面发展所造成的社会代价、社会成本的沉重负担，加剧了效率和公正、自由和平等、速度和效益、量和质、个人和社会、城市和乡村、富有者和贫困者之间的矛盾，它对自然资源的滥采滥用及对环境的破坏和污染加剧了人类和自然环境、人类的今天和明天之间的矛盾。资源、能源、环境、贫富两极分化、城市人口过度密集等全球性问题对包括当代工业发达国家在内的全球人类的困扰就是单纯经济增长的片面发展所造成的苦果、恶果。

更为严重的是，单纯经济增长的片面发展观排除了文化在发展中的地

---

① 丹尼尔·贝尔：《资本主义文化矛盾》，三联书店 1989 年版，第 127～128 页。

位，在实践中则贬低、甚至否定文化建设的重要性，造成经济和文化之间的紧张和对立。片面发展观把从事经济活动的人和组织设想为只知道追求自身经济物质利益的经济人，设想为只会根据自己的物质利益对价格信号作出应答反应的"机器"，这就把文化因素从经济主体中排除了出去。这种经济主体与其说是主体还不如说是的客体；把市场各单位之间的关系设想为一种纯粹的完全竞争关系，就把文化因素从这种关系中排除了出去；把市场的调节机制看成资本、工资、价格、利率、供给、需求之间的一种自发形成的均衡关系，就把文化从市场调节中排除了出去，经济增长或发展过程被视为一种脱离了社会、文化、历史的纯粹而又孤立的经济现象。路·冯·米瑟斯对此有一段很清楚明确的陈述，他说："自由主义是一种真正研究人类行为的学说，其着眼点和最终目的是促进人们外在的物质福利，而不是直接满足人们内在的、精神上的以及形而上的需求。它并不向人们许诺幸福和满足，而是尽一切可能把外部世界所能提供的物质用来满足人们的诸多要求。自由主义的这种面向世界、不求永恒、纯粹追求外在的和唯物主义的观点很容易使它成为多方面的指责的对象。"① 丹尼尔·贝尔指出，传统的道德哲学家都未曾割裂经济和道德的关系，都没有把财富创造的本身作为目的，而是把物质生产作为促进美德、创建文明生活的手段。但是，资本主义在其强调的积累过程中，却把积累活动变成了目的本身，这就把经济和道德、文化割裂开来了，于是便出现了实际发展过程中的经济和文化的紧张和对立。这种紧张和对立不仅表现在两者在社会发展中的轻重地位的关系上、社会资源诸如资本、人力在两者分配的关系上，还表现在两者所提倡的价值观念之间的冲突上。丹尼尔·贝尔把这种现象称为资本主义社会发展过程中的经济和文化的断裂，称为资产阶级社会的历史性文化危机。他说："工业社会的特有品格有赖于经济与节俭原则：即追求效率、讲究低成本高利润、最优选择和功能合理性。然而，就是这种品格与西方世界领先的文化潮流发生了冲突，因为现代主义文化强调反认知和反智模式，它们都渴望回到表现最初的本能。一方强调功能理性、专家决策、奖勤罚懒；另一方强调天启情绪和反理性行为方式。正是这种脱节现象构成了西方所有资产阶级社会的历史性文化危机。这种文化矛盾将作为关系到社会存亡的最重大分歧长期存在下去。"② 可以

---

① 路·冯·米瑟斯：《自由和繁荣的国度》，中国社会科学出版社 1995 年版，第 46 页。
② 丹尼尔·贝尔：《资本主义文化矛盾》，生活·读书·新知三联书店 1989 年版，第 132 页。

说，把经济和文化对立起来并无视文化重要性的片面发展一开始就使资本主义工业化、现代化过程充满了种种复杂尖锐的矛盾，伴随着经济迅速发展和增长的同时，往往存在着思想道德文化上的退化堕落，思想道德文化成了经济增长的牺牲品：一方面片面发展观推动着人们树立"经济"观念，讲究用最少的投入获得最大的效益，让人们在投入和产出之间作种种的精打细算，力求达到经济地节约地使用各种资源。它也推动着人们的"积累"观念的建立，尽量减少生活消费以增加生产投入，把追求资本的扩大、财富的积累作为经济活动的目的；另一方面，在片面发展观下，为了扩大产品的销路，扩大市场需求，总是鼓励人们扩大消费追求生活享受，在人们的购买力不旺或市场疲软的时候，还要采取各种手段刺激人们的消费欲望，以形成所谓的市场有效需求。这种双重影响导致了个人和社会的思想道德文化在价值观上的分裂。马克斯·韦伯曾经把勤奋、节俭的新教伦理称做资本主义精神，认为这种精神推动了经济和生产的发展，这就是因为它适应了市场经济的前一方面的文化要求，但是这一方面要求又受到后一方面文化要求的限制和冲击，而且随着个人的发财致富或社会整体上物质财富的增加，后一方面的文化要求所形成的价值观和生活方式对前一方面的冲击或否定变得越来越大，并且最终地导致了以拜金主义、享乐主义、利己主义为主要特征的文化价值观念。以上论述已经表明，在西方资本主义工业化、现代化过程中形成并在后来一个时期得到发展的单纯经济增长的片面发展观及自由市场经济体制的发展模式导致了对文化的否定和排斥，导致了文化价值的分裂，最终导致了文化危机乃至社会危机。[①]

## 二　可持续发展：人类文明的新觉醒

可持续发展理论的出现是人类发展思想史上的一次革命，使人们在对待人与自然的关系、人与社会的关系的认识方面发生了深刻变化。可持续发展观与传统发展观的根本区别在于：从以单纯的经济增长为目标，转向经济、社会、人口、生态环境的综合发展，尤其关注人的全面发展。可持续发展是人类文明的新觉醒，实现可持续发展已成为世界各国经济社会协调发展的共识。

---

① 陈筠泉、李景源：《新世纪文化走向——论市场经济与文化、伦理建设》，社会科学文献出版社 1999 年版，第 47～54 页。

（一）可持续发展：人类的必然选择

20 世纪 60 年代以来，西方工业发达国家的一些社会学家、未来学家、经济学家开始在批判、反思、总结传统的片面发展观和发展模式的基础上，探索新的发展观和发展模式。罗马俱乐部的学者们在向人们提出人类面临的一系列全球问题的同时，提出了新的增长模式，该俱乐部在 1972 年提出的第二个报告中指出："人类在历史发展中正处于一个转折点上"，并提出了"世界系统有机增长"的概念。美国世界观察研究所所长莱斯特·R. 布朗在 1981 年出版的专著《建设一个持续发展的社会》中全面论述了"从经济增长转向持续发展"的必要性和迫切性。法国经济学家佩鲁在 1982 年出版了专著《可持续发展观》，从发展中国家的情况出发阐述了可持续发展观。

学者们的研究和探索很快得到了各国政府和联合国有关组织的重视。20 世纪 80 年代发展中国家与发达国家展开了一系列对话，共同商讨经济发展与环境问题。1987 年，世界环境与发展委员会的报告《我们共同的未来》在开篇中充满激情地写道："20 世纪中叶，我们从太空第一次看到了地球……从太空中，我们看到了一个小而脆弱的圆球，显眼的不是人类的活动和高楼大厦，而是一幅由云彩、海洋、绿色和土壤组成的图案。然而，人类没能使其活动与这幅图案相适应，这正从根本上改变着地球系统。许多这样的变化是伴随着威胁生命的公害出现的。这是我们不可回避的新的现实……"1989 年 5 月，联合国环境与发展第 15 届理事会发表了关于可持续发展的声明。1992 年，在被称为"地球首脑会议"的里约世界环境与发展大会上，百国首脑相聚，磋商人类摆脱环境危机的对策。推动这一活动的，正是一种正在不断增强的"人类整体意识"：我们只有一个地球，不论是好是坏，人类只有一个共同的未来；面临共同挑战，人类只有发展共同的认识和共同的责任感，采取共同行动。这一重大的共识体现在"可持续发展"概念为大会接受，并具体体现在大会通过的全球《21 世纪议程》这一框架性文件中。里约会议后，"可持续发展"概念在世界迅速传播，各国政府陆续出台本国的《21 世纪议程》。这说明从传统的片面发展观、发展模式向可持续发展观、发展模式的转变已不再是一个理论上、认识上的问题，更是一个实践上、政策上的问题。这说明发展观转变已成为当代具有全球性质的时代潮流。

目前，科学界普遍认为人类当前的生活方式从总体上已不具备可持续发展的能力，这主要是指环境的不可持续性，主要表现在：（1）环境污染。包括有毒污染和酸雨，全球气候变暖和臭氧层破坏。（2）可再生资源枯竭。包括水资源枯竭、水产资源枯竭，土地退化和土壤流失以及森林减少、生物灭绝。（3）不可再生资源枯竭，包括化石燃料和矿物枯竭。（4）废弃物质问题。这些问题的严重程度已经被很多研究机构和科学家们多次警告了。两家世界最权威的科学院——英国皇家学会和美国国家科学院发表的联合声明警告说："这些不加限制的资源消耗，可能给全球环境带来灾变的结果。某些环境变化会对地球维持生命的能力产生不可逆转的损害……我们星球的未来安危未定……"

尽管时至今日，可持续发展仍有待于全球更多具有"人类整体意识"的有识之士的不断呼吁和推动，可持续发展也还未成为各国共同战略选择，可持续发展的机理、理论也有待于在实践中不断创新，但是，人类在传统的片面发展观及其发展模式下所面临的"共同困难危机"已日益严重，这使得在对传统发展观不断批判和反思的过程中确立"可持续发展"的可持续发展观成为人类的必然选择。

（二）可持续发展：中国的一项重要国策

与西方国家一样，我国也有一批敏感而有良知的知识分子，时刻警惕着社会发展中隐藏的社会危机。在世界环境与发展委员会公布《我们共同的未来》的同年，一本题为《山坳上的中国：问题、困境、痛苦的选择》的书深深震撼了千百万中国读者。该书作者直述了中国现代化道路上潜伏的人口、资源、环境、教育、干部等近 20 个方面的危机，并发出"中国的未来，取决于我们现在的认识和行动"的呼吁。1989 年，中国科学院国情分析研究小组发表了一份国情报告，从生产力诸因素的角度，指出了制约中国长期发展的主要限制性因素：人口膨胀与老龄化，就业负担沉重；农业资源接近资源承载极限；环境污染迅速蔓延与自然生态日趋恶化；粮食需求迅速扩张与增产举步维艰。报告还对此进行了综合的趋势性分析，结论是沉重的：（1）在步入现代化，实现小康和富裕的历史过程中，"中国正处在前所未有的多重危机之中"。"历史留给我们及后代的回旋余地是狭小的，调整时间是短暂的，基础条件是苛刻的，发展机会是最后的"。（2）中国只能走节约资源、适度消费的非传统的现代化发展模式。报告呼吁关注"生存的危机感、树立民族的忧患感、改革的紧迫感和历史的责任感"。事实上，这些都是中国可持续发展的最早的呐喊。现在，这些最初的微弱呐喊已得到了各层次觉醒者的呼应，并引起了高层领导的关注，1994 年国务院公布了《中国 21 世纪议程》。

《中国 21 世纪议程》是中国实施可持续发展战略的体现，是制订我国国民经济和社会发展中长期计划的指导性文件，同时也是中国政府认真履行 1992

年联合国环境与发展大会文件原则立场的实际行动。这个战略在总的指导思想下从三个方面展开，即社会可持续发展、经济可持续发展和环境保护与资源合理利用。在中国政府以往的纲领性文件中，还没有一个像《中国 21 世纪议程》这样把经济、社会、资源与环境视为密不可分的整体，并如此正视中国发展的重大制约因素和潜在危机。在这个议程中构筑的综合的、长期的、渐进的可持续发展框架以及相应的对策，实际上是指向了一条新的发展道路和一个新的体制。这与中国正在进行的经济体制和经济增长方式的"两个根本转变"的要求是不谋而合的。

### 三　文化：可持续发展的灵魂

可持续发展战略强调经济发展与社会发展的协调。1994 年 9 月在埃及首都开罗召开的世界人口与发展大会，明确地提出"可持续发展问题的中心是人，要充分认识到妥善处理人口、资源、环境和发展之间的相互关系，并使它们协调一致，求得互相平衡"。可持续发展战略是以人为中心的发展观，它强调人与自然的和谐关系，以提高人类的生活质量为目标，这与传统的单纯以经济增长为发展目标的模式具有本质的不同，可持续发展的核心问题是要求正确认识"人与自然"、"人与人"的关系，树立正确的资源观、科学观、价值观和道德观。归根结底，可持续发展理论的核心是文化观念的转变，可持续发展理论中关于人的全面发展、人与社会协调关系的观点是有着合理的文化内涵的。

（一）可持续发展观把人的发展和社会进步作为发展目标，高度重视文化在人的发展和社会进步中的价值

人的生存和发展离不开物质价值，所以人要从事物质生活资料的生产，要同自然界进行物质、能量、信息的交换，要发展经济实现经济增长。但经济增长只是实现人生存和发展的手段，这就是说，即使是物质、经济，其价值也取决于对人的意义、取决于对文化的意义，如果把物质财富作为人的终极目的，那么人就沦为物质财富的奴隶、金钱的奴隶，就可能成为物质财富上的百万富翁、亿万富翁，而在精神世界却是贫困者和乞丐。每个人和人类社会都在探究他们命运的意义，而这种意义就是文化的意义。一般地说，人在自己的生存和发展中，不仅有物质生活条件上的追求，还有精神上的追求，希望有丰富的精神生活，希望同他人建立一定的关系和交往，希望获得他人、群体、社会的尊重，获得自由和自主，人希望在认识和改造客观世界的实践活动中显示自

己的存在和价值，追求真善美。人的所有这些要求和希望归结起来就是文化的要求、文化的追求，就是要使自己实现对自然界中动物的那种存在状态的提升和超越。一旦人们这样认识了自己的生存和发展的时候，就会超越那种单纯经济增长的狭隘眼界而认识到文化的价值和意义。

社会进步必然要有经济上的发展和增长作基础，人们也必须根据生产力的发展状况来建构他们的生产方式、建构他们之间的生产关系、经济关系，并以此为基础建构他们之间的政治关系、思想关系。虽然这一过程开始的时候往往是一种自发的过程，但这一过程的结果却是人们自觉活动的产物，人们的这种自觉就是一种文化，因此文化也参与了社会关系、社会结构、社会制度的形成和创造。任何一个社会的经济制度、政治制度都深深地打上了文化的烙印。它们本身就意味着某种文化。因此没有文化上的觉醒和进步就不可能实现社会的全面进步。现代工业发达国家的许多有识之士已经认识到仅仅靠物质上、经济上的富裕不可能解决所有社会问题，也不可能实现社会的全面进步。那些发达国家和富裕社会所面临的危机不是物质上的匮乏，而是文化、精神上的危机，这正说明了文化在实现社会全面进步中不可或缺、不可替代的重要地位。

（二）可持续发展观把发展理解为具有能动性的人的活动的结果，重视文化在发展中的重要作用

传统的单纯经济增长的片面发展观，在讨论经济发展时把现实的人及活动抽象掉，仅仅依靠表示物的各种经济范畴建构经济增长或发展理论，因而就排除了文化的作用。然而即使是经济分析，也不得不与作为理性和道德实体的人发生关系。可持续发展观把现实的人及由现实的人组成的现实的经济单位作为讨论发展理论的出发点，这就必然要重视文化的作用。因为现实的人和由现实的人组成的经济单位，都是历史地形成的文化环境的产物，都深受着文化环境的影响。他们在生产、交换、消费的经济活动中，在追求经济价值时，不是也不可能是一种纯粹的理性经济人，他们所具有的思想的、伦理道德的、社会的种种价值观念即文化价值观念同样也在产生或大或小的影响，有时甚至还会起决定性的影响。佩鲁指出："经济体系总是沉浸于文化环境的汪洋大海之中，在这种文化环境里，每个人都遵守自己所属群体的规则、习俗和行为模式，尽管未必完全为这些东西所决定。意义比较明确的价值使某些目标处于相对优先的位置，对这些目标的追求，激励着每一个人对经济和社会的发展作出自己的贡献，但是，他们也可能提出反对意见，采取阻挠行动，抵制这种发展。"因此，文化价值观念影响、制约着人们在经济活动过程中的行为及彼此发生的各

种关系，影响着各种习俗、规范、制度，影响着人们的生产活动方式、经营管理方式和市场交换方式的文明程度等。

（三）可持续发展观是一种协调的持续发展观，包含着文化自身的发展

协调发展是通过对发展过程遇到的一系列矛盾、问题的正确认识和恰当处理来实现的。这种处理不仅意味着要调整各发展单位、发展部门、发展地区之间的比例关系，调整人、社会和自然生态环境之间的关系，还意味着调整人们的各种利益之间的关系，调整各社会集团、群体之间的利益关系，调整和协调的过程是社会的利益结构的变动过程，这就要求人们不仅认识到自己的、眼前的、局部的、经济的利益，还要求人们认识到他人的、长远的、全局的、非经济的利益，要求人们在认识各种利益关系的基础上改变与协调发展相抵触的价值观念和行为方式，形成与协调发展相一致的价值观念和行为方式，而改变人们的这种观念和行为方式的任务也只有在文化的参与下才能完成。因此协调发展是在文化的作用下实现的。

可持续发展要求人们处理好当前发展要求和未来发展要求之间的关系，要求今天的发展为未来的发展留有余地，要求今天的发展不仅不应该耗尽或毁掉未来发展的基础和条件，而且应该为未来的发展提供更好的基础、条件，创造和开辟更广阔的发展可能性。为了实现可持续发展，要求人们今天恰当、合理地利用自然资源，在利用自然资源的同时保护自然资源和生态；为了实现可持续发展，要求人们为今后的发展做好科学上、理论上、人力资源上的各种准备。这就要求人们不仅应开展各种能在今天带来发展效益的文化建设和文化活动，也要开展能在未来的发展中显示效益的各种文化建设和文化活动。可以说，今天的文化就是明天的发展、明天的经济。要实现可持续发展，就要重视文化的发展和建设。

# 第六节　知识经济时代的文化发展

## 一　知识经济的文化底蕴

随着经济全球化进程的加快和高科技的迅猛发展，一个以不断创新的知识为主要基础的经济时代已悄然来临。文化是人类思想的灵魂，在经济愈趋发达

的知识经济时代，用文化来指导生活、规范经济，更显得突出和重要。当代人类面临的一系列需要解决的问题都具有高度综合性，它们取决于当代自然科学、技术科学、经济科学和人文社会科学多方面的因素的有机整合，这是当代新经济发展的新趋势、新特点。当前各种全球性问题的出现，从一定意义上讲都是由科学技术广泛应用于社会而引发的。而且，这些问题的解决超出了国家范围，也超出了自然科学能力的范围，这些问题涉及经济增长的目的和方式。因此，必须综合运用自然科学、技术科学和人文科学的知识去研究解决。

文化水平是衡量人类发展的一个特殊尺度，也标志着人类把握这些方式的程度。文化既是人自身发展、创造新事物能力的一种手段，又是一种标志。科技和经济在人类文化进步中起着巨大的推动作用。科技和经济的创新不能脱离其产生的社会文化背景；人类创造和发展了科学技术，推动了经济增长，而科学技术作为一种文明的力量不断完善着人类自身，提高人的认识能力，进一步创造出现代文明。第二次世界大战之后的几十年中，科学技术的概念、方法和手段向人文科学渗透，与此同时人文社会科学的价值、伦理观念和理论在科技经济领域的广泛应用，也引起了当代思维方式的深刻变革，使当代思维方式从绝对走向相对、从单一走向多维、从因果性走向必然性、从确定走向多变、从可逆性走向不可逆性、从分析方法走向系统方法、从定域论走向场论、从时空分离走向时空统一。这种思维特点使人类认识事物的水平提高到一个崭新的阶段。世界上许多有识之士十分重视经济和文化的结合，以此来造就新经济赖以发展的人文环境。

知识经济是一种全新的、运用人类知识文化和高新科技的经济形态，其特点表现为知识密集型、智力密集型和技术密集型。由于知识、智力、技术、文化等因素作为生产和经济要素直接进入经济运行之中，使人力资本、智力资本、技术资本等成为经济的主要构成部分，并发挥着重要作用，这样，知识经济就其根本性质来说，就不同于以扩大耕地和人口劳力为基础的农业经济，也不同于以开采大量的自然资源，其中又以加工制造原材料和消耗能源为主要基础的工业经济，它的核心不再是单一的金融资本、固定资产、生产成本等，而是知识资本、技术资本、智力资产等。这种形态的经济，其特点是具有广泛的扩散性和渗透性。随着发达国家的经济迅速走向知识化、高科技化，知识经济也就越来越成为世界经济全球化、一体化的重要构成因素，并将对21世纪全球经济产生极为深远的影响。

进入知识经济时代，以工业为主导的产业开始让位于以知识为主导的产业。产业结构的变化引起了社会结构的变化及对人才需求的变化。由于传统的工业产业减少，传统的产业工人就开始不断地被大批的以从事知识生产为主导的脑力劳动者、技术劳动者、管理工作者所替代，劳动的方式也发生了深刻的变化，劳动力的知识含量超过了体力劳动含量，劳动不再是单一的使用工具作用于劳动对象和参与直接的生产过程，大量的劳动是处在直接生产过程之外的。为人们津津乐道的工业时代以来以福特制为主的流水线、标准化、大规模生产方式，也将让位于以强调知识含量、体现个性特征和文化品位、需求灵活多样、附加值高、边际报酬丰厚为主导的生产方式。在这种生产方式当中，突出的标志是强调人和社会的现代化。在工业经济的格局中，建立以工厂生产制度为基础的工业化生产方式，其特点是品种单一化、标准化、大批量化，经营目标是追求成本的最小化。与工业经济的运作理念不同，知识经济采取以柔性化为基础的生产方式，其文化含义指的是对个性的充分尊重和关心，并始终以独立的、自由的和自立自强的人作为生产力的首要因素和最活跃对象。这种文化含义贯穿到具体的经济运作之中，就是在生产当中采用按客户指定要求的生产模式来组织生产，其特点是多品种、小批量、非标准化，但附加值高、边际报酬高、产值递增效益明显。这是典型的知识经济的生产运作模式。在这种模式当中，由于是非标准化生产，它的技术基础就必须是以不断创新的知识为核心，同时也要求企业管理的重心必须由常规的生产管理转变为技术创新和信息化的知识管理。

知识经济强化了经济与知识、文化之间的互动关系，尤其是突出了经济运行之中的每一个活动主体背后的相关文化背景与经济发展潜力及前景的关联作用。在当今，人们一直奉为圭臬的市场经济发展到现代，也绝对不是没有文化、没有主体的单纯经济运作过程，其主体是具有健全的经济理性和道德约束的文化人。因此，知识经济发展就离不开人的知识、文化素质的提高，离不开先进文化的指引，它的根本宗旨就是要使经济活动都具有一个鲜明的主题，即能够充分地表达出对于人生意义的真切理解和对于人类命运的关怀之情，并贯注着有关人的生存境况、存在意义、精神归属、未来发展和人生价值等方面的内容，促使经济与文化的互动成为引导知识经济朝着有利于推动人类社会、经济、文化进步方向发展的内在动力。显然，知识经济时代的到来，对人和社会的发展提出了更高的要求。知识经济将知识、智力、技术、文化等因素直接纳入经济运行范畴当中时，把以人为中心的人力资源开发、人力资本培育等推到了一个重要的位置，同时又在所形成的管理文化当中，更进一步地突出了以人为本的管理理念,也就是说,知识经济需要与之相适应的文化底蕴和人文内涵。具体地说,它不同于工业经济时代过多地偏重于强调人对于自然资源的占有与开采,对机器的依赖与技能的倚重,而是更加强调经济的文化含量及其作用,强调通过对经济成分注入富有丰富底蕴的文化因子,使经济更具创新精神,更加具有发展的潜力及良好的、持续的和稳定的发展态势,从而充分地显示以人力资源、智力资本为主要形式的文化底蕴和文化含量在知识经济中的重要作用,顺应知识经济以鲜明的创造性、创新性为导向的时代要求。

总之,在知识经济时代,知识、文化等因素日益深刻地融入到经济运行中,现代经济运行的质量和文化品格得以大大提升,并创造出无穷的机会。正是在这个意义上,可以说,知识经济是具有丰富的文化底蕴的经济形态。通过发展知识经济来提升经济的文化含量,发挥知识的最大价值,就能从根本上改变贫穷、落后的状况,推动人类社会的文明发展。

## 二 知识经济时代的文化力

如前所述,知识经济是建立在知识和信息的生产、分配之上的一种全新的经济形态。这种经济是当今世界一种新型的富有生命力的经济。在未来的知识经济时代,经济增长比过去任何时代都更依赖于知识的产生、传播和利用。科技软件在经济中的比例大大增加,信息科技成为最活跃、与人们生活联系最密切相关的科学技术领域。知识生产力是竞争力和经济成就的关键因素,以智能为代表的人力资本和以高技术为代表的技术知识将成为经济发展的核心,知识即成为生产要素中的重要组成部分。著名学者胡平先生谈到:知识经济时代将是高技术、高智慧、高文化的时代,这包括科学技术的创新与发展,人的智力潜能的开发与文化价值观念的转变和思想文化素质的提高。

知识经济的兴起是一场无声的革命,必然对社会生产、流通、组织结构以及人们的生活方式与思维方式产生深刻的影响。20世纪90年代初期以来,我国学术界关于市场经济发展中"文化力"的研究与人类向着知识经济时代的发展有着一定的联系,深入研究文化力具有重要的意义。一方面,经济发展和科技进步拓展了文化研究的领域,给文化发展提供了新的内涵,另一方面,经济的发展又产生了对文化的强烈需求,并把社会文化发展中处于核心地位的文化价值观念提到更加突出的地位,成为判定现代人行为特征和方向的基本要素。任何重大的社会变革首先依赖于文化价值观念的更新,我国学术界在关于"文化力"的研究中，立足国民素质的提高和人力资源的开发，强调科技创新和文化建设在市场经济发展中的作用，揭示了由工业经济向更高的经济形态发展的某些趋势。

在未来的知识经济时代里，文化力的研究与开发将会被提高到更加重要的地位。科技教育投入的增长，科技体制、教育体制的改革，全社会对人力资源开发的重视必然赋予文化力发展中智力因素以新的内容。知识成为资本将从根本上刷新社会价值观念，给思想文化建设提出各种新的问题。随着信息成为知识经济时代的主要的动力、重要资源和竞争要素，分析在信息社会里，人们的智能与文化心理的形成与发展，是今后文化力研究的重要组成部分。民族文化精神无论是在中国深化改革、迈向新世纪的伟大而艰巨的历史进程中，还是在未来的知识经济时代里，都将具有不可忽视的作用。一个妄自尊大的民族，或者一个丧失了精神支柱的民族，均难以承受人类文明发展的巨大冲击。在民族文化精神的建设方面，文化力具有不可取代的作用。

在21世纪市场经济竞争中，文化力的角逐将更加激烈，文化研究涉及的范围将更加广泛，文化力的核心问题即人的素质的提高和人才的培育显得至关重要。知识经济时代的人才不仅要有广泛的知识，更要具有运用知识、扩大知识、处理信息、追求卓越以及处理人际关系的能力和高度的社会责任感，因此，在一定程度上可以说，知识经济时代，是科学技术高速发展的经济文化协调发展的时代，是人的全面发展和文化力充分发挥作用的时代。

知识成为资本，并相应地使知识成为决定分配的要素，这将大大地改变知识的地位，使知识分子的作用更加显著。这对于发挥知识分子的积极性和创造性，推动科技进步，促进科技成果向生产力的转化，都将产生根本性的影响。尊重知识、尊重人才，也不再只是社会良知的呼唤，而成为全社会公认的准则。有关专家学者认为，知识将取代权力和资本，成为重要的社会力量。作为先进生产力代表之一的知识分子，在物质生活与精神生活中的主导地位将越来越重要。在其社会地位改变的同时，知识分子的思想观念也将发生变化。在知识经济时代里，科学技术社会化的趋势将更加突出，在知识生产的创造性过程中，人们的集体意识和合作意识将得到加强。同时，知识经济要求生产者、劳动者知识化程度的广泛提高。在中国，作为工人阶级的一个组成部分的知识分子，随着知识的普及与生产过程中知识含量的提高，与社会全体成员的联系将更加广泛、更加稳固。

知识经济时代对企业家的科技文化水平也提出更高的要求。人类正由工业文明迈向信息文明，现代智能工具的广泛运用，使人类智慧成为一种新的资本形态。在这种情况下，企业与科技的组合，企业家对知识资本的融集和使用的能力，成为企业生存与发展的决定因素。我国著名经济学家厉以宁教授在谈到知识经济时代的中国企业家素质时指出，面对 21 世纪世界经济发展的新形势与新变化，中国需要一大批高素质的企业家。他强调，中国的企业家是在特殊环境中成长起来的，应具备特殊的文化品质，即要有犀利的战略眼光，过人的胆识和策略，很强的组织能力和鲜明的社会责任感。从知识与文化因素在知识经济时代中的作用来看，知识经济的到来对企业家素质所提出的要求具体地表现在：①具有战略思想和宏观意识；②具有强烈的创新意识和能力；③具有创造性思维，敢为天下先；④具有实际的微观操作能力、实践能力和组织能力；⑤强烈的求知欲望和学习兴趣；⑥具有高尚的道德情操和自律自控力；⑦具有良好的人际关系和协调能力；⑧具有公正、忠诚的品格和事业心、责任心；⑨具有坚定的信仰与信念；⑩具有特别能战斗的精神。与此同时，企业文化建设中的科技文化和职业教育的比重也将大大增加，企业家作为一个社会群体在经济、文化、科技建设中的作用将更加重要。

# 第二章　中小企业的文化生态

从 20 世纪经济发展的态势来考察，企业的组织形态正呈现出两极的发展趋势：一种是企业的大型化和巨型化，大企业和跨国公司在推动全球经济交往、提高所在国经济的国际竞争力中发挥着越来越重要的作用；另一种是企业的小型化和微型化，中小企业在社会经济生活中的作用越来越引起世人的瞩目。

## 第一节　中小企业的范畴及理论

### 一　中小企业的界定

（一）中小企业的标准

中小企业问题是一个世界性的课题，也是一个长久性的课题。综观世界各国，无论其经济发展处在哪一阶段，就企业的规模而言，大型和中小型企业共同构成了社会的经济系统。中小企业是企业规模形态的概念，是一个基于规模差异的相对概念。对其概念的界定不仅关系到对一国经济发展状况特别是经济结构的认识，也关系到政府的中小企业政策及其效果。目前，关于中小企业尚未形成统一恒常的界定标准，不同国家和地区在不同时期也往往有不同的规定。一般来说，中小企业一方面有其决定自身内在本质的规定性，另一方面也有量的界限。因此，对于中小企业的界定，一般从质和量两个方面入手。

1. 质的规定

定性界定标准也称质量界定标准或地位界定际限，即从企业的性质上提出中小企业界定标准。采用这一标准的多为欧美国家，如美国、英国、德国、加拿大等。美国等一些国家对中小企业进行了质的规定，其标准一般包括：企业归私人所有，独立经营；不能从资本市场直接筹集资本；市场份额小且在行业中不占支配地位等。质的规定与量的指标同时使用，往往可以为中小企业的概念解释带来更大的弹性空间。

2. 量的指标

量的指标的选用具有相当的普遍性，原因在于量的界定具有直观性，可以通过企业的一些客观指标如生产要素和经营结果来反映，易于获得与把握。量的指标一般分为从业人数、企业资本额和年营业额（或年销售收入）三项。具体选用哪些量的指标，怎样进行综合考察，则需考虑如下特点：

首先，行业差别。中小企业的实际规模与其所处行业特点直接相关，许多国家和地区在界定中小企业时都采取了分行业分别规定的办法。例如美国制造业内，各具体行业的中小企业雇员人数的上限各不相同：飞机制造业最高，1 500 人；计算机制造业次之，1 000 人；其他行业则更少。其他国家也有类似的情况。

其次，量的规定具有一定的时效性。实际上，中小企业的界定标准不是一成不变的，随着时间的推移，这些标准也在调整。比如韩国，1966 年《中小企业基本法》中将制造业、矿业、运输及其他行业中从业人员在 200 人以下或资产总额在 5 千万韩元以下的企业规定为中小企业；到 1976 年，将中小企业的数量标准调整为从业人员 300 人以下或资产总额在 5 亿韩元以下；而到1982 年标准又改为单纯用人数来界定，300 人只是工业领域的一般规定。再比如，对一些行业如汽车零配件制造业，部分电子零件及电子材料制造业等，韩国中小企业的人员上限达到了 1 000 人。

最后，量的规定与经济体的规模和发达程度有关。不同国家在量的指标的数值确定上有相当的差异，数值大小明显与一个国家（或地区）经济规模及发达程度呈现正向相关。如经济发展水平较低的尼泊尔，最大的中小企业从业人员也不超过 25 人，是否使用动力也是区分大中小企业的标准；而美国作为经济高度发达的经济体，其中小企业明显是另外一个层级，个别行业中小企业从业人员多达 1 500 人，在美国，中小企业实现现代化更是普通现象。

由此可以看出，中小企业是一个相对的概念，其相对性主要体现在三个方面：

第一，空间上的相对性。各个国家和地区判断企业规模大小时所采用的标准可能不同，有的偏爱定量标准，有的偏爱定性标准。如美国、英国等欧美国家对中小企业一般采用定性标准来界定，亚洲国家则大多采用定量标准来界定。即便是都采用定量标准，各国所依据的指标或指标组合也可能不同。如印度采用设备投资标准，印度尼西亚则采用雇佣人数标准。这就意味着，A 国的中小企业如果用 B 国的标准来衡量，就不一定是中小企业。

另一方面，不同国家和地区由于经济发展水平不同，中小企业生存的经济环境不同，即便是采用同一标准，具体的取值区间也可能不同。从世界各国对中小企业的定义来看，以雇佣人员标准为例，取值范围在 0～500 之间，各国的具体取值在该区间内灵活变动。如澳大利亚的取值区间为（0，500），荷兰为（0，250），新加坡则为（0，100）。这是由不同国家和地区的经济规模、劳动力和资本等的差异造成的。由此不难得出这样的结论：发达国家和欠发达国家的中小企业在规模上可能存在很大的差距。

第二，时间上的相对性。中小企业是一个相对的概念，在时间上是相对的，是随着经济的发展及社会变化而不断变化的。中小企业的定义和界定标准会随着经济发展状况的变化而改变，即使在同一个国家和地区，在不同的经济发展阶段，界定中小企业的规模标准也可能不同。其总的变化趋势是数量规模在扩大，素质水平在提高。例如，美国 1953 年规定职工人数在 250 人以下的为小企业；后来，美国小企业局出版的《小企业状况》规定制造业职工人数在 500 人以下的为小企业；近年来又规定制造业职工人数在 1 000 人以内的为小企业。

第三，中小企业本身的相对性。企业本身的发展是动态的，所谓中小企业，也是相对于同行业中的大型企业而言的。今天的大企业明天可能衰退或分解为中小企业，今天的中小企业日后也许会成长为大企业。而且企业的发展受制于多方面的因素和条件，很难找到一个完整的、统一的标准或指标使这些因素和条件全部包含进来。

（二）中小企业的一般特征

由于中小企业具有很强的相对性，对其特征要想做出比较一致的概括具有一定的难度，为此，我们将中小企业作为一个整体，概括出其相对于大型企业表现出的一般特征。

1. 企业规模较小，经营活动简单

企业规模较小是中小企业最为明显的特征，一般把同行业中规模相对较小的企业归为中小企业，这种小规模特征体现在资本（资产）规模、投入产出规模、销售规模等方面。由于中小企业拥有的固定资产较少，职工人数不多，生产能力有限，目标市场集中，经营方式灵活，因而其生产过程简单，技术水平和经营管理的难度不大。这就使得中小企业创办较为容易，所需初始投资少，创办时间短、见效快；但由于中小企业自身实力有限，抗风险能力较弱，"新陈代谢"速度较快，每年都有大量中小企业倒闭，但同时又有大量中小企业创立，从而使中小企业总体数量不断增加、整体素质不断提高。

2. 经营方式灵活，数量大、覆盖面广

较小的规模水平，使中小企业应变能力较强，对市场反应灵敏，往往能在一些新领域或不被大企业重视的行业捷足先登，异军突起。一般而言，中小企业需要的资金额和技术力量"门槛"较低，投入少、见效快，可供选择的经营项目多，因此进入市场比较容易，经营手段灵活多变，适应性强。与大企业相比，中小企业受资产专用性和沉没成本的影响较小，可以根据市场变化较快地调整其产品结构，改变生产方向，从而较快地适应市场的新需求。同时，小企业在组织结构上也相对简单，在生产管理、人员调配、信息传递等方面，比层级繁多、组织结构复杂的大型企业要灵活简便。

广泛的社会经济基础，使中小企业成为现代经济的重要组成部分，不论是在发达国家，还是在发展中国家，中小企业的数量都占绝对优势。目前，我国中小企业的数量已占全国企业总量的 99.3%，就工业来看，截至 2004 年年底，我国共有中小工业企业 273 263 家，其中国有及规模以上非国有企业 217 409 家，全部中小工业企业的资产合计达 135 823.5 亿元。从经营范围来看，中小企业几乎覆盖所有竞争性行业和领域，除航空航天、金融保险等技术、资金密集度极高和国家专控的特殊行业外，广泛分布于第一、第二和第三产业的各个行业，尤其是在一般制造加工业、农业、采掘业、建筑业、运输业、批发和零售业、餐饮和其他社会服务业等中。值得注意的是，在 20 世纪 70 年代之后兴起的一些高技术产业（如微电子产业、软件开发等）中，中小企业也占有很大比重。

3. 融资能力差，资本、技术有机构成低

中小企业由于资产规模较小，无法直接进入资本市场，不能通过发行股票、债券等来筹资；由于资本不多，可供抵押资产不足，难以获得商业信用；同时，由于会计账目不健全，或企业历史时间不长，财务资料不充分等原因，难以得到金融机构的信任和支持。这些都造成中小企业发展面临融资渠道不畅、融资能力差、资金周转不灵的局面，进而导致中小企业资本有机构成较低，生产设备和生产工艺难以更新换代，产品标准化程度低、质量差，技术含量和附加值低。

4. 管理机制不健全、效率低下

中小企业在投资和运作模式上的制度化和规范化普遍较低，与现代企业制度相比，中小企业的管理机制尚不完善，存在较大缺陷，表现在：①管理机构简单，专业性不强，分工效益不明显，内部控制制度不健全。特别是中小企业一般不设财务机构，没有专职财务管理人员，财务管理职能由会计或其他部门兼管，或者由企业主管人员一手包办；②对优秀管理人员的吸引力不大，缺乏合格的管理人才和技术人才；③管理行为分界不清，程序性决策与非程序性决策难以区别，经营者承担着过多的责任，疲于应付日常琐碎事务，缺乏科学系统决策机制，经营者主要依靠经验与直觉判断来决策；④会计核算工作力量薄弱。中小企业往往存在会计制度不健全、财会人员整体业务素质欠佳等方面的问题。另外，由于各国一般都不要求对中小企业的财务报表进行审计，企业的会计核算容易受到各方面因素的干扰。如许多企业根本没有账面记录，利润靠估算，不少小企业往往虚报营业费用，尽量压低纳税额，偷税漏税问题十分严重。

由于上述原因，中小企业的劳动生产率低，生产成本高，在市场上缺乏竞争力，抗风险能力差。其产品和技术大多属于模仿性质，缺乏全面引进设备和技术的资金来源，而自身又难以承担基础研究和科研创新的任务，处于生命周期中"成熟期"甚至是"衰退期"阶段，很难与拥有充足资金、成熟技术和庞大销售网络的大型企业、外资企业抗衡。受到这些自身客观因素的制约，中小企业在市场的激烈竞争中往往处于被动局面，相对于大型企业和成熟企业来说，发展机遇较少，存续时间较短。

二　中小企业存在的理论追述与考证

早在1776年，古典经济学的开山鼻祖亚当·斯密就指出，分工与专业化是规模经济产生的主要原因，随着企业规模的扩大，企业内部可以采用更为细密的专业化技术，新的专业化技术又可进一步深化劳动分工，这是一个互动的、周而复始的过程，直至受到市场容量的约束，此即著名的"斯密定理"。斯密定理隐含着这样一个推论：随着市场容量的增加，企业规模有无限扩大的趋势。马克思也于1867年指出，由于产业革命的兴起，机器大工业取代家庭手工业和工场手工业，反映了一种历史必然性。特别是自19世纪末20世纪初至第二次世界大战间的半个世纪，垄断资本主义空前发展，企业兼并浪潮风起云涌，于是许多西方学者一度认为，随着生产和资本的集中与垄断，大规模化和现代化是企业发展的方向，中小企业将会逐渐被大企业吞并、排挤而呈日渐消亡之势。

然而，二战之后的经济现实却并没有按斯密、马克思和其他一些学者的预言发展：在大企业发展的同时，众多的中小企业也在蓬勃兴起，少数大企业和大量中小企业共存是多数国家企业规模结构的共同特征。并且，中小企业在各国国民经济中的地位和作用也更加突出，尤其是随着知识经济时代的到来，出现了个人创业的"大爆炸"。大力发展中小企业也已成为各国发展经济的共识。斯密、马克思等人的观点显然与这一现实相悖，当然，苛求前人的经济理论能解释当代的经济现实有失公允。伴随中小企业发展而兴起的中小企业研究热潮，使当前的有关中小企业的学术研究不能只集中于现象描述或对策分析上，而应当深入到中小企业为何存在这一基本理论问题。鉴于此，我们试图通过对经济学说的梳理，归纳出有关中小企业存在的理论，以期对中小企业何以存在这一重要的经济现实作出科学而完整的解释。

（一）经济进化论

最早用进化论思想解释中小企业存在的经济学家是阿尔弗雷德·马歇尔（Alfred Marshall），他在《经济学原理》第一版中赞同斯密定理。但中小企业顽强生存的现实引起了他的注意，并且在归纳古典经济理论时发现，在规模经济递增和竞争之间存在着矛盾，即所谓的"马歇尔冲突"。为解决这一冲突并解释经济现实，在《经济学原理》第二版中，马歇尔借鉴达尔文进化论观点提出了自己的理论。马歇尔认为，自然界许多生物都有生命周期，企业的发展也是如此，有其"生成——发展——衰亡"的生命周期，大企业衰退后为中小企业取代是自然法则，垄断不会无限蔓延下去，规模经济和竞争可以获得某种均衡。马歇尔还指出中小企业的最大特点就在于管理费用低、决策灵活，同样可以获得必要的信息。马歇尔从进化论角度，在中小企业个体层面上考察了其存在的原因，可称为"个体经济进化论"。在20世纪末期涌现的企业能力理论经济学家中，经济学家安蒂斯·潘罗斯（E. T. Penrose）秉承了马歇尔的分析，认为企业没有最优的规模，因为企业连续不断地产生出新的资源，这些资源可用于有效拓展"邻近"的产品市场，单个企业往往处于由小到大的不断进化之中，周而复始。

借鉴达尔文进化论思想解释中小企业存在的经济学家除了马歇尔和潘罗斯

外，还有约翰·穆勒（John Stuart Mill）、舒马赫（E. P. Schumacher）和一些日本学者，但侧重点有所不同，马歇尔和潘罗斯是借鉴进化论中"生命周期"思想，强调企业也有发生——发展——灭亡的过程；约翰·穆勒等人则借鉴进化论中的"物竞天择，适者生存"思想，强调企业对外界环境等的适应能力。

英国经济学家穆勒认为，由大规模经营带来的优势，未必在任一场合都能超过中小企业的优势——兢兢业业的工作态度、对微小损益的极为关注等。无论在何处，若从事同一经济活动的既有大企业又有中小企业，那种能在现存环境中更有效地生产的企业必能以较低价格出售其产品，适应性强是中小企业存在的根本性原因。英国经济学家舒马赫则首先揭露了资本密集型及资源密集型大企业的大型化生产导致了环境污染和资源枯竭，具有严重的外部不经济性，然后高度赞扬小规模企业的优势，认为小规模生产对自然环境污染较小，就整个社会而言是高效的，因为它对自然环境破坏的外部成本远低于大企业相应的外部成本。可见，中小企业适应了人类对环境保护的要求，这是其得以大量发展的重要原因。此外，大企业官僚主义严重也不能解决贫富差距问题，因而大企业小化是一种进步的趋势。

日本经济学界也流行着一种用适应环境能力强解释中小企业存在和发展的观点，这是在对实践深刻认识的基础上形成的。20世纪70年代后，日本的企业环境发生了二战后最深刻、最激烈的变化：有来自国外的如石油危机和美元冲击，也有来自国内的如经济增长速度放慢、产业结构调整以及消费结构的多样化和个性化。在这一变化过程中，大企业并没因其雄厚的经济实力而显示出强大的环境适应能力，中小企业也没有因其力量薄弱而为环境所淘汰。于是，日本一些经济学者对企业的环境适应能力作了深入分析，认为企业环境影响企业行为，企业行为决定企业绩效，从而提出了有别于哈佛学派传统的"结构—行为—绩效"分析框架（即SCP框架）的"环境—行为—绩效"分析框架（ECP框架），但企业不是被动地受环境影响，而是能主动地对环境作出反应。不同规模的企业能否生存和发展，关键在于其对环境变化反应的灵敏性和有效性，也即对环境的适应能力。事实证明，中小企业有着比大企业更强的适应环境变化的能力，这是其在日益多变的环境下蓬勃发展的根本原因。

（二）不完全市场论

1933年，罗宾逊夫人（Joan Robinson）和张伯伦（A. Chamberlin）不谋而合地对传统经济学的完全市场假设提出了质疑，认为现实中的市场既非完全竞争亦非完全垄断，而是介于二者之间，即不完全竞争（或垄断竞争）。并认为，正是这种不完全的市场形态使得大量中小企业得以存在和发展。张伯伦特别强调"产品差别"对中小企业存在的重要性，认为产品差别使中小企业也具有一定的垄断因素，得以与大企业共存。此外，中小企业还因其规模小和固有的灵活性，可以适应市场需求的变化，及时调整生产经营策略，这更增强了其竞争能力。罗宾逊夫人则认为，不同企业由于参与竞争的具体条件（如拥有要素的种类、数量和质量、销售时间与技巧、地理条件等）各不相同，最终都会对市场价格产生一定程度的影响力，因而能对价格产生影响的不仅是大企业，中小企业只要能发挥自身优势，同样可以对价格产生影响，拥有竞争优势，这就是不完全竞争市场条件下中小企业与大企业共存的真正原因。

在马歇尔"外部经济"思想的影响下，20世纪五六十年代威廉姆森（Oliver Williamson）和理查德·尼尔森（Richard Nelson）分别指出在企业和市场这两种基本的制度形式之间，还存在着第三种组织活动的基本形式，即"中间性体制"，也就是一些组织通过战略联盟等形式形成集群以获得外部经济的好处，这样的市场已非真正意义上的完全市场，而是另外一种含义的不完全竞争市场。单个中小企业由于规模小、实力弱，难以与大企业抗衡，但可以结成"中间性体制"，既能获得外部经济效果，又能获得集体竞争优势，以整体力量与大企业竞争。这样他们就用另一种含义的不完全市场，解释了中小企业的存在。

用不完全市场解释中小企业大量存在和发展的另一种观点，是充分重视了市场中企业竞争方式的转化。自19世纪末、20世纪初到第二次世界大战前，垄断大企业对中小企业一般采取吞并排挤的直接竞争方式，这种竞争方式下中小企业由于规模小、实力弱而处于劣势。比如19世纪末、20世纪初先后进入垄断资本主义的英、美、法、德、日等国家，迅速膨胀的大企业通过直接竞争方式对中小企业进行残酷打击，大量中小企业倒闭或破产，处于衰退之势，一直延续到二战前。二战后，随着经济、技术的发展和其他客观经济环境的变化，垄断大企业弊端渐显，经营艰难。于是许多大企业通过反思，认识到与中小企业合作对他们的益处：可充分利用中小企业"精、专、特"的优势，获取质优价廉的零部件和配件，或将一些琐碎的工艺分包出去，分享分工协作的经济成果。在这样的前提下，大企业与中小企业之间的竞争方式由直接竞争转为合作竞争（迂回竞争），中小企业生产经营环境大为改善，所以才得以蓬勃兴起。我国学者袁纯清将这种竞争方式的转变称为"从非对称性互惠共生向对称性互惠共生的进化"。

（三）最佳规模论

奥斯汀·罗宾逊（Austin Robinson）在《竞争的产业结构》中用规模经济理论解释了中小企业的存在。他认为，企业规模收益递增有一定限度，超过此限度，将会出现规模收益递减。因为一方面，规模越大，分工越细密，但由于技术的非无限可分性，分工超过一定限度反而意味着复杂程度的提高、操作成本的增加和效率的损失。另一方面，企业规模越大，管理层次越多，决策时间延长，灵活性降低，会使机会成本增加。这两方面的原因，使得企业在现有技术条件下达到单位平均成本最低点的最佳规模未必很大，中小企业同样可以达到相应的最佳规模。只要达到最佳规模的企业就有较强竞争力，就能生存和发展，所以许多中小企业得以生存。此外，中小企业还有员工归属感强、富有朝气等优势，其大量存在自然也就不足为奇了。

日本学者末松玄六在"最佳规模论"的基础上，结合日本实际发展起了"最适规模论"，用以解释中小企业的存在。末松在《中小企业经营战略》中首先区分了最大收益规模的最适规模（OSMRS）和最大效率规模的最适规模（OSMES），前者指以最大收益额表示的最适规模，强调利润的绝对量，后者则指综合考虑平均成本、销售利润率、总资本附加值率等因素时综合效率最大的规模，强调利润的相对量。只有OSMES才是企业竞争优势的真正体现，但二者往往并不重合。行业不同，企业最适规模也各异，所以一些行业特别适合中小企业的存在。末松详细地分析了一些行业大企业未必比中小企业具有竞争优势的原因：大企业人际关系不融洽；大企业管理层次多，管理费用和协调费用高；大企业信息传递渠道不畅；大企业内企业家精神缺失；大企业规章制度繁杂，决策不灵活。在系统分析的基础上，末松得出结论：中小企业只要能发挥自身优势，自然可以调整到最适规模，获得规模经济，与大企业共存并得以不断发展。

美国芝加哥学派的经济学家乔治·施蒂格勒（George J. Stigler）进一步拓展了规模经济理论，增强了它对中小企业存在的解释能力。他认为，在任一特定的行业中，若某种规模的企业在市场竞争中生存下来，则意味着它是有效率的；进而，若某种规模的企业数量（或产出量）在该行业中比重上升最快，则说明此规模为最佳规模。施蒂格勒运用这种生存技术法，通过大量的实证分析，得出结论：某一行业的最佳企业规模通常是一个区间而非一个点，因而企业长期平均成本曲线是"碟形"而非"U形"，这就是许多中小企业同样达到最佳规模，得以生存和发展的经济学解释。

新制度经济学（The New Institutional Economics）的创始人罗纳德·科斯（R. H. Coase）在《企业的性质》（1937）和《交易成本问题》（1960）两篇文章中也指出，交换经济条件下企业之所以产生，是为了节约交易费用，企业与市场是替代性的制度安排。企业边界决定于企业和市场的均衡，即企业内的边际组织费用与市场边际交易费用相等之处。也即，企业的最佳规模处于交易费用与组织费用二者之和的最小处。一般而言，随着企业规模的扩大，交易费用递减，组织费用递增，故这两种费用之和最小处的企业规模未必很大，中小企业同样可以达到最佳规模。科斯就这样用交易费用理论从最佳规模角度解释了中小企业的存在。

（四）产业（行业）分工论

施太莱（Staley）和莫斯（Morse）在 1965 年对美国产业组织结构作了实证分析，认为从技术和经济两方面分析生产成本、规模经济、市场特性及地缘区位等因素，可知不同产业适于不同规模的企业经营。根据这些因素，他归纳出八种称之为"中小产业"的适合中小企业经营的细分产业：①原料来源分散的产业，由于规模经济不足以补偿原料的运输成本，所以中小规模企业就近原料产地经营更经济；②生产地区性产品的产业，规模经济不足以补偿产品运到外地的运输成本，适于中小企业就近产品市场经营；③服务性产业，顾客一般对产品有较高的个性化要求；④可分割制造过程的产业，如工业机械制造的许多流程分包给中小企业更经济；⑤手工制品业，生产方法以手工为主，多为艺术或精密产品，规模经济并不重要；⑥简单装配、混合及装饰工艺产业，如清洁剂、涂料生产企业；⑦生产特异性产品的产业，如鞋帽制造业；⑧产品市场小的产业，如工艺品、乐器制造业等。

日本学者太田一郎认为，可以将经济部门分为两类：集中型部门和分散型部门。集中型部门往往需要大型设备或需巨额投资或产品易标准化且量大而品种少，如钢铁、石化、电力、飞机、轮船等，适合大企业经营，中小企业即使存在，其市场占有率也很低，处于竞争劣势。分散型部门包括适合多品种小批量生产的纺织品、副食品、家具、陶瓷等生产部门，与大企业相关的金属模具、砖瓦等生产资料加工和零部件生产部门以及运费和（或）库存高的水泥、鲜活及易腐品等销售波动剧烈的部门。分散部门更适合中小规模企业生存和发展。

美国新制度学派代表人物加尔布雷斯（Galbraith）在《经济学和公共目标》（1973）中认为，现代美国资本主义经济并非单一模式，而是由两大系统组成：一组是有组织的大企业，即当时的 100 家左右大公司组成；另一组是分散的中小企业，当时由 1 200 万个中小企业组成。有些行业的事务可以由大企业完成，而另外一些行业的事务则更适合中小企业去经营。行业的经济事务究竟由大型企业经营还是由众多的中小企业共同经营，这主要取决于不同行业的经济特性。

（五）生产力本位论

日本学者中村秀一郎在《大规模时代的终结——多元化产业组织》中依据日本的经济现实认为，中小企业的蓬勃兴起是由于生产力的发展引起了一系列的变化。中村指出，日本经济在"黄金增长阶段"（二战后至 20 世纪 70 年代初）的主要特征是以重化工业为核心，企业在规模上追求大型化。然而，进入70 年代以后，由于诸多原因，大企业生产经营举步维艰，"大规模时代"已经终结，中小企业进入结构性大发展阶段。他认为，由于生产力的发展，日本自70 年代已从重化工业阶段跨入信息化时代：首先，生产力随着科技进步而迅速发展，引起产业结构由资本密集型向知识、技术密集型转移，人们对规模经济的根本信念发生了动摇；其次，随着生产力的发展，人们收入水平提高，带动需求结构向多元化、个性化发展。与之相适应，多品种、小批量生产方式取代了少品种、大批量的传统生产方式；最后，国家为发展生产力，其产业政策亦向中小企业倾斜。这一切都为中小企业的发展创造了有利条件，可见，中小企业蓬勃兴起的根本原因在于生产力的发展。

美国未来学家托夫勒（Tolfler）在《第三次浪潮》（1980）中指出，农业的兴起是第一次浪潮，工业革命是第二次浪潮，由于生产力的飞速发展，人类已于二战后迎来了第三次浪潮。大批量、少品种甚至长期生产数百万件同一标准的产品是第二次浪潮的特征，大规模生产是从属于这种生产力特征的有效方式。然而，第三次浪潮的生产特征是生产短期的、个别的甚至完全定做的产品，小批量、多品种成为这次浪潮的有效生产方式。正是这种生产力发展所引起的生产方式的变化，使得大量中小企业得以发展起来。也有一些西方学者将中小企业在 20 世纪 70 年代以后的大发展归因于所谓的第四次浪潮，即知识经济浪潮。事实上，知识、科技都是生产力，因而在本质上与托夫勒的生产力本位论是一致的。

以上叙述的几种理论立足于经济学，分别从不同的角度论证了中小企业存在的深层原因，在一定程度上为我们探究中小企业存在的根源作出了理论上的说明。但事实上，中小企业的存在是一个极为复杂的经济现象，造成这一现象的原因是多方面的，有经济方面的，也有政治方面的，还有社会文化和自然方面的，因而对这一现象的解释也应该从各个角度出发，综合考虑各种影响因素。以上述及的理论大多是从经济方面进行论证的，各种理论之间具有一定互补性，但对经济之外的其他因素论述甚少。就政治方面而言，影响中小企业存在的因素如国家的财政、货币等宏观政策，政府对公平分配问题的重视程度等都可能影响中小企业的存在和发展；就社会文化方面而言，人们是否具有独立创业的思想，消费观念的转变等对中小企业的存在和发展亦有一定影响；就自然方面而言，自然资源区位分布的集中与分散程度对中小企业存在的影响也不容忽视。立足于本书的研究范畴和研究角度，我们将在随后的章节中侧重论述社会文化因素，特别是地域文化与中小企业存在与发展的内在关系。

# 第二节　新经济条件下中小企业的战略地位

随着知识经济形态的产生和兴起，社会需求结构发生了急剧的变化，开始向多元化、个性化的方向发展，工业经济时代的主导生产方式——少品种、大批量的生产方式让位于多品种、小批量的精益生产方式。小批量、多品种成为这种经济形态的有效生产方式。正是由于知识经济的发展所引起的生产方式的变化，使得大量中小企业得以迅速发展起来。中小企业的生存状态及其自身已与往昔大相径庭，几乎所有相关中小企业的传统的观念都受到了挑战，中小企业已经发生了"质的飞跃"。新时期中小企业在经济发展中发挥的作用日益增强，地位也日渐突出，与大企业共同构成了现代经济体系中重要的两极，成为推动经济发展、推动社会进步的"引擎"。

## 一　工业化：大企业的张扬与中小企业的消沉

资本主义发展的早期阶段，企业都是中小规模的。1776 年，亚当·斯密在《国富论》一书中谈到，区域小企业经济是当时存在的唯一经济实体。史蒂文·所罗门在《美国小企业》一书中也写到，18 世纪中叶美国小企业的发展"最终成为今天工业化国家经济发展的基石"。可见，现代资本主义经济是在小企业的基础上逐步发展起来的。

随着资本主义的发展，到 19 世纪末 20 世纪初，工业化浪潮席卷而来，大机器工业蓬勃发展，大型企业在与中小企业的竞争中显示出了绝对的优势，社会生产走向了集中与垄断。在这一资本主义由自由走向垄断的历史进程中，大企业由于可以获取规模经济以降低产品成本、可以凭借市场交易的"内部化"节约交易成本，并且主导着技术创新，因而那一历史时期的经济学文献对大企业优势的分析论述颇多，这使得企业之间的兼并愈演愈烈，企业规模不断扩大，大企业主导着社会经济发展。

大企业的张扬显赫使得人们对中小企业的观念陷入一些误区：人们习惯于"顾名思义"，认为中小企业规模小、影响不大，忽视对其重要性的研究；在比较大企业与中小企业时，常常是一对一的"单兵演练"，由此将中小企业归入"微不足道"之列，忽视了中小企业作为总体的集合力量；容易被大企业现阶段的繁荣与显赫吸引，忽视了中小企业是大企业的摇篮；人们对中小企业所从事的许多经济活动过于习以为常，因此容易将这些平凡而基础的活动视为可有可无，加之中小企业之间的高替代性，使部分中小企业的倒闭、破产也显得无足轻重，没有人探究这种倒闭、破产造成了什么后果。凡此种种，形成传统观念中人们对中小企业作用的漠视、地位的低估。甚至有人断言，企业规模的日趋扩大是大势所趋，大企业是社会经济发展的主导与动力所在，它们终将承担起组织经济活动的全部功能，而中小企业将逐步走向消亡。

## 二 "隐形冠军"：对中小企业的再认识

从 20 世纪 60 年代开始，随着能源问题的凸显和电子信息工业的发展，生产的集中与分散这两种趋势同时展开，中小企业再次受到世人的关注。1958 年，施蒂格勒在发表的《规模经济》一文中提出了企业最佳规模的概念，否定了规模越大越有效益的观念。他通过实证研究指出，如果一个产业中的所有企业使用完全相同的资源，那么长期成本曲线就只有唯一最低点，即只有一种产出规模是经济的。但在现实中，由于企业拥有的资源（特别是技术资源和无形资源）不可能是完全同质的，因而不可能具有同样的资源利用效率，也就是说，同样的效率可以在不同的规模水平实现，同一行业内不同的规模都可能是适度的，即企业的长期边际成本曲线和长期平均成本曲线在相当长的范围内是水平线。由此，施蒂格勒提出一个经典的"生存法则"，可表述为：企业的最佳规模（或适度规模）可以在一个相当大的范围内实现，凡是在长期竞争中得以生存的规模都是企业的最佳规模。经济的适度规模除了受既定的技术约束和市场约束外，还要取决于许多难以观察和度量的因素，如企业家的创新能力、国家政策的稳定性等。适度规模概念的提出为同一行业内不同规模企业同时并存的现象作出了理论上的解释。

20世纪60年代以后，威廉姆森在其后期的著作中，开始反对对纵向一体化的过分热中，而更多地强调纵向一体化内部产生的不经济导致交易成本的增加。诺斯也曾经指出，尽管在大规模生产中，"专业化和劳动分工导致了交易的指数倍增，在生产率上形成了巨大的效益，然而这些交易费用上升的代价也是很高的"。也就是说，大规模生产在降低成本的同时，也增加了交易费用。1973年，制度学派的代表人物约翰·肯尼思·加尔布雷斯在《经济学和公共目标》一书中，指出美国资本主义经济不是单一模式，而是由两大系统组成，一方面是有组织的大经济，一方面是分散的小经济，小经济有其存在的必然性。同年，英国经济学家舒马赫《小的是美好的》一书出版，批判了把规模经济效益过度夸张的流行观点，指出资本密集型、资源密集型大企业的弊端，赞扬小规模经济的种种优点。

近些年来，有更多的学者开始关注中小企业的问题。卡尔松比较关注新技术的引入对产业结构、企业规模的影响，他认为技术的进步降低了生产的最小有效规模，即平均成本曲线向左移动，这表明与以往相比，在中小企业中出现规模经济的可能性大大增加了。阿科斯则撰写了一系列有关中小企业的文章和著作，关注企业家精神和创新的作用及影响，他用技术轨道的转移来解释中小企业的兴起。他认为在世纪之交，工业化国家进入了一个新的技术时代，市场的停滞和传统产业的萎缩使大企业面临重重困难，与此同时，新技术带动新产业的出现和发展，为中小企业提供了发展契机，中小企业在创新的试验阶段，在技术诀窍的扩散以及新产品、新设备、新方法的应用等方面都扮演了重要的角色。萨瑞克则从交易费用和消费者偏好的角度分析了规模经济的优劣，他认为随着企业规模的扩大，企业内部的交易成本也在增加。此外，大企业内部的等级制也使技术人员越来越难以忍受，因此企业规模并不是最重要的，不同规模的企业都有最适合它们的领域。

对信息机制变化的研究也证实了中小企业在反应系统方面的优势。现代经济具有以下特点：其一是技术的飞速发展，产品结构、工艺流程、生产经营方案等选择的余地很多；其二是消费结构日益复杂和迅速变化；其三是社会分工的不断深化。在这种情况下，生产者和消费者之间的联系更加复杂化，在一些规模较大的企业中，由于多层次等级制的庞大行政组织结构的存在，来自市场的各种信息及相应的反馈要经过一个纵向的渠道传输，由于传输渠道狭窄、传输环节较多，常常造成信息的延误和拥塞，甚至是信息的扭曲和失真，"恐龙病"成为大企业难以医治的病症。中小企业则不同，它们规模小、人员少，内部交流频繁、融洽、便捷，对外部环境的变化十分敏感，具有高效快捷的反应系统，善于捕捉机会，规避风险，在灵活机敏的调整中总能享受"抢先一步"的利益。

1980 年未来学家阿尔文·托夫勒在《第三次浪潮》中指出，农业社会的兴起是人类社会发展的第一次浪潮；工业革命是第二次伟大的突破，引起了第二次浪潮，产生大机器工业时代；工业化在第二次世界大战后达到顶峰，第三次浪潮蜂拥而来，电子工业、宇航工业、海洋工程、遗传工程等成为工业骨干，人类进入"超越大量生产的阶段"，开始生产短期的、个别的和完全定做的产品。托夫勒预言：我们将"回到新的更先进的以电子科学为基础的家庭工业时代，从而重新突出家庭作为社会中心的作用"，托夫勒的预言正逐步成为现实。

德国著名管理学者赫尔曼·西蒙经过 10 年时间的研究，也发现了一个惊人的现实——德国整体经济的中流砥柱并不是那些大家耳熟能详的诸如西门子、大众等大型企业集团，而是一些叫豪尼、布里塔、希拉布兰德等名不见经传的中小企业。这些企业高度专注于某一个远离大众视野的行业领域；它们的产品创新遥遥领先于同行；它们雄心勃勃，市场是全德国、全世界；它们甚至占有一个或一半以上的全球市场份额。比如豪尼公司制造的卷烟机械，占全球市场份额的 90%；生产家用滤水器的布里塔公司，占有全球同类产品市场份额的 85%；专门运送葡萄酒的希拉布兰德公司，占有全球市场份额的 60%……西蒙将这些企业称为"隐形冠军"，这些企业虽然默默无闻，但它们却是货真价实的"冠军企业"，其市场潜力很大。

从经济发展的现实和趋势可以看到，在激烈的竞争环境中，大企业终究没能将中小企业完全吞噬，中小企业顽强地存续并发展着，再度复兴的中小企业作为整体，在社会经济发展中的作用日益凸显，正在成长为市场竞争中真正的"隐形冠军"。

三 新时期中小企业的地位及作用的重新确立

目前，我国中小企业的数量已占全国企业总量的 99.3%，我国 GDP 的

55.6%、工业新增产值的 74.7%、社会销售额的 58.9%、税收的 46.2%以及出口总额的 62.3%均是由中小企业创造的，而且，全国 75%左右的城镇就业岗位也是由中小企业提供的。就工业来看，截至 2004 年年底，我国共有中小工业企业 273 263 家，其中国有及规模以上非国有企业 217 409 家，全部中小工业企业的资产合计达 135 823.5 亿元。2004 年中小工业企业创造的工业总产值达 132 192 亿元，工业增加值为 36 853.7 亿元，实现销售收入 127 685.7 亿元，利润 6 426.5 亿元，上缴利税 11 784.7 亿元，解决了 5 232 万劳动力的就业问题。需要特别指出的是，从 2001 年到 2004 年的短短三年间，中小企业的各项指标均实现了大跨度提高。其中，新增企业 10 万余家，增长了 61.05%；总资产规模也上升了近六成，而工业增加值、产品销售收入及利税总额均翻了一番；尤其值得一提的是，2004 年中小工业企业创造的利润是 2001 年的近2.5 倍，年均增长达 34.4%。可以看出，中小企业已经成为工业经济的重要增长点，为社会经济发展作出了巨大的贡献。

（一）中小企业是促进经济增长的生力军

中小企业量大面广，分布在国民经济各个领域，因此中小企业日益成为经济增长的主要因素。在很多国家和地区，中小企业的发展已成为经济稳定增长的关键。1993 年美国 GDP 的 40%、产品销售额的 54%和私营企业产值的50%来自中小企业；1993 年韩国制造业和矿业的中小企业产值占总产值的43.8%；1996 年英国中小企业营业额占总营业额的 42%；1996 年我国中小企业的工业增加值占全部独立核算工业的 56%以上。此外，在经济萧条期，中小企业的发展还有助于抑制经济衰退。在 20 世纪 80 年代初期，韩国经济进入萧条期，国民经济出现负增长，为-5.2%，其中制造业为-1.1%，而此时中小企业增长高达 2.1%，从而大大降低了衰退所造成的经济增长下降的幅度，显示出中小企业有较强的产业适应能力和对国民经济变化的缓解作用。近年来，中小企业在促进经济增长方面的作用在一些经济转轨国家表现得尤为突出，不论是在俄罗斯、东欧，还是在中国，中小企业的发展已经成为这些国家实现体制顺利转轨的重要保障。

（二）中小企业是满足多样化需求的主力军

社会的发展改变着生产与消费的关系。经济的日益繁荣使消费者由被动接受生产者的供给转为主动决定生产者的生产行为。随着人们生活水平的提高，购买能力的增强，消费者需求日益向丰富化、多样化和个性化的方向发展，而生产技术发展本身也缩短了产品的市场生命周期，加快了需求变化的速度，以追求单一品种大批量生产的大企业难以适应这种变化，相反，经营灵活、以追求多品种小批量为特征的中小企业有了充分施展的空间。

消费需求的变动也带动了产业结构的调整，经济发达的结果是以服务业为主的第三产业在全部经济中所占的比重越来越高并最终成为主导性产业。服务性需求更具个性化、讲求时效且需要人员的直接接触服务，满足这样的需求无疑是中小企业的专长。因此，第三产业的迅速膨胀为中小企业的发展提供广阔的空间。部分产业本身的特点决定了中小企业较大企业而言更有优势。如前所述，规模经济效益并非无处不在，企业获取规模效益的关键在于选定适度规模，使生产要素配合比例达到最优化进而使每一种投入都可以发挥出最大的产出能力，所以规模经济并不恒等于经济规模。现实经济生活中总有一些领域是以小需求、小资源、小技术为特征的，也只有中小企业经营才能达到规模经济，这些领域是中小企业世代繁衍的领地。

（三）中小企业是社会就业的主渠道

中小企业是企业中的绝大多数，这种绝对量上的优势地位，即使是在生产集中化趋势蔓延、大企业疯狂吞噬中小企业的时代也没有从根本上改变。虽然中小企业中，每个企业提供的产值和工作机会有限，但作为总体它却具有极强的就业吸纳能力。创造就业机会被认为是中小企业最重要的经济作用之一。中小企业投资少，有机构成低，经营方式灵活，工资低，对劳动力的技术要求低，同样的资本可吸纳更多的劳动力，是失业人员重新就业和新增劳动力就业的主要渠道。中小企业提供的就业机会主要集中在旅游业、病人护理、医疗诊所、数据收集、咨询、零售等行业。近年来，信息技术的飞速发展，为大批高新技术中小企业的诞生和发展提供了机遇，反过来，这些企业又创造了更多的新的机会：①大公司在经济不景气时，小公司一般能保持一定的就业增长速度，从而起到稳定市场的作用。②中小企业的就业人员中，有大量的年轻人、老年人和妇女。他们在就业岗位的竞争上往往处于不利地位，而中小企业通过创造就业机会，可以大大缓解这部分人员的就业困难以及由此带来的社会政治问题。③中小企业雇员中有许多人是非全天工作人员，从而满足了很大一部分只能或只愿从事非全天工作的劳动力的工作需要。④中小企业为初次进入劳动力市场的人员提供了就业机会，也为这些人员提供了在岗位训练基本工作技能的机会，为他们寻求其他工作机会和推动事业成功创造了条件。⑤近些年，以信息技术、生物工程为代表的高技术企业的崛起，使得大量的中小企业进入高新技术产业领域，从而大大提高了中小企业的劳动生产率，改善了中小企业的形象。

(四) 中小企业是对外贸易的积极参与者

早期中小企业的产品只是就近销售,市场覆盖区域非常有限。而今天中小企业的市场越来越广,甚至跨出国界,国际化已不再是大企业独有的行为。中小企业不仅从事产品出口,还进行对外投资,在广阔的空间范围里组合要素投入,寻求生存的机会。在美国,中小企业已进入出口领域,1989 年,自行出口的企业中有 88％属于雇员少于 500 人的小企业,经第三方出口的企业中也至少有一半是小企业,总括起来,小企业占美国 1989 年制造业出口总额的 21％;在日本 20 世纪五六十年代的经济起飞时期,中小企业产品出口占日本工业品出口总额的比重一度曾高达 40％～60％,对日本成为世界贸易大国贡献颇多。1984 年,法国中小企业出口额占全国总额的 20％以上,其中纺织品出口占 70％以上。被称为"中小企业王国"的意大利,出口产业中中小企业比重极高:传统工业部门为 98.7％,五金机械部门为 96.6％。韩国中小企业在 20 世纪 60 年代轻工产品出口中承担一半以上的任务,70 年代后半期大企业的崛起使中小企业在出口贸易中的比重逐渐下降,80 年代中期以来,这一趋势又逆转回来,中小企业在出口中的比重从 1985 年的 27.8％又回升到 1990 年的 42.1％。

(五) 中小企业是自由竞争机制的维护者

繁荣来自竞争,竞争是社会进步的根本推动力。伴随着企业规模的扩大,常常会出现企业活力的衰退和管理的不经济。兼并成为引导资源由低效率流向高效率的重要途径,这也是现在大企业间并购之风盛行的原因。然而,兼并不是提高资源使用效率的唯一路径,中小企业具有同样的功能。大量存在的中小企业是自由竞争机制的维护者,它们的广泛存在和激烈竞争,给整个经济带来了活力和效率。中小企业的进入门槛低,出生率高,大量存在,所以相互间竞争激烈,淘汰率高。因为中小企业的高出生率使"产业森林"总有后续力量萌生,也因为中小企业的高淘汰率保证了得以存活下来的中小企业具有继续生存发展的竞争力。竞争中的优胜劣汰,改变着社会的产业结构,调动着社会资源的再分配;中小企业进入大企业垄断的部门,生产物美价廉的新产品,与大企业竞争,抑制了垄断的进一步发展;中小企业朝"小而专"的方向努力,为大企业提供高质量、低成本的零部件和服务,降低整个产品的成本,提高了效率。

中小企业是大企业的摇篮。实践表明,只有在中小企业阶段经历激烈竞争的磨炼成长起来的大企业,才是最有竞争力的。因为中小企业在孕育大企业的同时，也培养了经营管理大企业的人才，培养了企业家精神，这是市场经济得以正常运转的基石和保障。

（六）中小企业是社会发展的稳定器

经济危机爆发带给人们的教训是，对经济增长的考察不能只把目光局限在一定时期内经济增长率的高低上，必须同时关注经济发展的稳定性和安全性及经济波动发生的可能性与幅度，一次大危机造成的损失足以抵减若干年高速经济增长的成果。大量存在的中小企业是增强总体经济稳定性与安全性的必要保障，1997年亚洲金融危机中中国台湾与韩国的不同表现充分证实了这一点：中国台湾正是凭借大量中小企业构筑的较为健康的经济体制才能临危不乱，平稳渡过这一场劫难的。

中小企业以个体的牺牲换取总体的稳定。经济危机反映到量上总是总供给超过总需求，消除过剩部分重新复归均衡的过程总是从淘汰一个行业中的中小企业开始的。中小企业规模小、转向快，在危机的环境中总是最先找到新的出路。所以，当大公司因经济不景气大量裁员时，中小企业就成为吸收过剩劳动力的主要渠道，减缓了失业对社会安定的冲击。

（七）中小企业是社会进步的推动者

事实表明，拥有大量人力、财力、物力的大企业并不是技术创新和社会进步的唯一推动者。基于大企业在行业中的控制地位和影响力，有些时候他们更关心短期的经济产出指标，以便保持股票的市值，增强股民的信心。另外，多层级的等级结构也导致大企业在创新方面的高投入、低效率。相形之下，处于激烈竞争之中的中小企业，创新需求更为迫切，创新驱动机制更为有效，创新成本也较低。尤其在应用开发研究方面，中小企业贴近市场，优势更加明显。尽管从量的投入来看，中小企业的研发资金大大少于大企业，但它们所发挥的创新作用远远超过了其自身规模与财力的限制。20世纪的飞机、光纤检测设备、心脏起搏器、光学扫描器、个人计算机等都是小企业发明的，大量的科技发展项目和专利技术也都是由小企业完成的。根据未来集团的一项研究，美国小企业创新占所有制造业产品创新的约55%，小企业平均每个雇员的创新数要比大企业高1.38倍，其重要创新数也比大企业高1倍。小企业的创新较大企业而言更有效率，小企业单位研究开发投入所产生的专利发明比大企业多3～5倍。根据美国全国基金会估计，小企业平均每一职工所从事的技术和革新项目是跨国公司的2.5倍，以单位投入的产出来衡量，则是跨国公司的24倍。中小企业已经成为技术创新的重要力量，成为社会进步的推动者。

中小企业通过大量的创新、发明，不仅生产出更好的满足消费需求的产品，也开辟出新的行业，拓展了自己的生存空间，影响着社会资源的再分配。大量中小企业因为失去竞争力从旧的领域退出，同样大量中小企业因为新的发明进入新的领域，在这样的过程里，社会资源被重新分配，不断转移到面向未来具有发展潜力的新行业，利用效率得以提升。

综上所述，中小企业作为企业中的绝大多数，仍然构成经济体系的基础，它在经济发展中的作用日益增强，在经济体系中的地位不断提升，中小企业"质的飞跃"是其地位由下沉转为提升的关键。正是因为这种"质的飞跃"，中小企业作为整体具备了与大企业相抗衡的能力，成为经济体系中与大企业同等重要的一极，也因为如此，生产社会化不再以集中垄断作为单一表现方式，而是向集中和分散两个方向并行展开：大企业继续着通过兼并重新整合社会资源并将其带入更加有效的利用方式，借此获得规模效益，带动社会经济的增长，为中小企业创造成千上万个生存机会。与此同时，新型中小企业所具备的种种优势带动了社会生产的分散化趋势，这种分散化不是独立的个体间没有相互联系的绝对分离，而是相对独立的个体在分散中形成协作关系的体系。在早期，这种协作关系体系是以专业化为基础进行组合的，而科技的进步、电子信息网络时代的到来从根本上改变了协作关系体系组合的基础，扩展了它们存在的空间，加强了它们的力量，协作关系体系内部各个组成部分之间的联系更加密切、协调性更好。这样的协作关系体系又为生产的进一步分散化、企业的进一步小型化奠定了基础。另一方面，需求多样化、小型化、个性化的发展趋势以及服务业对制造业产业主导地位取代的历史规律都标示着中小企业对未来的需求具有更强的适应性。而以电子信息网络为代表的高新技术产业的出现、成长以及中小企业在其中表现出的非凡创造力在知识经济时代则会有更为广阔的成长空间。可以说，中小企业有可能越来越成为迎合时代潮流的企业存在形式，中小企业会有更大的发展，它们的作用增强、地位上升将成为一种必然的历史趋势。

上述是国际上对中小企业在经济体系中功用的一般分析，基于各国的国情的不同，各国的中小企业还发挥着特殊的作用。立足于我国的具体国情，我国中小企业在国民经济中的地位和作用还突出表现在以下方面：

1. 中小企业在国民经济中地位日益突出，已成为拉动经济的新增长点。目前，在我国工商部门注册登记的中小企业占全部注册企业总数的99%；中小企业工业总产值、销售收入、实现利税分别占总量的60%、57%和40%；

流通领域中小企业占全国零售网点的 90％以上；中小企业大约提供 75％的城镇就业机会。近年来的出口总额中，有 60％以上是中小企业提供的。在 20 世纪 90 年代以来的经济快速增长中，中小企业提供了工业新增产值的 76.7％。1998 年全国工业企业中，小型企业销售额增长率和工商税收增长率分别为 10.27％和 11.64％，均高于大中型企业。同年，私营中小企业户数同比上升 25.10％，注册资本同比增长 40.04％，总产值同比增长 49.22％，营业收入同比增长 71.29％，消费品零售额同比增长 64.95％。

2. 中小企业已成为深化经济体制改革的主要推动力量。中小企业改革是整个经济体制改革的一部分。首先，中小企业的快速发展有力地促进了我国所有制结构调整。我国的中小企业既不像大型企业那样，多为国家投资兴建因而基本上是国有企业，也不像资本主义国家那样多为私有企业，而是既有国家投资兴建的国有企业，也有大量属于劳动人民集体所有的集体所有制企业，还有相当一部分为个体和私营企业、"三资"企业。可以说，在以公有制为主体、多种所有制经济共同发展的社会主义经济制度中，中小企业是不可或缺的组成部分，中小企业必然成为我国所有制构成中一种积极的力量，并将在所有制结构的调整和完善中发挥更加重要的作用。中小企业在发展中所形成的投资主体多元化的格局，将为整个市场资源的合理配置和有效竞争创造良好的条件。其次，中小企业改革是推动整个国有企业改革取得实质性突破的重要措施，是进行国有经济战略性调整的重要手段。深化国有企业改革，要着眼于从整体上搞活国有经济，必须对国有企业进行战略性调整。而存量资产的流动和重组是重要手段，通过改组、联合、兼并、出售等多种形式放开搞活中小企业，是完成这一优化重组过程的重要内容。中小企业发展了，可以建立并形成为大企业配套服务、从事专业化经营的企业群体，形成大企业与中小企业相得益彰、共同发展的新局面，使国有经济更富有活力。最后，中小企业改革有利于从整体上突破改革难点，可以为大型国有企业改革创造更好的条件。中小企业小而散的特点使其改革具有风险分散和改革成本低等优点，而且由于中小企业具有产权流动和重组震荡小、易操作、见效快等特点，有利于在短时期内实现改革措施的突破，符合先易后难、以小促大、外围突破和循序渐进的改革战略安排。可见，中小企业是推动我国整个经济体制改革的突破口。

3. 中小企业已成为农业发展的有力支撑。从我国的实际情况来看，实现工业化和现代化还需要一个相当漫长的过程，同时农业基础尚不稳固，支援并保证农业和农村经济的健康、迅速发展也是一项长期而艰苦的任务。由于受资金来源的制约，农村经济的发展和"二元经济结构"的逐渐消除，除了依靠农业自身的发展之外，必须要依靠以中小企业为主的农村工业、乡镇企业的发展和支撑。

# 第三节　中小企业发展的内部环境

企业是一个由各种要素综合而成的复杂系统，企业内部环境因素主要包括企业制度、企业人力资源、资产状况、信息技术、企业文化等。这些要素相互影响、相互制约，共同构成不断发展演化的企业系统。

## 一　企业制度

### （一）企业制度的构成

企业制度对企业发展的影响是决定性的，主要包括：产权制度、组织制度和管理制度三个方面。

产权制度。产权是一个人或其他人受益或受损的权利。产权是一种社会工具，是有助于一个人与其他人进行交易的合理预期。这一过程的合理预期可以通过社会的法律、习惯和道德得到表达。同时，产权作为一种社会工具，它是通过社会强制实施选择一种经济物品的权利。因此，从其表象上来看，产权是一种具有强制性和排他性的权利束。最终产权就被认为是资产使用权、收益权和形态改变权的聚合，其实质是剩余索取权的控制和占有。产权归属的明晰化、产权结构的多元化、责任权利的有限性和治理结构的法人性是现代企业产权制度的基本特征。产权制度是企业制度的核心和基础。现代企业制度的特征是由现代产权制度决定的，企业的制度创新应以建立健全的现代产权制度为基础。只有产权归属清晰，才能有效地形成明确的企业法人财产权，从而使企业成为享有民事权利、承担民事责任的法人实体，企业也才能以其全部法人财产，依法自主经营、自负盈亏，对出资者承担资产保值增值的责任。而产权的顺畅流转，不仅有利于企业开展资本运营，提高企业效益，而且有利于推进各种性质的资本间的收购、兼并、相互参股，实现投资主体多元化，形成良好的企业财产组织形式和规范的法人治理结构。

组织制度。现代企业制度有一套完整的组织制度，其基本特征是：所有者、经营者和生产者之间，通过公司的决策机构、执行机构、监督机构，形成各自独立、责权分明、相互制约的关系，并以国家相关的法律法规和公司章程的形式加以确立和实现。

现代企业组织制度有两个相互联系的原则，即企业所有权和经营权相分离的原则，以及由此派生出来的公司决策权、执行权和监督权三权分立的原则。在上述两个原则的基础上形成股东大会、董事会、监事会和经理层并存的组织机构框架，与之对应，形成了企业的权力机构、执行机构、监督机构和管理机构。由股东大会、董事会、监事会及经理层相互制衡的现代企业组织制度，既赋予经营者充分的自主权，又切实保障所有者的权益，同时又能调动生产者的积极性，是建立现代企业制度的核心依托。

管理制度。企业管理制度一般包括企业的用工制度、工资制度、财务会计制度、生产管理制度、技术监督制度和企业购销制度等。

在企业制度业已确立的基础上，企业需要从分工与协作的角度来划分并规定企业中各部门、各成员之间的工作关系，为此就需要建立企业的组织结构，形成企业制度的组织载体。组织状况决定着组织的行为，也直接决定着组织运行的效率和绩效的高低。良好的组织会促使组织中的各方力量以一种独特的方式结合在一起，形成一个有效的协作系统，促进共同目标的实现。

（二）中小企业制度的特征及其变迁

中小企业主要是以企业规模为标准划分的，而企业规模与企业制度类型是相关联的，因而与业主制企业和合伙制企业相对应的一般是中小企业，而与股份公司制相对应的企业，其规模普遍较大，但从股份公司的类型来看，股份有限公司比有限责任公司的规模更大。通常，股份有限公司大都为大型企业，而有限责任公司中的很大一部分可以划归到中小企业中。因此，中小企业制度的特征主要是针对业主制企业、合伙制企业和有限责任公司而言。民营中小企业制度的特征突出表现为：（1）所有权与经营权高度统一。从我国的民营中小企业的治理结构来看，无论是业主制企业，还是合伙制企业，甚至于民营有限责任公司，企业的所有者与经营者基本上合二为一，所有权和经营权高度统一，企业行为目标与所有者目标高度重合，这是新古典经济学所构架的市场机制发挥其资源最优配置作用的重要条件，也是中小企业的"魅力"之所在。中小企业生产规模较小，管理简单，所有者同时又是经营者，所有者亲自管理有利于对生产经营活动实行直接控制，降低成本水平，产生竞争优势。（2）中小企业大多不具有法人地位。从民营中小企业的各种类型来看，业主制企业是自然人企业，因而不具有法人地位；而合伙企业则因各国的法律规定的差异而各不相同。《中华人民共和国合伙企业法》没有规定合伙企业的法人资格，规定了合伙人的无限连带清偿责任；虽然有限责任公司具有法人资格，但有限责任公司设立难度大、政府限制多，使得多数中小企业在成立之初一般不会选择公司制，因而有限责任公司在中小企业中的比重往往较小。（3）民营中小企业与家族制紧密相连。家族企业具有悠久的历史，虽然股份公司已经成为主导性的企业制度，但是全球大多数中小企业仍然采用了这一制度形式，这一事实证明了家族企业依然具有较强的生命力。据中国社会科学院 1999 年的抽样调查资料，浙江私营企业中私人股份所占比例在 90％以上，其中大股东所占比例高达 66％以上，处于绝对控股地位，还有其他同姓兄弟也占约 14％的股份，即业主和家族其他成员之和占企业股份的 80％左右。我国民营中小企业之所以选择家族企业作为其主要的企业制度，是因为我国的民营中小企业大都是由个体工商业户或农村承包经营户演变过来的，个体经济以一家一户为主要特征的家庭作坊式管理，不可避免地给民营中小企业的管理带来许多家族制的色彩。同时，从企业制度供给方面来看，我国缺乏现代公司制的运作条件（我国《公司法》在 1993 年才颁布）；而从制度需求来看，由于长期受我国传统宗族文化的影响，以及我国社会信用制度的薄弱，人们彼此间的信任度较低，缺乏经济合作的基础，因此在选择合作伙伴时，通常选择以"三缘"（血缘、亲缘、地缘）为基础的社会成员，而首选对象往往是家族成员。（4）中小企业管理的人格化。中小企业内部的组织结构简单，管理层次较少，管理权力统一集中在所有者手中，管理者与一般从业人员之间的距离较短，且多具有一定的血缘、亲缘、地缘等关系，因此组织、指挥、协调和监督的过程较为迅速。同时，中小企业内部组织结构简单，没有健全和规范的规章制度，管理的人格化现象比较突出，管理者尤其是企业的创业者的个人魅力往往成为维系企业管理稳定性的关键因素。

我国中小企业大多数是从家庭企业、合伙企业发展起来的，业主制、合伙制虽然不是现代企业制度，但在企业创业和发展的初级阶段，这种企业制度不但是合理的，而且也是有效的。相反，如果在这一阶段生硬模仿大公司的企业制度和组织方式，则如削足适履，效果适得其反。但是，随着企业规模的不断扩大和经营管理关系的日趋复杂，中小企业必须及时进行相应的制度创新，实现企业的可持续发展：首先，实现产权制度的创新。中小企业产权制度的创新主要包括产权的明晰化和产权结构的动态合理配置两方面。其次，建立灵活有效的组织制度。中小企业内部的组织结构和组织治理制度的设计要与企业自身的实际和发展相适应，以利于企业的可持续发展为基本标准，避免盲目模仿公司制企业的组织架构和治理制度。中小企业组织制度的选择，还应包括灵活多样的外部组织机制的选择。在素有"中小企业王国"之称的意大利，中小企业形成了多种风格各异的以市场为基础、以分工协作为目的的联合模式，同时，许多中小企业为减少风险、增强自身实力，还对组建企业集团表现了日益浓厚的兴趣。而在国内，广东、浙江等东部沿海地区的民营中小企业的联合已经呈现出良好的态势，成为中小企业发展壮大的有力武器。如温州柳市的300多家低压电器中小企业进行了紧密的联合，先后在全国320多个大中城市，230个县级行政区设立了统一的销售子公司、分公司和门市部，在18个国家、地区开设直销点、销售公司53个，形成一张庞大而灵敏的营销网络，避免了自相残杀，又为各企业产品的销售和企业形象的树立提供了保证，使得这个行业中的数百个中小企业都得到了有效的发展，并产生了今天的正泰集团、德力西集团和天正集团等我国工业电器行业的巨头。再次，实现制度创新、管理创新和技术创新的紧密结合。这三类企业创新是相互作用、有机联系的，构成企业发展完整的创新机制：制度创新为企业管理创新和技术创新提供了制度基础，并形成了相应的激励机制；管理创新是企业技术创新和制度创新的组织管理保证，形成了相应的组织管理能力保障机制；而技术创新则为企业制度创新和管理创新提供了物质技术条件，形成了相应的技术能力保障机制。因此，三者的有机结合是实现中小企业可持续发展的动力源泉。

## 二 人力资源

### （一）企业人力资源的构成

企业家。企业家是经济发展中一种特殊的人力资源。在企业发展中，企业家起着尤为重要的作用。对什么是企业家，国内外学者的界定各有不同，但总的来看，主要有以下几种：企业家是冒险家，是风险承担者和冒险事业的经营、组织者（马歇尔）；企业家是资源的合理配置者和管理服务的有效供给者（萨伊、科斯）；企业家是创新活动的倡导者、实行者和推广者，是产业结构演进中完成主导部门创立的领头人物（熊彼特、德鲁克）。尽管单独来看，上述界定都不免失之偏颇，但它们却从不同侧面反映出企业家的性质，体现出企业家与普通经营管理者之间的区别与联系。并不是每个经营管理者都能成为企业家，只有那些善于经营、富有创新和冒险精神，同时又能给企业带来持续健康成长的经营管理者才是真正意义上的企业家。企业家以企业成长为己任，锐意进取、开拓创新，他们是一种稀缺的特殊知识资源的拥有者和运用者，是企业经营管理者的杰出代表。

企业家的素质高低是企业成败的关键。大量的事实已经无可争辩地证明，一个企业的成功在很大程度上取决于企业家素质的高低。对于企业家来说，更为重要的素质是他们的品格素质和能力素质。品格素质是一个人安身立命的根本，是不可缺少的决定性因子。能力素质则是人从事或完成一定活动的本领，马克思称之为"人的本质力量"。罗马俱乐部前主席佩奇（Aurelio Peecei）的《人的素质》和日本学者池田大作的《21世纪的警钟》，都把这种人的思想、观念、道德素质的改善和变革，称为是不同于工业革命、科技革命的"人的革命"。

企业职工。企业职工是构成企业这个复杂系统的最基本的主体。一个企业的员工素质和人才储备的质量不仅决定了企业当前能否高效率地运转，而且直接决定了企业未来的成败。卡耐基曾讲过："带走我的员工，把我的工厂留下，不久后工厂就会长满杂草；拿走我的工厂，把我的员工留下，不久后我们还会有个更好的工厂。"可见，与企业的机器、设备、工厂等相比，员工更为重要。企业的经营成败、经营绩效是通过不断向顾客有效地提供产品和服务体现出来的，而产品和服务则是由企业的职工通过设计、制造等环节而生产和提供的。职工是企业科技的载体，是科技的发明创造者，是先进科技的运用者和传播者。企业职工不仅是企业发展和企业竞争的关键的、可以再生的、可持续发展的资源，而且是企业经营中的重要资本。在现代企业和经济发展中，企业职工中的"人才"是一种无法估量的资本，一种能给企业带来巨大效益的资本。企业只有依靠职工智力因素的创新与变革，依靠科技进步，才能做到企业的可持续发展。

（二）中小企业的人力资源及其规划

与实力强大且已建立了完善企业制度的大型企业和企业集团不同，由于中小企业自身实力较弱、企业制度不健全、人力资源管理"虚位"，我国中小企业人力资源的现状堪忧：一方面，企业的人员素质普遍不高，人员结构不尽合理，管理人才和技术人才严重匮乏；另一方面，企业面临着人才招聘中的劣势和现有人才流失的窘境。中小企业的人才"瓶颈"已成为阻碍着企业健康发展的"绊脚石"。与此同时，我国中小企业的人力资源管理也存在诸多弊端，表现在：企业缺乏岗位职责的明确界定和任职资格的准确描述，人才聘用缺乏明确的计划，因而人员招聘过程缺乏科学系统性，难以吸收到合格、适用的人才；同时，企业缺乏系统的人力资源培训体系和职业规划，也未建立科学合理的业绩考核制度和科学规范的激励机制，企业员工难以获得职业成长。更为严重的是，很多中小企业的经营者受自身素养的限制，缺乏引领企业腾飞的组织精神——企业家精神，企业经营者的视野和眼界狭隘，这进一步制约着企业的发展。

人力资源规划是组织可持续发展的保障，其重要性对于寻求发展的中小企业尤为突出。针对当前大多数中小企业的经营特点和人力资源及其管理的现状，我国中小企业的人力资源规划和管理应重点做好：①明确企业的核心人力资源。核心人力资源是决定企业生存发展能力的关键因素，需要激励机制、教育培训、设计合适的职业生涯计划、不断地招聘，才能确保核心人力资源群体量的扩充与质的提高，并能长期驻留于企业。②制定具有前瞻性的弹性人力资源规划。随着知识经济时代的到来，中小企业面临的经营环境越来越复杂，充满变数又商机无限，因此，企业人力资源规划保持一定的弹性，增强人力资源规划对人力资源管理的前瞻性、方向性和预见性，以免企业发生战略转移时出现人力资源的僵化、失调而妨碍企业的发展。③建立三维立体的人力资源管理模式。三维立体模式是指由决策层、人力资源管理部门和一线经理科学地分工负责人力资源管理的各项业务，并进行相应的协作。总的来说，决策层负责人力资源战略的规划和支持人力资源部门、一线经理的人力资源工作；人力资源管理部门负责岗位分析、岗位评价等基础业务，并协助一线经理做好核心业务，以及协助决策层做好人力资源战略规划；一线经理负责在人力资源管理的核心业务中把持关键环节，并协助人力资源部门做好岗位分析和岗位评价等基础工作，以及协助决策层做好人力资源战略规划。

三　企业资产

资产是企业拥有或者控制的能以货币计量的经济资源，包括各种财产、债权和其他权利。资产是企业进行生产经营活动的物质基础和必备条件，资产的质量直接影响和制约着企业经营的兴衰成败。

企业资产的数量和质量直接影响着企业未来的发展方向和成长空间。中小企业的资本实力有限，因此，经常性地对企业的资产状况进行分析显得尤为重要。企业的资产状况分析主要是要找准影响企业资产质量的异常资产。这些异常资产会给企业的健康发展带来负面影响，导致企业资产质量低劣，资产成分出现缝隙和空洞。一般来说，企业资产中的异常资产主要有：虚拟资产，指实际发生的费用或损失，但由于企业缺乏承受能力而暂挂在待摊费用、递延资产、待处理流动资产损失、待处理固定资产损失等中的部分；不良资产，指资产中难以参加正常生产经营周转的部分，主要包括账龄已超过三年的应收款、积压物资和不良投资；贬值资产，指随着时间推移和市场变化，资产价值已处于贬值的状况，包括正在使用但长期不计折旧的固定资产、长期闲置不使用的机器设备、库存成本价大于市场售价的存货等；泡沫资产，指虽已构成资产成本，但属于有名无实的虚增资产。

## 四　信息技术

信息社会，随着信息技术的集成化和信息网络化的不断发展，企业信息化程度不断提高。企业不仅能在内部形成网络，做到信息共享，使企业组织整体高效运营，而且企业还能与外部网络沟通，形成互联网络。信息网络的发展，使企业面临着知识化、数字化、虚拟化、网络化、敏捷化、全球化变革，企业的竞争力日益与企业信息化程度密切相关。信息技术，对外是企业获得外部信息，发布信息，与外界沟通的工具；对内是组织管理和沟通的不可缺少的工具，它对企业的发展起着极为关键的作用。信息技术在企业发展中的独特功能主要体现在：

有效降低成本。信息技术的应用范围涉及整个企业的经济活动，它可以直接影响企业价值链中任何一环的成本，改变和改善成本结构。计算机辅助设计和制造技术不仅可以使企业降低新产品的设计和生产成本，还可大幅度降低对现有产品进行改进或增加新性能的成本；柔性制造技术（FMS）对库存管理具有替代效应，使信息化企业减少了库存量，降低了管理成本；而信息技术的应用尤其是迅速发展的电子商务，可以有效降低企业的交易成本，从而形成成本优势。此外，企业通过广泛运用信息技术、实施电子商务，实现买卖双方的直接交易，还可以减少繁多的中间流通环节，有效降低中间成本，提高流通效率。

加快产品和技术创新。不断地向市场推出能及时反映企业特色和技术改进特点的核心产品是企业市场竞争能力的关键。谁掌握了产品开发与设计的主动权，开发出高性能、低成本、满足消费者要求的产品并率先进入市场，谁就赢得了竞争优势，取得"先入为主"带来的效益。现代信息技术的运用为产品的开发与设计注入了活力。目前许多企业都广泛采用了以信息技术为基础的先进制造技术来开发制造产品，提高产品竞争力。如企业可利用 MRPII（制造资源计划）对企业的制造资源进行计划、组织、领导、控制，制订出科学合理的产品开发计划；利用 CAD（计算机辅助设计）获取大量的、成型的设计方案，缩短设计开发周期，降低设计开发费用；利用 CAM（计算机辅助制造）控制产品生产工艺、生产过程和产品品种变更；并通过 CIMS（计算机集成制造系统）将产品开发各部门及活动集成起来，使企业按合同组织均衡生产，压缩在制成品从而压缩流动资金，缩短新产品准备期，加速新产品设计，从而提高产业产品的综合竞争力。

提高企业的整体管理水平。信息技术实现了跨越地域的同步信息交换，尤其是随着 Internet/Intranet 的发展以及各种决策工具如专家系统（ES）、决策支持系统（DSS）、群体决策支持系统（GDSS）、电子会议系统（EMS）等的应用，使企业在获取、传递、利用信息资源方面，更加灵活、快捷、广泛和开放，人的行为与经营流程组成了一个整体的人机系统，形成信息—决策—行为三者高度的集成化，从而极大地增强了决策者的信息处理能力和方案评价选择能力，拓展了决策者的思维空间，延伸了决策者的智力，最大限度地减少了决策过程中的不确定性、随意性和主观性，增强了决策的理性、科学性及快速反应性，提高了决策的效益和效率。企业推行信息化的过程，也在转变着传统的管理观念，提高着全体员工的整体素质，并逐步建立良好的管理规范和管理流程。这些都为实行科学管理奠定了扎实的基础，从而提高企业的整体管理水平。

促进组织模式的变革。在原有的企业管理结构中，由于信息交流不充分，因而注重职能的过分细化，中层管理人员过于庞杂，而这种不明确的分权限度又使中间管理层在上下管理层中信息传递的有效性以及同级各职能部门之间都存在一定隔阂。随着现代信息技术和企业内部网的使用，企业中横向信息交流和跨级的信息交流将更加频繁，原本难以沟通的企业高级管理层和员工之间就可实现便捷的交互式沟通，部门之间的点对点合作方式将逐步增多，中层管理人员在企业管理中的地位不断下降。在高效的信息传输下，企业的操作层员工的目标任务将更加明确化，自主性更大，使企业管理模式因信息流的高度应变性而由垂直型转向扁平型，促进了企业组织模式的变革。

在当今信息技术突飞猛进的时代，信息已经成为企业发展的一种新的关键资源，中小企业在成长中，应当注意运用现代先进的信息技术来改造企业的内部生态系统，提高企业生产系统和营销系统的信息化水平，增强企业对市场需求和外部环境的适应能力和响应能力，并在此过程中，树立全新的经营理念，建立科学的管理模式，推动企业组织形态和组织模式的变迁。

## 五　企业文化

企业文化是企业员工在长期生产经营活动中形成的一套观念、信念、价值观和行为规则，以及由此产生的行为模式。世界各国几乎所有优秀企业的成功经验都无一例外地说明了企业文化对于企业发展的重要性。野明在《日本优秀企业成功的条件》中列举了成功企业的几大条件，其中第一条就是"确立自己的经营哲学"；沃尔特·戈德史密斯（Walter Goldsmith）和戴维·克拉特尔巴克（David Clutterbuck）在《制胜之道——英国最佳公司成功的秘诀》中通过对英国 23 家优秀企业的分析，提出最佳成功企业的八点秘诀，其中特别强调了"正直的理念"的内容；彼得斯（Tom Peters）与沃特曼（Robert Waterman）在《追求卓越——美国杰出企业成功的秘诀》中归纳了成功企业的八大要素，其中特别强调"要树立企业共同的价值观"。而约翰·科特（John Kotter）和詹姆斯·赫斯克特（James L. Heskett）从美国 22 个行业中挑选出 207 家公司，对它们在 20 世纪 70 年代末至 80 年代末期间企业文化与企业经营业绩的关系，从四个方面进行了实证研究与分析。他们的主要结论是：企业文化对企业长期经营业绩有着重大作用，那些重视所有关键管理要素、重视各级管理人员的领导艺术的公司，其经营业绩远远胜于那些没有企业文化特征的公司。上述理论和实证研究均表明，企业文化与企业发展休戚相关，优秀的企业文化有力地推动着企业持续健康的发展。

拥有文化，就拥有明天，文化是明天的经济。企业文化是企业发展的人文力量，通过文化来引导、调控和凝聚员工的积极性、创造性，使人性、人的价值、人的自我实现和全面发展在企业管理中得到高度体现，真正确立以人为本、以价值观塑造为核心的文化管理模式是现代企业可持续发展的力量源泉。我国中小企业由于发展历史不长，企业对文化建设的重视不够，资金投入不足，但中小企业在文化建设上没有历史包袱，只要充分认识到企业文化的重要性并采取有效措施，完全可以建立起一种新型的企业文化体系。当前我国中小企业的文化建设应从以下方面展开：一是培养具有个性特色的企业精神，尤其是企业家精神。企业精神是企业文化的灵魂，是企业发展的凝聚剂和催化剂，对广大员工有导向、凝聚和激励的作用。二是建立新型的企业价值观。企业价值观是企业文化的核心，不同的价值观会导致不同的经营理念，而采取不同的管理模式，也直接支配和影响企业的行为。三是实施科教兴企的战略。企业文化实质是经济文化，科教兴企有利于员工文化素质的提高，有利于企业形成良好的科技文化氛围。四是构建管理文化。企业文化本身是一种高超的管理方式，企业管理应把自觉素质、人的精神、群体共识放在管理诸要素的首位，通过文化环境的感染、诱导和约束等方式去激发员工的内在潜力。五是创造名牌产品。名牌一半是文化，一个名牌的形成过程，必然体现着独具特色的企业文化。如果不注重文化的投入，在商品基本功能无本质区别的今天，是不能创造名牌的。因此，中小企业在产品设计、生产、销售、服务和广告宣传等各个环节要控制和提升文化内涵，赋予其文化的、人性的丰富价值，使产品魅力无穷，长盛不衰。

# 第四节　中小企业发展的外部环境

众所周知，企业是整个社会经济系统的微观基础，企业在其存续和发展过程中，随时都与所在的外部环境进行着物质、能量和信息的交换，企业的生产经营活动与其所置身的外部环境息息相关。实际上，企业与外部发生的所有关系都集中在企业所置身的生态系统，即企业所置身的活动域中。因此，对企业环境生态的分析不仅要重视对企业内部环境因素和态势的分析，更要关注企业外部环境状况的研究。

值得注意的是，在理论界，战略管理理论和组织演化理论很早就已开始关注企业外部环境对企业的影响，但遗憾的是，它们都对企业外部环境作了简单化处理。这种简单化思想可从一些西方管理学者的著作中得到反映，如：卡斯特·罗森茨韦克在《组织与管理——系统方法与权变方法》一书中提出，从广义上说，环境就是组织界线以外的一切事物；理查德·L.达夫特的《组织理论与设计》则把企业外部环境定义为存在于组织边界之外，可能对组织总体或局部产生影响的所有因素；托马斯·卡明斯在《组织发展与变革精要》中声称，企业外部环境就是任何组织之外的直接或间接影响组织绩效的事务。简单地把企业外部一切因素笼统地称为企业外部环境虽然并无逻辑上的错误，但对于认识企业外部环境的内在机理与外在影响却并无多少实际意义。

在中国，把企业环境作为一个专门课题来研究才刚刚开始，2000 年赵锡斌教授在《经济日报》发表文章呼吁国有企业要重视发展环境研究，在随后的有关论文中，他又进一步把企业外部环境定义为社会环境、市场环境和自然环境。杨忠直教授则是我国最早把企业生态与企业外部环境结合起来加以考察的学者，在 2003 年出版的《企业生态学引论》一书中，他把企业外部环境系统定义为自然环境、经济环境与社会环境三个子系统的并集。

## 一　自然环境

自然环境是指企业所处的地域地缘与自然资源状况。企业从市场上获得的各种投入都是直接或间接地从自然环境中取得的，市场只不过充当了一个中转站。因此，企业应注重分析和认识自然生态环境变化的趋势，根据不同的环境情况来设计、生产和销售产品。

（一）自然资源

自然资源是指自然界提供给人类的各种形式的物质财富，如矿产资源、森林资源、土地资源、水资源等。这些资源分为三类：一是"无限"资源，如空气、水等；二是有限但可以更新的资源，如森林、粮食等；三是有限也不可再生的资源，如石油、锡、煤、锌等矿物。自然资源是人类进行商品生产和实现经济繁荣的基础，与人类社会的经济活动息息相关。由于自然资源的分布具有地域的偶然性，分布很不均衡，因此企业到某地投资或从事经营必须了解该地的自然资源状况。如果该地对本企业产品需求大，但缺乏必要的生产资源，那么企业就适宜向该地销售产品；但如果该地拥有丰富的生产资源，企业就可以在该地投资建厂，就地生产，就地销售。可见，一个地区的自然资源状况往往是吸引外地企业前来投资建厂的重要因素。

（二）地理环境

一个国家或地区的地形地貌和气候，是企业开展经营所必须考虑的地理环境因子，这些地理特征对企业经营有一系列的影响。气候（温度、湿度等）和地形地貌（山地、丘陵等）特点，都会影响产品和设备的性能和使用。在沿海地区运转良好的设备，到了内陆沙漠地区其性能就有可能发生急剧变化。我国地域辽阔、南北跨度大，各种地形地貌复杂，气候多变，企业必须根据各地的自然地理条件生产与之相适应的产品，以适应不同地域市场的需要。

## 二　经济环境

企业是经济组织，其行为与组织边界之外的经济系统息息相关，并受到经济环境因素的深刻影响。经济环境是指影响企业产品或服务的生产、流通和消费的相关因素，包括社会收入水平、社会消费结构、经济发展水平、经济发展阶段、经济体制和经济政策等。

（一）社会收入水平

企业的生存与发展最终依赖于消费者（包括个人消费者和集团消费者）对企业产品或服务的购买，而消费者的购买行为取决于消费者的现有收入、储蓄和对未来收入的预期。在一般情况下，现期收入对消费者的现期消费起着主要作用。社会收入是个体消费者收入和集团消费者收入的总和。影响企业产品销售的因素，除了取决于现在购买该企业产品的消费者的收入，还受到全社会的收入水平的影响。社会收入水平需要从以下几个方面研究：①国民生产总值。国民生产总值是衡量一个国家经济实力与购买力的重要指标。从国民生产总值的增长幅度，可以了解一个国家经济发展的状况和速度。一般来说，产品的销售与该指标是密切相关的。②人均国民收入。人均国民收入大体反映了一个国家人民生活水平的高低，也在一定程度上决定了商品需求的构成。一般来说，人均国民收入增长，消费者对消费品的需求和购买力就大；反之就小。③个人可支配收入。这是在个人收入中扣除税款和非税性负担后所得的余额，它是个人收入中可以用于消费支出或储蓄的部分，构成实际的购买力。④个人可任意支配收入。这是在个人可支配收入中减去用于维持个人与家庭生存不可缺少的费用（如房租、水电、食物、燃料、衣着等项开支）后剩余的部分。这部分收入是消费需求变化中最活跃的因子，也是企业开展经营活动时所要考虑的主要方面，因为这部分收入主要用于满足人们基本生活需要之外的开支，一般用于购买高档耐用消费品、旅游、储蓄等。⑤家庭收入。很多产品是以家庭为基本消费单位的，如冰箱、空调、抽油烟机等。因此，家庭收入的高低会影响很多产品的市场需求。需要注意的是，企业管理者在分析消费者收入时，还要区分"货币收入"和"实际收入"。实际收入即是扣除物价变动因素后实际购买力的反映。因此只有"实际收入"才影响"实际购买力"。

（二）社会消费结构

随着消费者收入水平的变化，消费者支出模式会发生相应的变化，继而使一个国家或地区的消费结构也随之发生变化。西方一些经济学家常用恩格尔系数来反映这种变化。恩格尔系数表明，在一定的条件下，当家庭个人收入增加时，收入中用于食物开支部分的增长速度要小于用于教育、医疗、享受等方面的开支增长速度。食物开支占总消费量的比重越大，恩格尔系数越高，生活水平越低；反之，食物开支所占比重越小，恩格尔系数越小，生活水平越高。

这种消费支出模式不仅与消费者收入有关，而且还受到下面两个因素的影响：①家庭生命周期的阶段。据调查，没有子女的年轻家庭，往往把更多的收入用于购买冰箱、电视机、家具和陈设品等耐用消费品上，而有子女的家庭，则在孩子的娱乐、教育等方面支出较多，而用于购买家庭消费品的支出减少。当子女成人独立生活后，家庭收支预算又会发生变化，用于保健、旅游、储蓄部分就会增加。②家庭住地。如住在农村与住在城市的消费者相比，前者用于交通方面的支出较少，用于住宅方面的支出较多，而后者用于衣食、交通、娱乐方面的支出较多。

（三）经济发展水平

经济发展水平是指一个国家经济发展的规模、速度和所达到的水准。反映一个国家经济发展水平的常用指标主要有国民生产总值、国民收入、人均国民收入、经济发展速度和经济增长速度。企业的经营活动无不受到一个国家或地区整体经济发展水平的制约。经济发展阶段不同，居民的收入不同，顾客对产品的需求也不同，从而会在一定程度上影响企业的经营。例如，以消费者市场来说，经济发展水平比较高的地区，在企业经营方面强调产品款式、性能及特色，品质竞争多于价格竞争。而在经济发展水平低的地区，则较侧重于产品的功能及实用性，价格因素比产品品质更为重要。在生产者市场方面，经济发展水平高的地区注重投资较大却能节省劳动力的先进、精密、自动化程度高、性能好的生产设备。在经济发展水平低的地区，其机器设备大多是一些投资少而消耗劳动力多、简单易于操作、较为落后的设备。因此，对于不同经济发展水平的地区，企业应采取不同的经营策略。

美国著名的经济学家罗斯托（W. W. Rostow）根据其经济成长阶段理论，将世界各国的经济发展归纳为五种类型：传统经济阶段，经济起飞前的准备阶段，经济起飞阶段，迈向经济成熟阶段和大量消费阶段。凡属前三个阶段的国家都被称为发展中国家，而处于后两个阶段的国家则被称为发达国家。对不同发展阶段的国家，企业在经营策略上也应有所不同。

（四）经济体制和经济政策

经济体制是指国家经济组织的形式，经济体制规定了国家与企业、企业与企业、企业与各经济部门间的关系，并通过一定的管理手段和方法，调控或影响社会经济流动的范围、内容和方式。世界上存在着多种经济体制，有计划经济体制，有市场经济体制，有计划—市场经济体制，也有市场—计划经济体制。不同的经济体制对企业经营活动的制约和影响不同。

经济政策是国家、政党制定的一定时期内国家经济发展目标实现的战略与策略，它包括综合性的全国经济发展战略和产业政策、国民收入分配政策、价格政策、物资流通政策、金融货币政策、劳工政策和对外贸易政策等。

## 三　社会环境

以地理接近为特征的企业生态融合了产业相关性、制度和组织协调，以及文化接近的深层内涵，使得本地化的经济联系与社会联系交织在一起。企业是社会的组成单元，受到各种社会因素的影响，影响企业生存和发展的社会生态要素主要包括政治与法律环境、社会文化、教育水平、科学技术等。

（一）政治因素

政治局势。政治局势是指企业所处的国家或地区的政治稳定状况。一个国家的政局稳定与否会给企业经营活动带来重大的影响。如果政局稳定，生产发展，人民安居乐业，就会给企业造成良好的经营环境。相反，政局不稳，社会矛盾尖锐，秩序混乱，这不仅会影响经济发展和人民的购买力，而且对企业的经营心理也有重大影响。战争、暴乱、罢工、政权更替等政治事件都可能对企业经营活动产生不利影响，能迅速改变企业环境。

政府的方针政策。各国都会在不同时期，根据不同需要颁布一些经济政策，制定经济发展方针。这些方针、政策不仅会影响本国企业的经营活动，而且还会影响外国企业在本国市场的经营活动。诸如人口政策、能源政策、物价政策、财政政策、金融货币政策等，都给企业研究经济环境，调整自身的经营目标提供了依据。单从对本国企业的影响来看，一个国家制定的各种经济与社会发展战略，企业都必须执行，而执行的结果必然会影响市场需求，改变资源的供给，必然会扶持和促进某些行业的发展，同时又限制另一些行业和产品的发展。企业就必须按照国家的规定，从事和生产国家允许的行业和产品，这是一种直接的影响。国家也可以通过制定方针、政策，对企业经营活动施以间接影响。例如，通过征收个人收入调节税，来调节消费者收入，通过影响消费者的购买力来影响消费者需求。国家还可以通过增加产品税来抑制某些商品的需求，如对香烟、酒类产品等课以较重的税收来抑制消费者的消费需求。这些政策必然影响社会购买力，影响市场需求，从而间接影响企业经营活动。

国际关系。国际关系是国家之间的政治、经济、文化、军事等关系。发展国际间的经济合作和贸易关系是人类社会发展的必然趋势。企业在其生产经营过程中，都可能或多或少地与其他国家发生往来，开展国际经营的企业更是如此。因此，国家间的关系也就必然会影响企业的经营活动。这种国际关系主要包括两个方面的内容：一是企业所在国与经营对象国之间的关系。中美两国之间的贸易关系就经常受到两国外交关系的影响。美国经常攻击中国的人权状况，贸易上也常常采取一些歧视政策，如实施配额限制、所谓的"反倾销"等，阻止中国产品进入美国市场。这对中国企业在美国市场上的经营活动是极为不利的。二是国际企业的经营对象国与其他国家之间的关系。国际企业对于市场国来说是外来者，但其经营活动要受到市场国与其他国家关系的影响。例如，阿拉伯国家曾联合起来，抵制与以色列有贸易往来的国际企业。当可口可乐公司试图在以色列建厂时，就引起了阿拉伯国家的普遍不满，因为阿拉伯国家认为，这样做有利于以色列的经济发展。而当可口可乐公司在以色列销售成品饮料时，却受到阿拉伯国家的欢迎，因为他们认为这样做会消耗以色列的外汇储备。这说明国际企业的经营对象国与其他国家之间的关系，也是影响国际企业经营活动的重要因子。

（二）法律环境

法律是体现统治阶级意志的、由国家制定或认可、并以国家强制力保证实施的行为规范的总和。对企业来说，法律是评判企业经营活动的准则，只有依法进行的各种经营活动，才能受到国家法律的有效保护。因此，企业开展经营活动，必须了解并遵守国家或政府颁布的有关经营、贸易、投资等方面的法律法规。从事跨国经营的企业既要遵守本国的法律制度，还要了解和遵守市场国的法律制度和有关的国际法规、国际惯例和准则。这方面的因素对国际企业的经营活动有深刻影响。比如，一些国家对外国企业进入本国市场设定各种限制条件。日本政府曾规定，任何外国公司进入日本市场，必须要找一个日本公司与之合伙。也有一些国家利用法律对企业的某些行为作特殊限制。美国《反托拉斯法》规定，不允许几个公司共同商定产品价格，一个公司的市场占有率超过 20％就不能再合并同类企业。除上述特殊限制外，各国法律对经营组合中的各种要素往往有不同的规定。例如，由于产品的物理和化学特性事关消费者的安全问题，因此，各国法律对产品的纯度、安全性能有非常详细甚至苛刻的规定，目的在于保护本国的民族企业而非消费者。美国曾以安全为由，限制欧洲制造商在美国销售汽车，以致欧洲汽车制造商不得不专门修改其产品，以符合美国法律的要求；英国也曾借口法国牛奶计量单位采用的是公制而非英制，将法国牛奶逐出本国市场；而德国以超出噪声标准为由，将英国的割草机逐出德国市场。各国法律对商标、广告、标签等也都有自己特别的规定。比如，加拿大的产品标签要求用英、法两种文字标明；法国却要求只使用法文产品标签。广告方面，许多国家禁止电视广告，或者对广告播放时间和广告内容进行限制。德国就不允许做比较性广告和使用"较好"、"最好"之类的广告词。这些特殊的法律规定，是企业特别是进行国际经营的企业必须了解和遵循的。

（三）教育水平

一般而言，人才都需要接受系统的学校教育。人才的初始智力，是经教育将人类知识沉淀于头脑中得来的。一个国家与地区的教育水平，从消费者素质与职工素质两方面影响着企业的发展。

消费者的教育状况。消费者因为不同的文化修养会表现出不同的审美观，购买商品的选择偏好和方式也不同。一般来讲，教育水平高的地区，消费者对商品的鉴别力强，容易接受广告宣传和新产品，购买的理性程度高。因此，教育水平高低影响着消费者心理和消费结构，影响着企业组织策略的制定以及企业销售推广方式方法选择。例如，在文盲率高的地区，用文字形式做广告难以收到较好效果，而用电视、广播和当场示范表演等形式，则容易为人们所接受。又如在消费者产品选择上，在教育水平低的地区，需要使用、维修、保养都较简单的产品，而在教育水平高的地区，则需要先进、精密、功能多、品质好的产品。

企业职工素质。未来的竞争是国民素质的竞争。国家是如此，企业更是如此。国民素质是第一国力，对企业来讲，企业职工的素质就是企业的第一竞争力。市场经济最大的特点是竞争，适者生存，优胜劣汰，职工的素质关系着企业在市场竞争中的胜负。在知识经济已到来的 21 世纪，职工的素质更是决定企业成败的关键因素。

（四）科学技术

企业生态环境的科学技术因素指的是企业所处的社会环境中的科技要素及与该要素直接相关的各种社会现象的集合。粗略地划分企业的科技环境，大体包括四个基本要素：社会科技水平、社会科技力量、国家科技体制、国家科技政策和科技立法。

社会科技水平是构成科技环境的首要因素，它包括科技研究的领域、科技研究成果门类分布和先进程度以及科技成果的推广和应用三个方面。社会科技力量是一个国家或地区科技研究与开发的实力。国家科技体制是一个国家社会科技系统的结构、运行方式及其与国民经济其他部门的关系状态的总称，主要包括科技事业与科技人员的社会地位、科技机构的设置原则与运行方式、科技管理制度、科技推广渠道等。国家的科技立法与科技政策指的是国家凭借立法权力和行政权力，对科技事业履行管理、指导职能的途径。

科学技术因素对企业发展的影响显而易见。近年来许多技术革新如计算机工程、太空通信、激光技术等都给企业带来了机会和挑战。技术影响可能是创造性的，也可能是破坏性的，既会导致某些新行业的诞生，又会导致某些行业的消亡。技术创新会使产品更新换代加快，缩短产品生命周期，会影响到企业经济系统演化的轨迹。

（五）社会文化

如前所述，社会文化是指一个社会的民族特征、价值观念、伦理道德、生活方式、风俗习惯、语言文字、社会结构等的总和。社会文化主要由两部分组成：一是全体社会成员所共有的核心文化；二是随时间变化和外界因子影响而容易改变的社会亚文化。不同国家、不同地域的人民，具有不同的文化特质，代表着不同的生活模式，对同一产品可能持有不同的态度，直接或间接地影响着产品的设计、包装、信息传递方式、产品被接受的程度等。社会文化通过影响消费者的思想和行为来影响企业的经营活动。因此，企业在从事经营活动时，应重视对社会文化因素的调查研究，并作出适宜的决策。社会文化所包含的内容繁多，下面仅就与企业经营关系较为密切的社会文化因素进行讨论。

语言文字。语言文字是人类交流的工具，它是社会文化的核心组成部分之一。不同国家、不同民族往往都有自己独特的语言文字；即使同一国家，也可能有多种不同的语言文字；即使语言文字相同，其表达和交流的方式也可能不同。语言文字的不同对企业的经营活动有着巨大的影响。一些企业由于其产品命名与产品销售地区的语言相悖，给企业带来了巨大损失。我国有一种汉语拼音叫"MaxiPuke"的扑克牌,在国内销路很好,但在英语国家却不受欢迎,因为"MaxiPuke"在英语中就是"最大限度地呕吐"。有些企业由于公司名称的外语含义有问题而给企业造成了损失。如埃及一家私人航空公司叫"Misair"(密斯爱尔),就非常不受法国人喜爱,原因在于这一名称在法语中听起来好像"悲惨的"意思,故这一名称给该公司带来了困境。

价值观念。价值观念是人们对社会生活中各种事物的态度、评价和看法。不同的文化背景下,人们的价值观念差别很大,而消费者对商品的需求和购买行为深受其价值观念的影响。不同的价值观念在很大程度上决定着人们的生活方式,从而也决定着人们的消费行为。因此,对于不同的价值观念,企业经营应采取不同的策略。对于乐于变化、喜欢猎奇、富有冒险精神、较激进的消费者,应重点强调产品的新颖和奇特,而对一些注重传统、喜欢沿袭传统消费习惯的消费者,企业在制定促销策略时应把产品与目标市场的文化传统联系起来。

宗教信仰。不同的宗教信仰有不同的文化倾向和戒律,从而影响着人们认识事物的方式、价值观念和行为准则,影响着人们的消费行为,带来特殊的市场需求,与企业的经营活动有密切的关系;特别是在一些信奉宗教的国家和地区,宗教信仰对企业经营的影响力更大。据统计,全世界信奉基督教(包括天主教、新教、东正教)的教徒约有20亿人,信奉伊斯兰教的教徒有12亿人,印度教徒8亿人,佛教徒6亿人。教徒信仰的教义不同,信仰和禁忌也不一样。这些信仰和禁忌限制了教徒的消费行为。某些国家和地区的宗教组织在教徒的购买决策中有重大影响。一种新产品出现,宗教组织有时会提出限制和禁止使用,认为该商品与该宗教信仰相冲突。相反,有的新产品出现,会得到宗教组织的赞同和支持,并会号召教徒购买、使用,起到了一种特殊的推广作用。因此,企业应充分了解不同地区、不同民族、不同消费者的宗教信仰,了解并尊重消费者的宗教信仰,生产适合其要求的产品,制定适合其特点的经营策略。

审美观。审美观通常指人们对事物的好坏、美丑、善恶的评价。不同的国家、民族、宗教、阶层和个人,往往因社会文化背景不同,其审美标准也不尽一致。例如,缅甸的巴洞人以妇女长脖为美,而非洲的一些民族则以文身为美,等等。因审美观的不同而形成的消费差异更是多种多样。在欧美,妇女结婚时喜欢穿白色的婚礼服,因为她们认为白色象征着纯洁、美丽;而在我国,妇女结婚时喜欢穿红色的婚礼服,因为红色象征吉祥如意、幸福美满。又如,中国妇女喜欢把装饰物品佩戴在耳朵、脖子、手指上,而印度妇女却喜欢在鼻子和脚踝上佩戴各种饰物。因此，不同的审美观对消费者的影响是不同的，企业应针对不同的审美观所引起的不同消费需求，开展自己的经营活动，特别要把握不同文化背景下的消费者审美观念及其变化趋势，制定良好的经营策略以适应市场需求的变化。

风俗习惯。风俗习惯是人们根据自己的生活内容、生活方式和自然环境，在一定的社会物质生产条件下长期形成，并世代相袭而成的一种风尚以及由于重复练习而巩固下来并变成需要的行动方式等的总称。风俗习惯在饮食、服饰、居住、婚丧、信仰、节日、人际关系等方面，都表现出独特的心理特征、伦理道德、行为方式和生活习惯。不同的国家、不同的民族有不同的风俗习惯，它对消费者的消费偏好、消费模式、消费行为等都具有重要的影响。比如，不同的国家、民族对图案、颜色、数字、动植物等都有不同的喜好和不同的使用习惯，中东地区严禁带六角形的包装，英国忌用大象、山羊作商品装潢图案即是如此。再如中国、日本、美国等国家对熊猫特别喜爱，但一些阿拉伯人却对熊猫很反感；墨西哥人视黄花为死亡，红花为晦气而喜爱白花，认为可驱邪；南亚有一些国家则忌用狗作商标；日本人在数字上忌用"4"和"9"，因在日语发音中"4"同死相近，"9"同苦相近。我国是一个多民族国家，各民族也都有自己的风俗习惯，如蒙古族人喜穿蒙袍、住帐篷、饮奶茶、吃牛羊肉、喝烈性酒；朝鲜族人则喜食狗肉、辣椒，穿色彩鲜艳的衣服，食物上偏重素食，群体感强，男子地位较突出。因此，企业经营者应了解和注意研究不同国家、地区、民族的消费习惯和爱好，做到"入乡随俗"。

# 第五节　中小企业发展的文化环境

如前所述，在现代经济中，文化已成为经济的灵魂，经济文化一体化，已成为社会潮流。市场经济条件下综合国力的竞争，实质上就是科技教育发展水平和国民思想文化素质的竞争。曾经以《第三次浪潮》而驰名世界的作家阿尔文·托夫勒在接受记者采访时说："在分析人类历史时，我们采取浪潮的概念。现代世界正处在第三次浪潮的历史时期，第三次浪潮的基础是主意、信息、图像、象征。换句话说，是我们称之为文化知识的一切东西，这已成为发展的基础。这场革命改变着我们创造财富的方式。"文随业兴，文助业兴。没有文化的作用，就很难有经济和社会的健康发展。文化环境及其表现出的多样化特征带来了国民生活方式和商品消费领域的变化，无疑对经济增长具有巨大的促进作用。它促进了生产的专业化分工和市场细分的不断深入，不仅使适应消费者多层次需要的社会产品日益丰富多样，也使产品中的文化价值日益提高，而且柔性化生产、弹性式公司、网络型管理及企业形象设计、信息服务业的兴起和快速发展等，无一不是适应文化多样化的结果。文化的多样化正在与高新技术和知识经济一起，催生经济文化一体化发展时代的来临。企业不但可以从实用性角度改进和开发新产品，同时更可以从文化需求角度去创新产品，通过文化创新来拓展企业发展的空间界域。

在企业的微观管理中，在经历了早期的经验式管理和20世纪初兴起的科学管理阶段之后，在20世纪80年代，随着企业文化被提升到理论层次，企业管理也逐渐进入以人为中心的文化管理阶段。文化也被认定为企业竞争力的源泉而得到广泛研究。在企业管理中，这种以人为中心的文化管理模式主要体现在：①企业在注重发展生产的同时，越来越注重企业的形象，而企业的形象，则主要是一种企业的文化底蕴的反映。②经济目标和文化目标的统一已成为现代企业发展的导向。③在社会的整体发展中，人文价值取向与经济目标追求的关系也越来越不能分割。在构成企业文化的五个要素，即企业环境、价值观、英雄人物、礼节和礼仪、文化网络中，企业环境这一因素已被广泛认定为决定企业成败的关键因素之一。在影响企业发展的诸多环境因素中，地域文化通过影响当地的人力资源、经济状况、社会文化环境等因素直接或间接作用于企业，对企业文化和战略的影响是通过对企业高层、企业组织群体的影响而实现的。企业高层作为企业文化的塑造者、管理者、倡导者、变革者，在企业文化的营造中处于主导和核心地位，因此它受地域文化影响的程度直接决定了企业文化和战略受地域文化影响的程度，即相关性的强弱。这就能解释在同一地域不同的企业有不同特性的企业文化，并导致发展战略的差异的现象。同时，组织成员既是企业文化的主体，又是企业文化的客体，对组织文化的塑造至关重要。在发展中，企业不但要对组织中已有的文化进行总结和提炼，保留其积极成分，去除其消极因素，同时还要对提炼后的文化进行加工，加入新的信念和主张，将其内化为组织成员的群体价值观，外化为组织行为。二者共同作用，强化了企业文化与地域文化的相关性关系。

可以说，地域文化是特定区域内企业发展的共同背景，所有企业的发展都会受到文化环境的影响，但相对于大企业来说，中小企业由于规模较小，制度尚未健全，人员来源地单一，比较容易受地域文化的影响。多样化的、更加开放的文化环境不仅使中小企业的存在和发展成为可能，也将为中小企业的发展带来新的契机，具体表现在：

（一）从产品生产的角度看，中小企业更能适应环境变化带来的消费者对产品多层次、多样化的需求。文化多样化要求企业实行多品种、多档次、小批量生产，特别是随着个性化需求的增强，有些产品（如服装、装饰工艺品等）必须按特定消费需要定制，甚至根据消费者需要单件设计制作，这对拥有标准化生产线的大企业来说是难以做到的，而中小企业则能很快适应，对市场需求的快速变化形成快速应变的能力。20世纪80年代以来，中国东南沿海地区小商品市场的发展和乡镇企业、家庭工业的繁荣，正是适应了文化环境特征的结果。

（二）从市场实现角度来看，文化环境及其多样化特征促进了市场容量的扩张，拓展了中小企业生存和发展的空间。文化多样化使社会总需求日益增加，市场总容量不断扩大，市场细分愈加深入。在不断扩张的市场容量中，除了钢铁、石化等能源、原材料工业和机器制造、大宗机电产品生产等较多适合于大企业外，绝大多数产品提供的都是中小企业的市场空间。可以说，文化多样化对中小企业的进一步发展在客观上提供了条件。

（三）从产业发展角度来看，文化环境为中小企业开辟了新的产业领域。文化的多样化促进了服务消费和文化消费的快速增长，这不但有利于像服装服饰、食品开发、包装设计、印刷出版与制作、室内装饰装潢等产业的发展，而且有利于旅游、商业、饮食服务等第三产业的更大发展。第三产业的许多项目投资较少，经营较分散，职工人数不多，经营方式也比较灵活，适宜发展中小企业。特别是随着知识经济的兴起，信息产品和服务需求愈加受到人们的广泛关注，对其需求的多样化、个性化的特征，远比对一般工业产品表现得明显。因此，第三产业中的信息服务、知识产品、文化消费等正在获得突破性发展。这在国外有许多成功的先例。如美国100人以下的企业中，70%以上分布在第三产业，其中属于信息产业的就占了一半。

（四）从技术角度来看，文化环境及其多样化特征加速了技术的分化及融合趋势，使中小企业在技术创新和产品研发方面获得了更多的机遇。这一现象在高科技领域，特别是在软件开发方面表现得最为突出。众所周知，技术前景和市场前景的不确定性意味着技术创新的高风险性，这对大企业来说，要上高风险性项目，不得不持谨慎态度。同时，由于诸多因素的制约，大企业面对日新月异的高新技术领域，应变性也相对迟缓。而中小企业在追求技术创新上有较强的紧迫感，而且也比较熟悉消费者所关心的问题，产品开发一开始就瞄准特定市场，不仅成功率高，而且能以较低的成本支出将技术创新更快地转化为商品。对文化创新的适应和对消费者多层次消费需求的了解和沟通方面，中小企业员工由于经常直接面对消费者，往往更具有优势。

（五）从人才管理角度看，文化环境及其多样化特征有利于中小企业更好地改善自己的人才结构和员工素质，更快地提高企业的文化竞争力。文化多样化既依赖于整个社会又以每个人的受教育程度为基础，对促进大众文化素质的迅速提高，改变社会的人才结构将产生积极作用。市场经济条件下，由于小型经济中劳动力与生产资料和劳动对象重新实现紧密结合，有利于个性的发挥，使越来越多的人更愿意到中小企业工作。中小企业将成为由富有个性和创造力的人构成的群体，其管理方式也将是网络式而非金字塔式的，这无疑会给人才个性的展示提供更大的空间。中小企业经营者们也成为追求社会理想、事业和爱好的新型企业家，经营观念也从以产品和技术为本、注重质量和推销，转向以人为本、注重依靠企业形象设计、企业文化建设来提高竞争能力，增强发展动力。广大中小企业从单纯注重技术竞争力转向注重文化竞争力的整体培育，正是文化多样化发展的必然结果。

# 第六节　知识社会企业发展环境的变迁

人类整个历史，是生产力发展和生产关系适应生产力发展变革的历史。始于 17 世纪的科学技术大革命，把人类推进到工业资本主义社会时代；而 20 世纪中叶爆发的技术大革命，则把人类社会推进到知识社会的时代。早在 1959 年，彼得·德鲁克就提出了知识劳动、知识劳动者、知识社会和知识经济等全新概念，而他的新著《后资本主义社会》（1993）更是明确指出我们正在进入知识社会。企业是一个开放的系统，它不断地与其生态环境发生物质、能量、信息的交换，企业生态环境的变迁使企业与环境的相互作用异常的复杂。知识社会的到来使社会生活的方方面面发生了翻天覆地的变化，人类正由工业社会的范式向知识社会的范式转变，这些变化不仅影响到企业的生存环境，也波及企业内部组织结构、管理观念和管理技术。这些变化为企业在信息社会的生存带来了持续发展的机遇，同时也提出了严峻的挑战。达尔文曾说过，一个物种能够生存下来不是因为它更强壮或机智，而是因为它更能适应环境。企业也一样，只有随时随地适合环境的企业才能生存和发展。在知识社会中，"变"成了唯一不变的因素，企业要适应迅速变化的环境，求得生存和发展，首先就得了解环境，这样才能抓住知识社会带来的机遇，迎接知识社会的挑战。冷静地分析，知识社会的来临使企业的生态环境面临着以下挑战：

第一，信息技术迅速拓展

信息是人类生存和社会发展的基本资源之一，信息技术的每一项重大进步都对社会产生深远的影响。20世纪末，信息技术的又一重大突破，即Internet的迅速扩展，使分散在世界各地的计算机终端用户能方便、迅速和快捷地交流各种信息。企业通过Internet可以方便地获取来自世界各地的信息，也可以在Internet建立自己的站点对外发布信息，这为企业与外部环境进行交流提供了便捷的手段，使企业能及时了解外部环境的变化；基于Internet技术的Intranet为企业内部信息系统的集成提供了统一的平台，为企业内部的信息交流提供了支持。

信息技术为企业提供了巨大机遇的同时，也为企业带来了巨大的挑战，信息技术的高速发展打破了过去妨碍技术发展的信息交流的障碍，知识、技术可以迅速而广泛地传播，使新技术迅速产生而又迅速贬值、消亡；新产品大量涌现而又瞬间消亡并被更新的产品替代；高新技术飞快地向更高新技术推进，知识—技术—产品的更新周期日益缩短，产品创新速度将越来越快，产品的知识含量将越来越高。同时，Internet的发展使网上信息过度膨胀，各种虚假信息和信息垃圾充斥，加剧了企业信息资源管理利用的难度。Internet环境下的企业信息误导已成为信息社会企业面临的头号大敌。国内外大量的事例说明，不少企业正是由于信息误导造成了决策失误，最终导致了企业破产。

第二，新企业不断涌现，行业壁垒逐步消失

在工业社会中，资金是企业最重要的资源，企业在成长中无不受到资金的困扰。而在知识社会中，吸引风险投资、战略投资、银行信贷、创业板等新型融资渠道的成熟，为新企业的创立提供了良好的资金环境，新企业如雨后春笋般涌现。作为一种新型的创业投资体系，创业板市场的建立为中小高科技企业和高成长型企业开辟了新的融资渠道。在传统的融资结构下，创新型中小企业存在着规模小、资金少、风险高、市场前景不稳定等特点，使得它们较难通过自身的信用能力取得商业银行的资金支持。而创业板市场则为高科技、高成长、高风险型的中小企业创建了一条提供直接融资的渠道，科技型中小企业可以获得快速发展。

在工业社会，行业以外的技术变化对本行业的影响是微不足道的，而在人类进入知识社会的过程中，行业壁垒在迅速地坍塌，新技术不只具有特定的唯一用途，无论什么新技术的产生都可能影响到企业自身：曾经为美国经济发展立下汗马功劳的铁路业，在经历了一百多年的辉煌后，遇到高速公路、航空等其他运输行业的强烈竞争；而曾经造就过数位诺贝尔奖得主的美国贝尔实验室是世界上最成功的实验室之一，他们最伟大的发明——晶体管被以极低的价格卖给他人，索尼、英特尔、康柏等一大批著名公司的发达多半要归功于贝尔实验室的近视，因为它过分关注本行业，而忽视了技术对其他行业的影响。行业壁垒的坍塌使企业可以较容易地涉足其他行业，进行多元化发展。企业面对的不仅仅是同行的竞争，企业的竞争对手越来越多，竞争更加激烈。

第三，地域间隔被打破，竞争日趋全球化

跨国公司是世界经济发展到一定历史阶段的产物。根据联合国《2000年世界投资报告》，截至1999年底，跨国公司对外直接投资存量达50 000亿美元。1999年全球的外国直接投资流出量达到8 000亿美元，比上年增加16%。报告显示，截至2000年，全球共达63 000家跨国公司，设立分支机构70万家，跨国公司的生产总值已超过世界工业总产值的30%。

美国学者莱斯特·瑟罗（Lester C. Thurow）在《资本主义的未来》一书中专章论述了全球性经济问题，并强调，"人类历史上第一次出现了任何东西都可以在世界上任何地方生产并销售到世界各地的现象"。没有国家边界限制的全球化的经济是崭新的经济形态，它是以知识、信息为基础的经济。20世纪90年代以来，跨国公司的迅猛发展体现了经济全球化的发展。1996年跨国公司已达到44 508家，在全球的附属企业已达到276 659家，全世界100家最大的跨国公司在他们的外国附属企业中拥有17万亿美元的资产，控制了约五分之一的全球外国资产。90年代末，跨国公司已不仅仅局限于在他国设立生产、贸易机构，而是逐步将重点转移至直接在他国设立研究与开发机构。跨国公司带来了资金、技术、先进的管理方法，这为本国经济发展以及本国企业管理水平的提高带来了机遇，同时也带来了挑战。企业竞争的对象不仅有本国企业，而且有实力强大的国际跨国公司。随着各国关税的不断降低及其他贸易壁垒的削减，国内市场的竞争将日趋国际化。企业只有从全球的观点出发才能保证持续的发展。

第四，企业由竞争走向合作

1980年，迈克尔·波特（Michael Porter）出版了《竞争战略》一书，引起了企业界的强烈反响。一时间，企业经营者纷纷将经营策略的重心置于如何打击竞争者，如何削弱竞争者的实力以及蚕食或鲸吞竞争对手的市场上，竞争的理念充斥着企业经营决策层。然而，进入20世纪90年代以来，特别是全球经济一体化、信息及技术全球化的风潮愈演愈烈，整个世界正在结成一张庞大的以经济、信息、技术乃至政治为纽带的关系网络，每一个国家和地区，每一个企业与个人，都成为这个网络上的结点，彼此之间既紧密关联又相互制约。这种关系反映在企业的微观层面上，使企业开始逐步认识到，作为一个经济组织，其存在的合理性是为社会创造价值并满足需求。竞争，只是企业生存和发展的手段之一，而不是目的。特别是当各个企业日益成为相互依存的事业共同体时，企业之间优势互补的合作关系必将取代你死我活的残酷竞争关系。

由于竞争环境的改变，传统的战略已经无法在竞争中获得优势。一些前瞻的企业家提出新的战略思路：以合作求竞争，共同将利益蛋糕做得更大，从而使双方都受益。这种新的思路取得了令人振奋的结果。当今，这种以合作竞争的方式，通过伙伴关系建立合作、共享资源来提高生产力和形成竞争优势的战略已经成为一股不容忽视的趋势。

第五，知识阶层的兴起

1993年彼得·德鲁克在《后资本主义社会》一书中提出："我们正在进入知识社会，知识社会是一个以知识为核心的社会，智力资本已经成为企业最重要的资源，有知识的人成为社会的主流。"随着知识和技术的发展，劳动生产率不断提高，越来越多的人将从事脑力劳动、信息工作。以美国为例，直接从事生产的蓝领工人将从1995年占劳动力的20％缩减到10％，甚至更少，而社会中60％～70％的劳动大军将由知识阶层组成。

当今，知识正在代替财富成为主宰世界的力量，出现了知识就是权力的状况，知识与产权、利益紧紧地结合在一起，知识阶层与权力结合在一起导致"知识权力化、权力知识化"——即掌握知识的知识阶层开始掌握权力，包括知识权、政治权、文化权，而掌握权力的人越来越有知识。知识资本正在代替物质、金融，促使企业的权力关系出现深刻变化，企业权力从物质资本所有者转向知识阶层。

第六，人才争夺日益激烈，企业内部更趋不稳定

在人才资源日益重要的知识社会，越来越多的企业都把挖掘、利用人才作为投资战略的重要组成部分，他们利用高薪等利益诱导机制，广揽人才。

21世纪世界各国的竞争是综合国力的较量，其实质是经济和科技的竞争，关键在于高科技人才的竞争。目前，新一轮高科技人才争夺战正在全球范围内展开，而且愈演愈烈。人才由发展中国家向发达国家单向流动，是这一过程中的突出特点。据统计，第二次世界大战以来，美国从世界各国吸纳的高级专门人才超过50万人；美国硅谷20万名工程技术人员中，有6万名是中国人；硅谷2000多家高科技企业中，40%的企业领导人是印度人。人才流向发达国家的趋势增强了发达国家的竞争力，削弱了发展中国家的发展潜力。美国近年来的"经济奇迹"，就得益于从其他国家吸引人才。近年来，发达国家不断推出吸引人才的优惠政策，提供优厚的工作条件，以争夺高级人才，导致发展中国家的人才外流现象正在进一步加剧，这有可能成为未来南北关系中冲突的焦点之一。

企业间人才流动日益频繁，对人才的争夺也日趋激烈。面对咄咄逼人的人才争夺形势，企业也纷纷采取各种措施阻止人才外流，并争取吸引更多的优秀人才到本企业工作。目前，企业员工、高层管理者"跳槽"已司空见惯。在这种情况下，企业的人员结构变得越来越不稳定，中小企业的人才流失可能进一步加剧。

第七，消费者行为的复杂化

信息社会使几乎所有的商品都变成买方市场，顾客成为企业的上帝。顾客对产品和服务的要求日趋多样化，顾客分化为越来越多的不同需求群体，而且顾客的需求变化也越来越快。顾客与非顾客的界限越来越模糊，大量存在的非顾客是企业潜在的顾客，现在的顾客也有可能变为非顾客。非顾客对企业来说即使不比顾客重要，至少也是同样重要的。顾客的选择决定着企业的生存与发展，有关顾客习惯和喜好变化的信息成为企业管理决策必不可少的内容。

第八，新闻媒体成长为左右企业发展的重要力量

20世纪90年代以来，以互联网为代表的信息技术正在给新闻媒体带来一场革命，通讯社、报刊、广播、电视和网络等媒体将在先进的信息技术基础上融合为声像图文并茂的多媒体新闻平台，并与电子商务、电子政务等有交叉和

融合的趋势。当今，新闻媒体成为信息社会的核心领域之一，为企业的经营发展提供了各种各样的机会，甚至已经成为企业竞争和企业发展不可或缺的基本工具。企业良好的新闻媒体关系为企业的宣传和发展创造了良好的舆论环境。与此同时，无孔不入的新闻媒体也使企业必须面对更为复杂的竞争生态：企业就好像生活在一个透明的环境里，其一举一动都会被世界知晓，而且几乎是同步的。全球性的即时传播能够将坏消息迅速扩展开来，企业的每一个有损于信誉的举动，都将成为企业的"自我毁灭"行为，可能给企业带来灭顶之灾。①

---

① 参考梁嘉骅等著《企业生态与企业发展：企业竞争对策》，科学出版社 2005 年版，第 161～166 页。

# 第三章　地域文化：中小企业成长的文化土壤

从文化人类学的意义来说，人类的一切经济活动同时也都是文化活动，都具有文化意义。经济与文化的关系本质上是一种共生互动的关系。地域文化与经济的互动构成了地域文化形态的特殊性，它在很大程度上决定了不同地域的生存景观。我国地域辽阔，长期以来由于受自然条件、生态环境、经济条件、社会政治和文化环境、科技水平以及民族、宗教等多种因素的不同影响，形成了不同的经济文化区，使我国的经济文化具有地域性的特点。一方面，区域经济的发展决定着地域文化的发展。区域经济为地域文化发展提供物质条件，是地域文化发展的基础。区域经济的发展决定着地域文化发展的结构、类型，孕育着不同特质的地域文化；另一方面，地域文化环境又对区域经济的发展产生巨大的反作用，各具特色的地域经济总是体现出不同类型地域文化的影响。在本章中，我们将对我国企业发展的地域文化的传统和现实进行一次深度的观照和回顾，再现地域文化生态与企业成长和区域经济发展的内在联系。

## 第一节　地域文化的生成及其特征

### 一　地域文化的含义

文化作为人类在社会历史过程中创造的物质财富和精神财富的总和，无论从广义还是狭义的角度去考察，都会发现它有着历史的延续性和民族的、地域的差异性。大自然赋予人们以生存的条件和环境，人们又根据自身的特征和需求适应或改造着自然，不同的生存环境或不同的人类群体造就了各个地区的文化。地域文化作为文化中的一个富有地域特色的亚文化群而存在着。本书所指的地域文化专指中华大地特定区域源远流长、独具特色，传承至今仍发挥作用的文化传统，即不同土地界域内的文化。这种文化由于受到不同地域的地理环境、经济社会发展以及生活习俗和语言等方面存在的差异的影响，必然会形成一些有别于其他地域的，对当地的经济、社会发展能够产生促进或制约作用的内涵和特点。

在中华大地上，不同的自然地理环境、民俗风情习惯、政治经济情况，孕育了不同特质、各具特色的地域文化。地域文化是在一定的地域范围内长期形成的历史遗存、文化形态、社会习俗、生产生活方式等。对地域文化可以从四个方面来考察：第一，地域文化是文化特质的区域分类，因而具有明显的地域性。人类依据不同的生态环境所创造的文化特质是不同的，一个地区与另一个地区在文化形态上的不同，才使得中华民族的文化呈现出多样化。由于中国古代交通不便和行政区域的相对独立性，使各地的文化形态具有了各自不同的特点，呈现不同的风格，如秦陇文化、巴蜀文化、中原文化、吴越文化、岭南文化等。但文化区域与行政区域不是同一的概念，行政区域是人为地划分的行政管理的区域单位，而文化区域则是在一定地理环境中历史地形成的不同文化特质的空间载体。第二，地域文化是在长期的历史过程中形成的，具有一定的稳定性。中华民族的形成，经历了数千年的历史，各地的文化形态也是在千年的历史长河中孕育形成并不断演化的。一般地说，凡被传承、保留下来的文化特质，都是比较适合人们生活需要的，具有一定的生命力。而且一些文化一旦被保留下来，作为一种历史的文化遗产就具有相对的稳定性。在我国，大多地域文化的命名就是源于两三千年之前的春秋战国时期诸侯国的国名，如"秦"、"巴"、"蜀"、"荆"、"楚"、"吴"、"越"等，这些诸侯国虽然已经不复存在，但各自的文化形态却延续下来，形成这一地区的风土人情，长期影响着这个地区的人们。第三，地域文化是一种历史地形成的文化环境，地域内人们的心理、性格、行为都带有该地域文化的特征。人们长期生活在一个文化区域的环境中，共享同一种文化，自然要接受其地域文化的教化与熏陶，因而他们的心理、性格、行为也带有明显的地域文化的特征。早在《史记》中，司马迁就曾对中国历史上不同文化区的人们的风俗、习性等方面作过描述。[①] 第四，地域文化具有一定的包容性。任何形态的事物都不可能孤立存在，不同的地域文化也会互相融合、渗透。尤其在我国古代，大多数时期是统一政权，各地人群的

---

① 司马云杰：《文化社会学》，中国社会科学出版社 2001 年版，第 196～197 页。

相互流动，自然使文化习俗互相渗透，互相影响；尤其在几个文化区域的交汇地带，更形成了兼具几种地域文化特点的特色文化，如地处汉水上游的陕西汉中地区，就兼有北部的关陇文化、西部的氐羌文化、南部的巴蜀文化、东部的荆楚文化的特点，从而形成独具特色的汉文化。

## 二　地域文化的生成及游移

文化发展是一种历史现象，地域文化的生成更是地理环境、社会条件和历史发展的结果，它们既是文化产生的前提条件，同时又约束和规定着文化发展的趋势和方向。这就决定了地域文化是以地域限定的文化类型，它脱离不了历史的成因和机缘，而且只有当某一地域的文化达到一定水平，出现了在此地域上的文化共同性和文化联系时，地域文化才得以形成。

（一）文化形成的气候和地理环境

每个民族本土文化的形成、发展都与其地理环境有着密切的关系，有什么样的地理环境就有什么样的文化形貌。中国文化发生的黄河流域，地处北温带，日照充足，气候温暖，具有较好的光热条件。在中国文化发端的年代，气候条件比今天还要优越。大约在距今一万多年前，最后的一个冰川期结束，地球上的气温开始回升。这个气温上升的过程一直持续到五千多年前才开始减缓。在这个时期，赤道西风逐渐北上，给地处北半球的黄河流域带来了大量水汽，造成了湿润多雨的气候。那时的气温比现在平均高 2℃ 左右，降水量多几百毫米。这样的气候为黄河流域的先民由原始的狩猎和采集向农耕种植的转变提供了前提和条件。从总体的气候条件来看，中国横跨热带、亚热带、暖温带、中温带、寒温带。东南部受夏季风影响多雨，台湾省火烧寮年均降水量最大，甘肃省兰州以西的广大西北地区少雨。新疆吐鲁番盆地托克逊年平均降水量只有 5.9 毫米。从总体的地理条件来看，中国疆域内，多山、多丘陵，形成了高山环绕的谷地和平原为主的地形地貌。南暖北寒、南湿北旱、西高东低、东临大海的环境差异，就成了区域文化差异的自然背景。

从中国文化发生的宏观地域上看，中国大陆面对的是世界上最大的太平洋，拥有绵延千里的海岸线，中国的东海岸呈现出比较规则的椭圆形板块状，海洋没有能够深入陆地内部，形成了辽阔的远离海洋的区域。与沿海地区相比，遥远的内陆腹地就具有许多不同的文化发生的条件。中国文化产生受到地域限制，对外陆路交往条件不便。中国大陆的西南部有世界上最高的高山大川，终年积雪，鸟兽罕见，在古代难以翻越。西北和北面是荒无人烟的沙漠、戈壁滩和高原，气候恶劣，赤地千里。从东亚大陆总的区位来看，中国处在一个由高山环绕的、相对封闭的环境中；在这个大的封闭环境中又有许多小的封闭地形。地理环境的客观差异造成了不同的地域文化的差异，再加上地理环境恶劣、古代社会交通落后、信息闭塞，这种"孤岛"环境使其地域经济和文化都带上了封闭滞后的烙印，人们外在的制度文化和内在的精神文化也便有了天然的顽疾，沾上了无法剔除的守旧和封闭的因子。

总体来看，中国文化产生的核心区呈现东西向的迁移，沿着黄河做东西摆动，从关中平原到伊洛平原，再向鲁西平原发展。但是，中国文化发生的核心区却没有延伸到海洋，从而形成了与海洋文化截然不同的内陆文化。

（二）文化发端的摇篮——河流

中国传统文化形成在黄河流域，"黄河是中华民族的摇篮"，黄河中下游地区是中华民族和中华文化的发源地之一，并以其为中心向四周扩散和辐射，同时也接受了周边各少数民族文化的汇聚和聚合。大量的考古发掘证明，中国古人类遗址的地点有很多集中在黄河中下游地区。在旧石器时代，距今十万年前的蓝田人，距今十万至四万年前的陕西大荔人、山西丁村人，距今四万至一万年前的内蒙古河套人，均生活在黄河中游地区，他们创造了旧石器时期早、中、晚各个阶段的文化。新石器时期的人类文化遗址数量及空间分布由黄河中游向下游发展。包括距今七千年左右的河南仰韶文化，距今六千年左右的山东大汶口文化，距今四千年左右的山东龙山文化，均集中在河南与山东交界的黄河下游地区。

从史志典籍的记载来看，中国先民活动的核心区域为黄河中下游地区。我国最古老的文字——甲骨文记载下来的粟和稷，就是居住在黄土高原上先民的主要食物，并且与考古发掘的标本一致。《诗经》是我国最古老的经典著作之一，书中主要记述了西周初年至春秋时的风土民情，它描述的地域核心是黄河中游地区。《郑风》、《卫风》采集的地区是今天的河南中部地区，《齐风》、《鲁颂》采集的地区是今天的山东西部地区，《周颂》、《秦风》采集的地区是今天的关中平原。

黄河流域成为中华民族和中华文化的发祥地之一，是与这一地区优越的地理条件相联系的。首先，黄河具有丰富的水力条件。黄河是我国的第二大河，在一万至五千年前，黄河的水量比现在的水量还要大。充沛的水量培育出一个良好的生态系统，为农业和畜牧业的发展提供了便利条件。其次，黄河流域具有松软的土壤及有利的地形条件。黄河之名来自于黄土，黄土是由西北方的沙漠和戈壁吹来的尘土堆积而成的。黄土土质松软，颗粒粗大，渗透性强，土质肥沃，便于在原始条件下进行农业耕作。在黄河及支流流经的地方，形成了许多狭长的谷地及山间平原，这种地形地表平缓，有利于引水灌溉。同时，阶地高于河床，又免受了洪涝之灾。秦岭与黄土高原之间的关中平原，嵩山南部的伊洛平原以及阴山以南的河套平原都属于这样的谷地和平原。在这样的地形中，两侧的山地，阻挡了寒冷气流的冲击，保持了盆地或平原的暖湿气候。盆地延伸的方向，又有宽窄不等的开口，有利于先民进行交往。可以说，这样的谷地和平原是得天独厚的，中国文化在这样的地区发生是势在必然的。

中国文化的发生以大河为先决条件，不仅仅指黄河，也包括长江。长江流域是中华民族及中国文化的第二发源区。据考古发掘证实，长江流域是古文化遗址仅次于黄河的集中区。从一百七十万年前的云南元谋猿人，到新石器时期七千多年前的位于浙江的河姆渡遗址，说明了长江流域有大量古人类的活动。同时，长江流域创造了与北方旱地农业不同的水田稻作农业，这样，中国文化的生存空间得以扩大，内容得到丰富，也使华夏大地历史地形成了既有中华文化共同性，又有各地文化特质的文化区，中国地域文化历史地生成和发展着。

（三）文化孕育的物质基础——农耕种植

人类要生存，文化要发展，就必须保障生命存在以及社会存在的物质需求。物质生产是保障生命存在和社会存在的基础，同时，物质生产的方式又深深地影响着这种存在的形式和意义。中国的自然环境有利于农业的发展，以农耕种植为标志的农业生产就成为中国文化产生的经济背景和生产方式，中国的远古文明也正是伴随着这种生产方式的发展而发展起来的。

在人类最初的征服自然的过程中，人类的劳动方式由原始的狩猎和采集活动向驯化动物和植物种植转变，农耕种植业最终战胜了原始的狩猎和采集，成为当时社会主宰的生产方式，极大地促进了生产力的发展。据考古发掘证实，在距今六千多年前的新石器时期开端的仰韶文化遗址中，就已经发现了石锄、石镰和蚌镰，在距今四千多年前的龙山文化遗址中，这些农用生产工具已经大量出现。根据历史传说，在黄帝、炎帝及神农氏的教导下，先民已经开始耕种稼穑，完成了由原始狩猎向农耕种植的转化，从而产生了原始的畜牧业、农业畜牧业和农业，这在人类文明史上有着重大的意义，被称为第一次文明的浪潮。畜牧业和农业种植的出现，改变了人对自然界的依赖状况和奴仆地位，使人类第一次成为世界的主人。这样人们能够在较小的土地上，创造出较多的产品，不但保证了人们的基本生存需要，而且生产出了剩余产品。人类文化体系的产生和发展必须以剩余产品的出现为条件，因为只有剩余产品的出现，才能使人类摆脱直接生理的压迫，从事更加长远、更加有保障的物质财富以及精神财富的生产。从经济学的角度看，这样的生产活动使劳动要素的投入能够获得几倍、十几倍的收益。第一产业的出现，使人们摆脱了直接饥饿的威胁，使人类在一定程度上获得了行动的自由，进一步把握了自己的命运，为人类文化的创造提供了条件。

可以看出，黄河流域优越的自然条件，为耕作劳动的成形、发展提供了十分有利的条件，而农耕种植业发展就为中国文化的孕育提供了社会基础。这样，中国文化的产生与欧洲的西方文化的产生道路不同，时代不同，中国文化比西方文化更早地发生了；也就是说，中华文化是在原始的耕作时代，在铁器或金属工具尚未使用或尚未普及使用的条件下就发展起来了。在商朝的甲骨文中已经出现了麦、稷、稻等字，商人还发明了历法；在西周时期，农耕种植已经成了中国人的主要的生活资料的来源。

（四）文化生成的社会背景——生活方式

中国传统文化发生的经济背景是农业耕种，当时中国的主体居民是农民。农民的生产方式和生活方式并由此造成的观念、价值都对中国文化产生了巨大影响。第一，农民最主要的生产资料是土地，土地是农民的命根子，农民不愿意离开土地，也不能离开土地，离开了土地就意味着饥饿和死亡。由此，造成了农民重土轻迁、重本轻末、重农轻商的观念。第二，农民劳动的过程具有周期长、劳动量大、按照自然节气进行调节的特点，"日出而作，日落而息"。农民主要生活在自然的条件之中，按照自然节气安排农活，进行春耕夏作，秋收冬藏。农业的劳动投入几乎是无限的，劳动量巨大。一个家庭的所有成员，都需要参加劳动，从六七岁的儿童到七八十岁的老人没有例外。第三，农业的劳动组织采取了血缘家庭的组织方式，以便于最大限度地动员社会成员投入到劳动中，家庭成为农业社会的细胞和基层组织。家庭具有社会生产和生活的双重功能，是生产和消费的一体化，出现了男耕女织，一家一户的生活情景。一个家庭构成了一个完整的世界，具有自给自足、自我封闭的特征。

古代中国的农业自然经济，其间又可以分为两大段落，一为殷商、西周的土地国有（王有）及村社所有、集体劳作阶段，殷墟甲骨文有"王大令众人曰协田"的卜辞。"协"字像三耒并耕，是殷代庶众在王田共耕的写照。《诗经·周颂》则多次出现"千耦其耘"、"十千维耦"的字句，说明西周普遍实行在

"公田"上的集体耕作。二为东周至明清的土地私有、个体劳作阶段。自春秋、战国开始，土地国有（王有）、私有并存，而私有渐居主导，土地逐步可以自由买卖，单家独户经营、男耕女织的小农业自然经济构成主体，"牛郎织女"的故事便是其典型化摹写。自秦汉以来的两千年间，中国社会广阔而坚实的基础，正是小农业与家庭手工业相结合的自然经济。

这种以农民为主体的自然经济和以耕作为主体的生活方式，促使传统中国形成了相应的生活理念和价值观念：第一，顺其自然的生活态度。农业生产是受自然条件限制的生产活动，由此而形成的文化也必然有种种局限：农业生产是与四时变化相协调的生产活动，劳动的节奏来自自然，农民的劳动和生活节奏，是按照自然节气安排的，要做到"不违农时"。正如谚语所言："人误地一时，地误人一年。"由于受自然条件和生产力水平的制约，面对自然灾害没有抵抗能力，人们不得不采取顺应自然的态度。这种生活形成了中国人生活节奏缓慢、效率低下的特点。同时，由于农耕的对象是土地，一定数量的土地只能供养一定数量的人生活，所以中国人只能分散于广阔的大地之上。这种生活决定了中国人团结性、组织纪律性较差的性格特点。此外，由于农业生产是土地上的生产，不需要十分精密的耕作。在这种生产方式的影响之下，中国人逐渐地形成了办事计大不计小、求成不求精的特点。第二，以家庭为中心的生活范围。农民的全部生活都浓缩在家庭内部进行，家庭成为一个人生命的居所，从而产生了浓厚的家庭观念，"成家"与"立业"并提，视组建家庭为"终身大事"。[①]

（五）文化发展的社会组织形态——宗法制

人类初期一般都有过图腾崇拜、自然神崇拜，中国也经历了这个阶段，不过中国人很快就用祖先神代替了自然神，这使得中国文化有一个显著特点，就是敬重和崇拜自己的根——宗，亦即祖先。由血缘关系而宗的关系，由宗的关系而宗法制是中国传统社会结构的基本特征。严复在其译著《社会通诠》序言中说："异哉！吾中国之社会也。夫天下之群，众矣，夷考进化之阶级，莫不始于图腾，继以宗法，而成于国家……乃还观吾中国之历史，本诸可信之载籍，由唐、虞以讫于周，中间二千余年，皆封建之时代，而所谓宗法，亦于此时最备。其圣人，宗法社会之圣人也；其制度典籍，宗法社会之制度典籍也。"

宗法制作为一种社会管理方式，它有两个要件：一是社会管理权力按照血

---

① 参见江华《中国文化学》，石油大学出版社 2001 年版。

缘关系的基本原则确定其继承权力，二是"中央和地方"是大宗和小宗的亲戚关系，中央和地方的"领导与被领导"的关系是靠"宗"的礼文化和一定的贡赋来维系和实现的。

宗法制的发展有一个过程，它是从氏族内部开始，随着同宗人口的不断增加，以及与其他种族的不断争斗和同化中发展起来的。世界文明的初期都存在宗法制，但在氏族社会解体后，他们纷纷脱离了宗法制的社会管理方式。唯有中国，宗法制一直延续了下来。在中国，宗法制经历了以下过程：家长制权力、禅让制（对一家一室权力承继"宗法制"的否定、承认华夏族成员都享有政治权利的宗法制）、三代（一支族管理其他支族的宗法制）、皇帝时代（皇室家天下的宗法制）到政党集权模式下的宗法制残余（"太子党"）。

随着社会的发展，人口的不断增加，同一地域、同一生产方式不能承载过多的人口，"分家"成为必然选择。为了使"分家"自然而然、顺理成章、和平进行，古代宗法以血缘关系为基础产生了大宗、小宗的区分：嫡长子孙一系为大宗，其余的各系为小宗。在宗法上，大宗比小宗为尊，嫡长子比其余诸子为尊，以便实现"权力"和"财富"和平交接。随着人口的继续增加，开疆辟土就成为必然选择，赐姓分封随之产生。氏族部落人口的增加，原居住地的空间相对狭窄，他们开疆辟土，按血缘谱系支脉迁往他处居住，宗法制管理方式的外延得以扩展，但他们同宗同脉，他们与原居住地的亲人成了大宗和小宗的关系，他们的内部管理方式仍然传承了原居住地的管理方式，继续分为大宗、小宗，这是宗法制的延伸。在这个时代，宗法制度得以形成和巩固。在之后的皇帝制时代，宗法制的权力确定制度被继承和保留了下来。

人是自然人和社会人的统一体，人是天生的政治动物，由血缘关系而宗的关系，因此，在早期的人类社会中，宗族的关系是最自然、最重要的社会关系，按这种关系来进行社会管理的制度就是宗法制。宗法制是人类告别动物时代的文明产物，是老幼有别、尊长有别、父子兄弟有别的产物，是血缘关系的自然取得方式。在以宗法制为社会组织基础的时代，中国社会形成了以礼文化为主导的指导思想，可以说，宗法制必然产生礼文化，宗法制和礼文化是天生的一对孪生兄弟。礼文化是以伦理为基础的文化，宗法制也是以伦理为基础，伦理是人与动物的分水岭。只有在宗法制下，礼文化才能成为礼治。在中国，宗法制是以炎黄族为主体的宗天下，推及为天下一家，同样，礼文化是以伦理为基础推及天下的礼治文化，其政治制度就是宗法制。

礼文化是在诸如同宗不能通婚、男女有别以及父父子子、夫妇等伦理上升为一种意识认同时形成的，当礼文化上升为社会共同遵守的规范时，就成了礼制，当礼制强化为宗天下的社会管理（政治）时，就成了礼治。中国三代以前的宗法制度下，中央和地方的关系是大宗和小宗的关系，地方只是同宗的分支。他们的管理是"家务事"的管理，家庭内部"警察、监狱、军队"虽然仍处于重要位置，但他们主要是靠礼制，礼制主要是靠礼文化来维系。礼文化是以血缘关系为基础，以调整家族内部人与人之间关系为原生，扩展到整个人类社会人与人之间交往的行为规范的一种文化认同。

抛开泛文明观，可以说，礼文化是人类文明的开始，是人类脱离动物界的第一步，而这第一步却是与血缘关系相联系的：母子之间、父子之间、弟兄姊妹之间、亲戚之间，这就是亲亲、尊尊。这时的礼超越了"祭神求福"的仪礼之礼，成了可以触摸的人事之礼，成了人类社会必须遵守的行为规范——政治制度之礼（礼制之礼）。《礼记·大传》说："自仁率亲，等而上之至于祖。自义率祖，顺而下之至于祢。是故人道亲亲也。亲亲故尊祖，尊祖故敬宗，敬宗故收族，收族故宗庙严，宗庙严故重社稷，重社稷故爱百姓，爱百姓故刑罚中，刑罚中故庶民安，庶民安故财用足，财用足故百志成，百志成故礼俗刑，礼俗刑然后乐。"（《礼记·大传》）

礼文化的核心是人伦文化，是人性化的文化，是人类群体生活的基本要求。在人类发展的初期，礼文化是最基本的要求，世界各民族发展都是如此。只是，在中国，作为一脉相承、传承至今的中华民族，在几千年的发展过程中，礼文化与政治思想密切联系着，甚至礼文化就是政治思想。因为，中华民族一直以炎黄族为主体，其社会管理被打上了深深的宗法制烙印，宗法制强化了礼文化，以至于礼治，礼治又强化了礼文化。[①]

总之，中国文化作为独立发生的、以农业为基础的文化，与中国的地理环境、农业生产、社会生活、社会组织结构等有着千丝万缕的关系，在我们进行传统文化的反思、考量地域文化的成因和差异时，不得不对这些因素有充分的、全面的考虑。但是，我们也不能拘泥于此，还要考虑到地域文化的形成及发展都是一个动态过程，不同地域的文化在历史演进过程中，处于不断地交汇和游移状态中，对某一特定地域文化的研究，不能仅局限于由地域限定了的文化，而应当有更为广阔的视野。因为，文化的模糊性往往使"地域"很难有一个准确的界定，尤其在各个地域文化的交汇地带。这些交汇地带在地域文化的

---

① 范森林：《中国政治思想的起源》，http://www.guoxue.com/xslz/zgzzsxqy/ml.htm，2003。

早期，由于地形的制约和人口稀少的原因，还可以从文化的空白限定各个地域文化的固定范围，但当文化的交流和发展达到一定程度时，这些地带便不可避免地带上文化的色彩。这种文化也往往是中和性的文化，它夹处于两种或两种以上区域文化之间，在历史的岁月里，它的属性、它的地界范围摇摆不定，表现出"亦此亦彼"的特征。在相当长的历史时期，我国境内的地域文化并不是紧紧相依，连成一片的，也只是靠着这些"亦此亦彼"的文化中和地带，才成为相互联系、相互交往的文化之网。这些中和地带犹如坚韧的筋络，把各地域文化联结成一个有血有肉的中华之躯。在文化的进展中，这些"亦此亦彼"的地带变化频繁。区域文化的拓宽或发展，也往往是这些"亦此亦彼"地区性质转化的结果。战争、移民和文化浸润、政治划属是使其转化的几种主要形式。在它转化后，又继续向前延伸出"亦此亦彼"的文化地界。这种情况说明，地域文化的划分，始终是一种鸟瞰式的、以文化实际来说明的空间结构。它不能也无法从实地测量中入手，来界定区域文化的空间区域。

文化边界的游移往往以一个侧面显示着地域文化的幅度变化和实体层次。诸多因素造成了区域文化变化的契机。周代的封建制度和军事征伐在很短的时间内使聚居的文化点纳入殷商各方国笼罩下的文化区域内。人口的迁徙和流动更是文化游移的重要因素。如北方的松辽平原，在初期是一个以采集、渔猎和游牧生活为主的地区，随着大批汉人不断迁入和垦殖开发，使这个文化地域迅速形成和不断扩大，最后普及于白山黑水之间。在它鼎盛时，曾几次冲击中原，入主神州。又如岭南文化、闽台文化等，都是中原人士的大量移入，造成这里区域文化的成型和发展，使得它的文化覆盖面向外拓宽，文化边界向外游移。最终的文化游移，造成了我国地域文化的全面性缀连。[①]

## 三　地域人文环境的特性

### （一）民族性

人类是特定的历史时期产生的，不同的地理环境、生产方式和生活习俗造就了不同的民族。在一定时空条件下的民族必定在发展中创造着一定民族的文化，同一个民族大致有着共同的人文环境，所谓文化类型、文化模式都包含着民族文化的特异性，文化丛、文化区域、文化圈，也深深地打上了民族文化的

---

① 李勤德：《中国区域文化》，山西高校联合出版社 1995 年版，第 15～16 页。

烙印。文化模式就是以各民族拥有的不同文化划分的，一定的思想观念、宗教信仰、伦理道德、风俗习惯、制度文化等构成的人文环境自然带有民族的特性。就中国而言，55个少数民族衣、食、住、行和民间娱乐、社交庆典等风俗习惯各不相同。从宗教信仰来看，除了众多民族信仰的世界性宗教外，各民族在宗教信仰方面也是不同的。汉族信仰道教、佛教和基督教的较多；满族、鄂伦春、鄂温克、赫哲、锡伯等民族尚保留着萨满教的信仰；纳西族信仰东巴教，普米族信仰韩归教；彝族支系撒美人信仰西波教；壮族部分群众信仰师公教；藏族信仰藏传佛教；傣族信仰南传佛教；回族、维吾尔族、哈萨克族、东乡族等信仰伊斯兰教。从制度文化来看，历史上不同的民族在经历各社会形态的过程中形成的政治制度、经济制度、法律制度等也表现出复杂性和多样性，具有鲜明的民族特色。新中国成立前，基诺族实行长老制；瑶族实行瑶老制和石牌制；侗、苗、布依、水族等实行具有农村公社性质的社会组织"款"；西藏实行政教合一的农奴制；蒙古地区实行盟旗制度；西南和西北地区一些少数民族实行土司制度等。不同的风俗习惯、制度文化、宗教信仰，形成了带有民族特色的文化观念。

（二）区域性

不同的地域存在着不同的人文环境。人文环境的区域性与民族性密切地联系在一起，民族群体总是在一定的地域中生活，这使民族文化及其文化构成的人文环境带上了特定的地域特征。不同民族所处的经济生活和地理环境不同，使人文环境呈现出鲜明的区域特色。大山下的民族创造出山神庙宇，大河边的民族幻化出河神偶像，北方草原上的民族在辽阔的草原上养成了豪放的性格，南方水乡的民族养成了纤柔的性格，林区的人民创造了狩猎文化，靠海的人民创造了渔业文化。从文化的空间结构来看，相通的文化模式构成了占更大地域的文化圈。我国土地广袤，地形复杂，江河纵横，气候多样，造成了文化环境的差异和多样性。梁启超在《中国地理大势论》中曾把南北两方的习俗特点归结为"北俊南靡、北肃南舒、北强南秀、北塞南华"16个字。从经济生活来看，渔猎采集经济文化区主要在东北大小兴安岭山林以及黑龙江、松花江和乌苏里江三江交汇处，形成了具有区域特色的渔猎文化环境；畜牧经济文化区集中在内蒙古草原、新疆、青藏高原，形成了游牧文化环境；农耕经济文化区包括西起帕米尔高原、东到黑龙江和台湾、南到海南岛的广大地区，形成了农耕文化环境。其中，山林刀耕火种文化主要分布在云贵高原西北、横断山南段；山地耕牧型文化分布于青藏高原东南以及云贵高原中西部；山地耕猎型文化分布在云贵高原中部以东和华南丘陵山地；水稻耕作型文化分布在从云、贵、桂、台湾到延边；绿洲耕牧型文化分布于河套地区，并在新疆、宁夏、甘肃有零星分布；平原农耕型文化分布于中国中部、东部各大平原以及关中平原、四川盆地，分别形成了各具特色的人文环境。不同的地域，文化环境各异。从制度文化来说，历史上由于中原地带农耕民族经常受周边游牧民族入侵的威胁，再加上灌溉农业的影响，社会组织比较发达，形成了极端的封建专制制度；而逐水草而居的游牧民族社会组织比较松散，制度文化相对落后。西部地区地域广大，容易迁徙，人口稀少，思想观念比较保守，易于苟安，缺乏积极进取的精神，而东部地区人口稠密，竞争观念强烈。从习俗看，区域差异最为明显，"十里不同俗，百里不同风"。宗教信仰分布也有地域的特点。动物崇拜、自然崇拜、图腾崇拜和祖先崇拜大多分布在高山密林地区；接受伊斯兰教的回族和维吾尔族形成了较大的宗教文化区，集中在我国的西北地区，紧靠着信仰伊斯兰教的中亚各国。毗邻佛教发源地印度、尼泊尔的西藏地区形成了藏传佛教文化区。由此可见，人们在什么样的地理和生态环境中从事物质生产，就会产生什么样的物质生活和精神生活以及由此形成的文化样式，文化具有区域性的特征。

（三）历史继承性

一定时期地域特有的人文环境，除了受本时期经济生活和社会生活的制约外，还要继承自己领域中以前时代积累的材料和成果。任何人文环境都不是凭空产生的，都和以前历史时期的宗教信仰、思想观念、风俗习惯、伦理道德、制度文化、社会心理有着或多或少的继承关系。一定历史阶段上表现出的人文环境，其内容都有两个来源：一个是对本时期的社会生活和经济生活的反映；一个是历史上形成的反映过去社会存在的某些成果和材料。所以，研究现存人文环境，不能仅仅从现在的社会生活和经济生活中得到解释，还必须从以往的社会生活和经济生活中寻找其根源。人文环境的历史继承性也表现在两个方面：一方面继承了历史上优秀的思想观念、伦理道德、风俗习惯、制度文化和宗教信仰；但另一方面也继承了落后的思想观念、伦理道德、风俗习惯、制度文化和宗教信仰。当然，具体继承什么，不继承什么，怎样继承，怎样改造，归根到底，仍是由本时期的社会生活和经济生活的现实状况和发展需要决定的。以制度文化为例，中国封建专制制度产生后，在中国历史上延续了两千多年；藏族政教合一的政治制度始于13世纪，一直存续到民主改革之前。元朝确立的对中国西南、西北一些少数民族地区实行的土司制度，后来虽然中央王朝进行了"改土归流"的改革，但并没有能彻底废除，到 20 世纪上半叶，云南省傣族、哈尼族、彝族、白族、阿昌族、纳西族、藏族，四川省彝族、羌族、藏族，青海省土族等民族的部分地区，名义上仍保留着土司称号及世袭制度。儒家文化产生后也影响了中国几千年，直到今天，在我们的思想观念、伦理道德以及风俗习惯中还存在着儒家文化的影子。这种人文环境的历史继承性，决定了人文环境的稳定性，也可称之为"惰性"。风俗习惯是最具有"惰性"的精神文化。习俗的历史传承特征，非一人所成，也非一个时代所积，而且这种传承不靠经典记录，仅靠民众的心理信仰和社会的习惯势力传承。

（四）相对独立性

文化是具体的社会生活和经济生活的反映，依赖于具体的物质生产过程。但是，这种依赖并不像"影之随形"那样机械地同物质生产过程的发展保持绝对的一致和平衡。精神文化的主体是具有思维的个人，但某种思想、观念、理论、信仰一经产生，它就脱离了思维着的个人而属于社会，它不再随着个人在社会生活中的消失而消失。同时，精神文化通过语言、文字和其他形式表现出来以后，也会脱离思维着的个人而传扬于社会，并传给后代，显示出其明显的独立性。人文环境的相对独立性具体表现在：一是人文环境的发展变化与社会物质生产过程的发展变化不完全同步。人文环境对社会生活和经济生活的反映，并不是随着社会生活和经济生活的发展变化而亦步亦趋，两者不同步的现象是经常发生的。两者不同步往往有两种情况：一种情况是人文环境的发展变化有时落后于社会生活和经济生活的发展变化，并阻碍物质生产发展。当某种思想观念、民族心理、风俗习惯、宗教信仰、伦理道德和制度文化在它赖以产生的物质条件消失之后，作为一种精神文化并不马上随之消失，而是还在一定时期存在，并继续发生影响，对社会发展起着阻碍作用；另一种情况是先进的精神文化能在一定程度上预见未来的发展趋势，指导和推动社会物质生产。先进的精神文化能正确反映社会发展的客观规律，因而能够指明社会发展的基本趋势，对社会发展的下一个阶段做出某些科学预测。二是人文环境的发展水平同社会经济的发展水平有时并不平衡。一般来说，经济发展与精神文化的发展是一致的，但是，历史上常常有经济发展水平低的民族和地区，在精神文化方面比较先进；而经济发展水平比较高的民族和地区，在精神文化的某些方面却比较落后。以宗教为例，宗教观念的最早产生，反映了在生产力水平极低的情况下，原始人对自然现象的神秘感。在阶级社会中宗教得以存在和发展的最深刻的社会根源，在于人们受社会的盲目的异己力量的支配而无法摆脱，在于劳动者对于剥削制度所造成的巨大苦难的恐惧和绝望，在于剥削阶级需要利用宗教作为麻醉和控制人民的工具。但是，科技的发展和自然之谜的揭示以及宇宙的探索，并没有使宗教消亡。从我国来看，我们已经建立起了社会主义制度，消灭了剥削阶级和剥削制度，但是，宗教在我国仍然存在，说明精神文化的相对独立性。从思想观念来看，我们已经初步建立起了社会主义市场经济体制，但是，反映自然经济和计划经济的思想观念仍然根深蒂固；虽然我们确立了社会主义民主政治，但是，封建专制制度的思想和作风仍在党内外政治生活中广泛存在。从婚姻制度来看，纳西族的摩梭人虽然在社会形态上进入了社会主义社会，享有现代经济生活，但仍实行"阿注婚姻"，这是属于原始社会对偶婚的一种婚姻制度。可见，文化具有相对独立性。

（五）生态性

人类在对自然环境适应、加工、改造的过程中，在创造物质文明的同时，建立起了一个由各种精神文化组成的社会生态系统，这就是人文生态系统，它是一个与自然生态并存的相对独立的自我循环系统。人文生态的形成与特定的自然生态密切相关。以宗教为例，宗教生态与自然界关系极为密切，原始宗教中的自然崇拜及万物有灵的泛神信仰，都与自然环境有直接关系，这些现象的起源，都是因为人类对自然威力的恐惧和无可奈何。自然生态对人文生态的决定作用我们从政治生态、人口生态中可以进一步得到证明。如我国四周是高山、大漠、海洋和原始森林，这是中国封建制度超稳定结构延续的生态原因。古代各国的都城一般都建立在易守难攻的地方，也是考虑了环境的因素。自然环境通过作用于一个地区的人口结构、人口分布、人口密度、人口质量与数量、人口流动以及民族的形成，影响着特定民族、国家和地区的思想观念、宗教信仰、风俗习惯、伦理道德以及社会心理。

文化之所以具有生态性的特征，是因为：其一，构成文化的精神文化呈空间分布。这些精神文化依托一定的地域而存在，不同的地域文化生态分布各异。其二，构成文化的精神文化部分在社会结构中功能各异，对稳定和发展人类社会起着各自不同的作用，缺少任何一种精神文化都会影响整个社会整体功能的发挥。其三，精神文化的各个部分之间关系密切，存在着共生关系，互相依赖，互相影响，互相转化。如宗教信仰的某些规范可以转化为风俗习惯，风俗习惯又可以转化成制度文化。

与自然生态不同的是，文化生态是以人为中心的，人是有意识的，因而人可以根据自身的需要和社会发展的需要，在不断丰富文化的各精神文化元素的同时，不断对不适合人类社会发展的精神元素进行更新。同时，文化生态系统是柔性的，是以精神形式存在的生态系统，而非物质形式存在的生态系统。文化生态系统通过其管理系统、教育系统和传播系统对社会生态系统自觉发生作用，使社会生态系统更适宜于人类发展；人文生态系统各部分之间的影响和转化是通过信息传播实现的，借助于人口流动和各种信息传播手段使各个系统之间密切关联，互相影响。人文环境的生态性具有正负两个方面的作用：一方面，均衡的文化生态使生态中的各元素适应社会经济发展需要，实现正向转化，人类就会处理好与自然的关系，使自然生态保持平衡，从而促进民族与地区经济发展；但另一方面，如果文化生态失衡，特别是某种精神文化严重滞后，就会破坏整个体系，导致地区经济发展的滞后，最终阻碍社会的进步。

# 第二节　地域文化的历史传统

伟大的民族必然具有伟大的文化。中华民族是一个具有悠久历史传统的伟大民族，中国传统文化是一个源远流长、博大精深、伟阔神奇、生生不息的文化体系，是一座规模宏巨的文化殿堂。对于中国传统文化，任何人穷其毕生精力也不可能完全彻悟它的底蕴。然而，在了解地域文化的基本内涵、形成原因和特性之后，我们应当而且也必须约略地了解中国传统文化的概貌与形神，这样才可能对地域文化植根的土壤、地域文化的类型和特征、地域文化中传统文化的基本精神以及地域文化的未来走向等问题有进一步的深入探讨。

## 一　传统文化的特征

（一）同一性与多样性并存

中国传统文化绵延不绝，形成了世界上极具生命力的文化传统。在人类六千年的文明史上，只有中国文化一直按照自己的轨道不间断地运行到今天。而其他国家大都出现过断层，有的甚至走向消亡。中国文化历经艰辛，在数千年的发展中经历了多民族、各地域文化的融合发展，以汉民族文化为主体、以中原文化为核心的中国传统文化，逐渐融合其他少数民族文化和周围地域文化，形成了同一性与多样性相结合的发展态势。中国文化体现了中华民族的共同的心理素质，是整个民族精神面貌的体现。它对于民族的生存和延续发挥着不可估量的深远影响，它有着顽强的生命力，同时对于外来文化有着宽厚的包容性和强大的同化力，有力地维护了民族的独立发展。

（二）以儒家思想为核心

中国文化是一个庞大而复杂的系统，儒家文化占据着主导地位。人们大多认为儒家文化为中国传统文化的代表。儒家主张在现实生活中实现崇高的道德理想，它强调刚健自强的人生态度，在《周易》中就有"天行健，君子以自强不息"的人生观；崇尚"以义为上"的价值观，认为人之所以异于禽兽，人之所以为人，是由于人有道德，在义利问题上可以舍利而取义；重视现世，解决现实问题是人生应该有的一种积极的人生态度。不讲来世，不追求死后的极乐世界，因而也缺乏西方社会的宗教迷狂。孔子主张的"不语怪、力、乱、神"和"未能事人，焉能事鬼"这种思想影响巨大；主张以修身为本，为政以德，以德教礼治为基本的施政方针；儒家的理想社会是有君臣、上下、贵贱、亲疏等级差别的社会，但各等级间和谐统一、亲如一家，并追求与物融合、天人合一。

（三）以伦理道德作为维系社会的根本

中国传统文化属于伦理型文化，形成了根深蒂固的"德治主义"。道德的威力始终比法律更为重要和有效。儒家伦理思想渗透于全民族的心理、意识之中，孔子的仁义礼智、孝悌忠信等仁学思想成为道德信条。宋明理学走向"存天理，灭人欲"的反人道主义极端，使社会呈现有序而僵化的状态。从另一方面说，重道德修养也造就了许多气节崇高的民族英雄。

（四）重道轻器、重政务轻技艺

"形而上者谓之道，形而下者谓之器"。作为中国传统文化核心的中国古代哲学，无论是儒家还是道家，都重视对于"道"的体认和把握，尽管他们各自对"道"的理解并不相同。他们都希望通过对"道"的探求，从而解决人类生存的现实问题，从根本上找到人类生存的终极意义。同时，中国传统文化是一种家国一体的封建宗法文化，注重伦理和政治，这种封建宗法文化又可称做伦理政治型文化。追求政治上的大有作为是中国士人阶层实现人生价值的必由之路。有的学者称中国传统文化为"官本位文化"，是有一定道理的。中国传统文化在哲学上重视对"道"的探求，在现实中重视步入仕途，但却极端轻视技艺，不注重科学，把科技发明斥为"奇技淫巧"，从而使科学的发展失去了独立的地位。中国文化在崇尚科学的近代落伍，这不能不说是一个很重要的原因。

（五）重和谐、重整体、重直觉、重实用的思维方式

第一，重和谐。中国封建社会是以大一统为特征的专制主义统治的社会，要求有一个和谐的人际关系和统治秩序。儒家对"和"的提倡适应了这种宗法政治的需要，成为沟通伦理亲情的理论桥梁。它提倡"忠恕"、"己所不欲，勿施于人"，主张内圣外王、民胞物与，都是为了维护社会的和谐发展，而实现社会的和谐发展，就需要人们具备协同的道德精神，并将其外化为具体的协同性行为。

第二，重整体。中国传统的整体思维是通过两个典型的思维模式体现出来的。其一是"太极、阴阳、五行化生万物"的思维模式。"太极"是代表整体或全体的最高范畴。"阴阳"是用以表示在时空中相对立而又相关联的事物的整体，其中包含有阴阳对峙、阴阳变化、阴阳统一共三层含义。"五行"（金、木、水、火、土）本身是一个整体，向外延发展为五色、五味、五方、五气、五声、五脏等对应的整体；向内涵拓展，又发展为五行生克论，成为具有活力的整体的解释自然现象的理论。其二是"天人合一"的思维模式。它体现了整体思维的根本特点。它不把人和自然界看做各自独立的两种事物，而是看做一个互相对应的有机整体，两者具有同构性，可以互相转换，是一个双向调节的系统。在整体思维影响之下，中国人善于从整体和宏观上把握问题，却缺乏对问题的精确分析。科学发展滞后与这种思维模式有极为密切的关系。

第三，重直觉。与整体思维相联系，中国传统思维方式侧重直觉思维。中国传统哲学中的"道"、"自然"、"太极"、"理"、"气"、"心"、"性"等范畴，不能用概念进行精确的描述，只可意会不可言传。所以把握它时，也只能靠直觉体验；从表面来看，带有神秘性和模糊性。中国古代文论就是这种思维方式影响下的直接产物，它用一些感悟性的语言来描述一种文学现象，用感悟性的语言来评论作家及其创作风格。诸如"豪放"、"婉约"、"清新"、"刚健"等，这往往给人一种模糊的感觉，只能靠读者用自己的体验去把握。它不注重文字上的细微推敲，不作逻辑上的精确论证。

第四，重实用。中国传统的思维方式中有注重实用的一面，即"广大高明而不离乎日用"。在中国古代，与百姓日常生活密切相连的数学、医学、农学、兵学四大应用科学相当发达，具有为政借鉴作用的史学高度发展，成为中国封建社会的显学。但是中国古代注重实用的传统有过分狭隘的一面，即缺乏理论体系的建立，同时对一时看不到实用价值的发明创造缺乏兴趣，因此在某种程

度上说也有一种短视行为存在。①

## 二　传统文化的基本精神

文化精神是指渗透到文化中的主要宗旨或主导思想。文化的基本精神是所有文化现象中的最精微的内在动力和思想基础，是指导和推动民族文化不断前进的基本思想和基本观念。中国传统文化的基本精神，实质上就是中华民族的民族精神，就是中华民族特定价值系统、思维方式、社会心理以及审美情趣等方面内在特质的基本风貌；就是在中国传统文化中起主导作用、处于核心地位的基本思想和观念；就是指导中华民族延续发展、不断前进的精神支柱和内在动力。中国传统文化的基本精神，属于观念形态的范畴，它凝聚于文化传统之中。所谓文化传统，就是受特定文化类型中价值系统的影响，经过长期历史积淀而逐渐形成的，为全民族大多数所认同的思想和行为方式上的难以移易的心理和行为习惯。"文化传统"概念属于事实判断范畴，本身并无褒贬之义，但当与"基本精神"或"民族精神"相联系时，在价值取向上就与"优秀"、"优良"等密不可分了。

因此，我们所讲的中国传统文化的基本精神，是渗透于中国传统文化中最本质的最精微的内涵，是代表中国传统文化发展方向、体现中华民族蓬勃向上精神的主要思想观念。传统文化的基本精神作为民族精神的集中体现，对于中华民族的价值取向、思维方式、社会心理、行为表现等产生了重要的影响，也是中华民族之所以区别于其他民族的最本质的原因，与西方文化相比，中国文化的基本精神包括以下三个方面：

（一）天人合一，以人为本

"天人合一"观念在中国源远流长。自西周至明清的两三千年内，思想界在天人关系问题上的立场，除个别思想家（如荀子、柳宗元、刘禹锡）持"天人相分"观外，多数思想家持"天人合一"观念。天人合一思想认为，人是自然界的一部分，人是组成自然系统不可或缺的要素之一；自然界有普遍规律，人也应该服从这个普遍规律；人类社会的道德原则与自然规律是一致的；人生的最高理想应该是自然（自然之天）与人之间的协调。中国古代的天人合一思想充分显示了中国古代思想家对于主客体之间、主观能动性和客观规律性之间

---

① 参见赵洪恩、李宝席《中国传统文化通论》，人民出版社 2003 年版。

的辩证思考。它给予我们的启示是：一方面，人不能违背自然，不能超越自然界的承受力去改造自然、征服自然和破坏自然，而只能与自然和平共处，做到庄子所言的"天地与我并生而万物与我为一"；另一方面，自然界对于人类也不是一个超越的异己的本体，也不是主宰人类社会的神秘力量，而是可以与人类和平共处的客观对象。这个思想与西方以征服自然为人类伟大胜利的观点形成了鲜明的对照。

中国传统文化注重天人合一，但是，在天地人之间，以人为中心，即以人为本。中国古代思想家一贯坚持以人为本的立场，特别是儒家，孔子教导弟子"敬鬼神而远之"；"未能事人，焉能事鬼"；"不语怪、力、乱、神"。他虽然不否定鬼神的存在，但是对其采取存疑的态度，即存而不论；而将现实的人事放在第一位，关注人的现实生命。在后来的封建社会发展过程中，以人为本思想得到了认同和发展，始终以道德实践为第一要义，总把人放在一定的政治伦理关系中加以考察；把人的个体价值的实现寄托于人与人、人与社会关系的互动。所以，中国传统文化始终离宗教性的迷狂非常遥远。

（二）刚健有为，自强不息

《易传》曰："天行健，君子以自强不息。"这是对古老中华民族刚健有为、自强不息精神的集中概括和生动写照。

《易传》的精神发展到孔子成为人们通常所说的"孔颜之乐"。《论语·述而》曰："叶公问孔子于子路，子路不对。子曰：'女奚不曰，其为人也，发奋忘食，乐以忘忧，不知老之将至云尔。'"《论语·雍也》曰："子曰：'贤哉，回也！一箪食，一瓢饮，在陋巷，人不堪其忧，回也不改其乐。贤哉，回也！'"孔子及其弟子颜回以拯世济民、推行仁政礼治为使命，把道德生活和精神生活置于物质生活之上，无论道路多么曲折，物质生活多么贫困，也不管会遇到多少灾难和挫折，他们坚信自己的言行是正确的，由崇高的使命感派生出无穷无尽的人生快乐。这种"知其不可为而为"的人生态度在中国历史上产生了深远的影响。孟子认为大丈夫"富贵不能淫，贫贱不能移，威武不能屈"。屈原至死不向黑暗势力低头，他坚信自己的高洁的人生理想是正确的，他在《渔父》中愤然写道："举世皆浊吾独清，举世皆醉吾独醒。"太史公在李陵之祸后，蒙受了人生的奇耻大辱——宫刑，几乎痛不欲生，但是他受到了先辈的鼓舞，在《报任安书》中写道："西伯拘而演《周易》；仲尼厄而作《春秋》；屈原放逐乃著《离骚》；左丘失明，厥有《国语》；孙子膑脚，兵法修列；不韦迁蜀，世传《吕览》；韩非囚秦，《说难》、《孤愤》；《诗》三百篇，大抵圣贤发愤之所作也。"范仲淹曰："先天下之忧而忧，后天下之乐而乐。"陆游通过对梅花的歌咏抒发了自己不屈的人生追求："零落成泥碾作尘，只有香如故。"文天祥在生命的最后一刻仍然高吟："人生自古谁无死，留取丹心照汗青。"中国士大夫的这种气节代代相传，构成了古老中华文明气势磅礴的精神特质。直到今天，无数国人依然延续着这种优秀的文化传统，不屈不挠，可歌可泣。

（三）和而不同，执两用中

中国传统思维方式有重和谐的一面。"和"即和谐，但不是同，讲求和而不同。早在西周，史伯就提出"和实生物"的观点，他说："和实生物，同则不继。以他平他谓之和，故能丰长而物归之；若以同裨同，尽乃弃矣。"史伯认为把两种以上不同的事物调和统一起来叫做"和"，如果简单地把相同的事物合而为一，叫做"同"。史伯这段话，是中国精神文化史上有关不同功能属性的诸多事物相反相成、相交相合能产生具有生命力的"百物"的代表性论述。齐国著名的政治活动家晏婴对"和"与"同"作了进一步的阐发，《左传·昭公二十年》记载，他认为"和"是许多不同的对立因素而构成的统一，而"同"则是简单的同一。他说："若以水济水，谁能食之？若琴瑟之专一，谁能听之？"只有水和水在一起是做不成好的汤羹的，而单一的琴瑟之音也成不了音乐。这是我国古代社会所形成的朴素而又光辉的辩证法思想。

自史伯、晏婴之后，不同学术倾向的思想家，在不同的时代、从不同的角度普遍肯定"和"的辩证观念。孔子在文化观上就明确主张"和而不同"，老子则明确肯定"冲气以为和"。可以这样说，自周至秦至明清的两三千年间，推崇"和"、"合"，一直是中国思想界的主旋律。

古代先民认为要达到"和"的境界必须坚持"中"的原则。中即中庸，《论语·雍也》曰："中庸之谓德，其至矣乎。"朱熹《四书集注·中庸》对中庸的解释为："不偏之谓中，不倚之谓庸；中者天下之正道，庸者天下之定理也。"中庸的核心是言行适度，反对偏激，主张以理节情，以此达到人与人之间的和谐，从而在社会生活中建立等级分明的礼治伦常秩序。中庸不等于没有原则，模棱两可，做好好先生，在某些问题上，还提倡权变。崇尚中和的民族心理使人们养成了注重和谐、维护整体、温文尔雅、谦让宽容的民族精神。对于维护社会和平，实现人际间的和睦相处具有重要意义。但是同时也带来了竞争观念淡泊的民族习惯，在一定历史时期、一定程度上阻碍了社会的进步与发展。①

---

① 参见赵洪恩、李宝席《中国传统文化通论》，人民出版社 2003 年版。

### 三 传统文化的人文价值

中国传统文化基本精神作为中华民族的民族精神的集中体现，是中国古代社会发展的思想基础和内在动力，对于人们价值的形成和精神家园的建立产生了巨大的影响，进而形成了中华民族的价值取向、思维方式、社会心理、行为表现，具体来看，它的主要功能体现如下三个方面：

（一）价值取向上的制约和引导功能

中华民族的孕育、形成、发展和定型是一个漫长的过程，而中国传统文化的形成和成熟与之同步，也经历了这样一个漫长的过程。在这个过程中，传统文化中的精神层面起着文化整合的作用，使多元发展的地域文化逐渐走向融合。虽然，不同地域的文化被纳入中华民族文化的整体框架之后，原本存在于地域文化内部的各种要素仍然继续存在，但并不影响民族统一的大文化的发展。中国文化关注现实社会中生活的人群，关心人与人之间和睦关系的建立。中国文化肯定了生命的价值，为每一个人指出了一条人生的出路，使人热爱生命、热爱生活。在这样一种价值取向的制约和引导之下，天人合一、以人为本、刚健有为、自强不息、崇尚中和成为全社会广泛认同的文化观念，超越了地域、超越了阶层，成为一种稳定的民族心理，代代相传，并不断完善，因而也不容易被其他任何外来文化所吞食。如佛教传入中国，被中国的文化加以改造，形成了有中国特色的宗教文化。

（二）社会心理上的民族凝聚功能

中国传统文化的基本精神对于中华民族的价值取向具有引导和制约的功能，因而也对民族心理产生了深刻的影响。天人合一、以人为本、自强不息、刚健有为、崇尚中和这些精神本身就具有很强的凝聚力，尤其崇尚和谐的文化精神，使民族"大一统"根深蒂固。"天下一家"、"民胞物与"、"四海之内皆兄弟"，成为凝聚全社会的强大的精神力量。所以，历代君王和有良知的中国士大夫阶层，总是以国家统一为乐，以民族分裂为忧。陆游在临终前"王师北定中原日，家祭无忘告乃翁"的叮嘱使多少中国人为之感动。

（三）行为方式中的精神激励功能

中国传统文化的基本精神从价值取向、社会心理上对中国的先民产生了深刻的影响，由此也给他们的行为方式带来强有力的冲击和震慑。天人合一、以人为本，强调人与人、人与社会、人与自然的协调发展，使中国先民特别崇尚和平，反对武力征伐。同时，仁义礼智的道德规范，使中华民族形成了尊老爱幼的好传统。刚健有为、自强不息更激励着人们奋发向上，不断进取。关于这一点，因前已有论述，兹不赘述。①

# 第三节　地域文化：经济社会协调发展的重要变量

地域文化是中华文化的多样绽放，是中华文化有机整体下的亚文化，更是中华民族精神得以不断塑造培育的不竭源泉。中国传统文化的发展与民族精神的传扬，是对地域文化先进因素和优秀成分不断荟萃吸纳与凝结升华的过程。地域文化是先进文化多样化发展的重要载体和具体展现，研究和发展地域文化既是弘扬和培育民族精神的关键环节，也是因地制宜、全面建设小康社会的现实需要。目前，对地域文化与地域经济的研究已成为一个热点，如对"长三角"文化、齐鲁文化等的研究已经达到了较高水平，并且对区域经济的发展产生了重要的推动作用。

经济文化一体化是现代经济社会的一个重要特征。经济腾飞蕴涵着文化的重大作用，文化作为一种"软力量"，是决定21世纪走向的"主轴"。有着深厚历史积淀的地域文化作为经济发展的动力、资源和"润滑剂"，是振兴区域经济和促进区域社会协调发展的有效途径。

## 一　不同的地域文化形成不同的社会经济心理

就我国而言，文化环境对经济发展的双重影响最突出地体现在地域文化与区域经济发展的双重效应上。早在春秋战国时期，中华大地上就形成了若干种地域文化，主要有齐鲁文化、燕赵文化、荆楚文化、巴蜀文化、吴越文化、三晋文化、三秦文化、中原文化等，全国各地也分别形成了不同的文化性格特点。班固的《汉书·地理志》对此曾有生动的概括和描述。经过秦汉两代的国家统一和文化统一政策，以后又经过魏晋南北朝、宋、元、明、清多次人口的迁徙、战争的冲击，中华民族不同地域文化之间出现了频繁的交流、渗透和移

---

① 参见赵洪恩、李宝席《中国传统文化通论》，人民出版社2003年版。

植，促进了文化的整合和统一。不过，话又说回来，中华文化的一体化并没有也不可能消解不同地域文化的特点，文化的同一性不仅不会排除文化的特殊性，而且还必须通过文化的特殊性表现出来。随着中华民族的历史发展，许多新的地域文化还不断涌现出来，而以往一些大的地域文化又会分化出更具特色的文化类型。例如，吴越文化近代以来按照行政区划逐渐形成了江苏文化、浙江文化、上海文化（海派文化），从楚文化母体中又生出荆楚文化、湖湘文化、赣鄱文化、徽州文化等。历史地看，地域文化一旦生成，虽然会随着社会的发展而发生一定改变，但它具有相当大的延续性，其特色不会轻易丧失。例如，上古时代所形成的南北文化差异至今仍保留着，到了 20 世纪，鲁迅先生仍认为"北人厚重，南人机灵"。

长期演化而成的地域文化构成了不同地区经济发展的重要条件。特定的地域文化作为一种文化基因和集体无意识，逐渐积淀在该区域绝大多数人的文化心理结构之中，使之形成异于其他区域的价值观念、风俗习惯、思想道德、思维情感模式、行为特质、人格品质等文化特征。不同地域人们的文化秉性和文化环境的差异，造成不同地域人们社会经济心理和经济行为的差异，进而决定了经济发展呈现出一定的差异性。

## 二　不同的地域文化形成不同的经济发展模式

区域经济发展的背后总有着地域文化的影响。地域文化具有一定的稳定性，通过作用于经济主体内在的价值理性、认同过程和外在的行为习惯，从而影响其经济行为，文化差异形成观念差异，从而导致行为的差异，继而形成经济发展的差异和差距。同时，不同地区企业发展的不同水平、不同的产业选择等也受到不同地域文化的影响，以至使区域经济发展呈现出不同的特色。因此，地域特色文化渗透进区域经济中，立足于资源等优势，可形成有特色的区域经济模式。

改革开放以来，我国三个最有特色最有影响的发展模式是：苏南模式、温州模式、珠江模式。"苏南模式"以集体经济为主导。而其以吴文化为背景，吴文化除了更加"秀慧、细腻、柔和、智巧和素雅"，也比其他地方的文化更能兼容并蓄、刚柔并济，因而务实、开放、进取。"苏南模式"同吴文化"鲜明的开放特质、典型的水文化气质，士农工商同道、经济文化同步发展的特色"有着密切关系。

"温州模式"以个体私营、股份合作经济为特色。温州的区域文化在浙东越文化区中又呈现出浓厚的闽南海商文化特色。温州文化最典型的便是功利主义与闯世界的精神，其次是冒险与创新精神。因而人们说，"哪里有商机，哪里就有温州人"，"世界上有人的地方，就有温州人在做生意"。有人说：重商文化孕育了温州。毫无疑问，温州发展的强大生命力植根于其区域文化之中。

"珠江模式"以引进外资、内外合作为特色。岭南文化的"多元性和重商传统，开放性与开拓精神，兼容性与善于变通，反传统与敢为天下先，以及追求感官享乐、直观务实并具有冒险精神等"，必然孕育出以外向型经济为主要特征的珠江模式。

## 三　不同的地域文化形成不同的经济发展格局

（一）地域文化环境是经济全面发展不可或缺的前提

一般来说，先进的文化造就发达的经济，落后的文化只能伴随着贫困的经济。目前，我国最重要的经济增长区域，也是经济较为发达的地区即长江三角洲：上海、苏南、浙江杭嘉湖地区，其经济迅速增长的原因中历史传统、科技人文等地域文化因素即是一重要方面。自南宋以来，该地区即是中国经济最为富庶、文化最为昌盛的地方。从商业上说，明末清初中国资本主义最早在这个地区的一些工商业城市萌芽，如苏州、杭州、江宁、松江等地。清末民国之时，上海、江浙的工商业即居全国前列。从教育上说，明清以来的科举进士，江浙两省即占三分之二强，近代著名的文学家、艺术家、科学家等文化名流大都为江浙人士。从民众素质上说，该地区人们的文化水平高，商品意识浓厚，有着经营工商业的经验。所有这一切促成了该地区改革开放以来的经济起飞和长足的发展。著名社会学家费孝通主张从"天、地、人"三才入手去理解一个地区的文化特点。何谓"天、地、人"三才呢？即历史机遇（天时）、地缘优势（地利）、人的素质（人才）。而长江三角洲地区这三才占尽优势，独领风骚。

此外，对山东境内的齐文化和鲁文化的比较则可看出，地域文化不同将导致经济发展不均衡。齐、鲁建国之初，对待当地土著居民东夷人的传统与文化，采取了不同的政策。齐国采取了"因其俗"、"简其礼"的措施，没有全面推行周礼一套典章制度；而鲁国则用了三年时间"变其俗，革其礼"，认真推行了周制，并保存了丰富的西周文物典籍。齐鲁文化的分野与此极有关系。一般说来，齐文化轻灵，功利世俗色彩浓厚；鲁文化厚重，伦理正统色彩浓。齐文化义利并重，管仲言："仓廪实而后知荣辱。"鲁文化重义轻利，孔子曰："君子喻于义，小人喻于利。"齐文化农工商并重，提倡多种经营，鲁文化重农抑商，沿袭孔孟儒家思想的传统。孔子批评鲁大夫藏文仲有"三不仁"，其中的两不仁是"废六关"和"妾织蒲"。废掉了关禁，有利于通商；让家人织蒲席出卖，搞了一点副业。今天看来，这都是有利于发展商品经济、增强国力的明智举措，却被孔老夫子归为"不仁"之列，横加指责。文化上的差异使人们的观念不同，导致行动的不同，经济上也就有了高下之分：齐国农耕之富，"粟如丘山"；"鱼盐之利，通输海内"；"实业之厚，冠带衣履天下"。而鲁国的传统是"君子务治而小人务力，动不违时，财不过用"，总之是商业不发达的表现。直到今天，山东省内各地经济发展不平衡，齐地的经济发展强于鲁地，这里面固然有政治、历史、地理等因素的作用，可谁又能否认是由于地域文化的差异导致人们思想观念的不同而对经济发展的影响呢？

（二）不同的地域文化是区域经济发展的特色资源

文化的作用愈益重要，对于不同区域来说，其深厚的文化资源的积淀促进区域经济增长，增强区域竞争力。许多地方利用地域文化资源，开展各种富有地方特色的文化活动来招商引资，文化主动地为经贸服务，带动经济起飞，此所谓"文化搭台，经贸唱戏"。这是一些地区迅速崛起的原因之一。而目前，这些重要的地域文化资源也可转变为促进区域经济发展的文化资本。

比如，可以利用地域文化资本来发展特色旅游产业。旅游业是一个综合性产业，文化底蕴丰富。以成渝经济区为例，巴山蜀水开发较早，自古就是长江上游的经济文化中心，丰富的文化资源为其发展打下良好基础。巴蜀文化源远流长，积淀丰厚，特色鲜明。三国文化、川江文化、陪都文化举世闻名。成渝经济区是文化资源富集区，历史文化名城众多，拥有大量高品质的古迹名胜。如区内的武侯祠、杜甫草堂、都江堰、乐山大佛、大足石刻、红岩村，以及三峡文物带等，在全国乃至世界上都有很高的知名度。这些都是成渝经济区发展的特色文化资源和基础。再譬如云南丽江古城，以其悠久、神秘的纳西族文化吸引了人们的眼球，逐渐成为我国的旅游热点之一。此外，西部的秦始皇兵马俑、敦煌莫高窟、西夏王陵、楼兰古国、布达拉宫、大昭寺、三星堆等，令世人瞩目，这些都是西部旅游产业发展的巨大资源优势。旅游业的发展将带动区域商业贸易、交通运输、餐饮服务等一系列产业的发展。因此，要进一步发掘旅游文化资源，发展旅游产业，同时，把区域特色文化转化为具有鲜明地方特色的旅游产品。

（三）不同的地域文化形成区域特色产业

就产业选择本身来说，应是以一定的文化价值为依据和标准的。受不同地域文化影响，区域有着不同的产业选择，合理调整产业结构，可促使形成有特色的产业。譬如，齐鲁文化、吴越文化、三晋文化、荆楚文化、岭南文化、巴蜀文化、游牧文化、闽南文化、藏佛文化等各不相同，与之相适应的区域经济发展也呈现出不同的类型和特点。以吴文化为例，有人认为吴文化是熏陶精英人才、促进经济繁荣、推动社会进步的文化。仅从文化与经济的关系来看，吴文化是主张发展经济、改善民生、贡献国家和好学兴教、尊崇科学的文化，其重素质求内涵的精神与高科技发展相适应，造就了苏南经济社会的日新月异。以吴文化为背景，江南和苏南的经济发展与浙江、山东和广东相比，呈现出不同的经济特征。其典型代表为"苏南模式"，这一经济模式的特征有三个：一是"三为主"，即所有制结构以公有制的集体经济为主，产业结构以乡镇工业为主，经济运行机制以市场经济为主；二是"两协调"，即地区经济与社会的协调发展，物质文明与精神文明建设的协调发展；三是"一共同"，即坚持按劳分配、多劳多得的方式，兼顾国家、集体、个人三者的利益，逐步实现社区内农民的共同富裕。可以说，苏南模式在苏南的诞生和形成绝非偶然，有其区域特征，绝非来自某位领导的偏好。任何经济活动的背后，总有某种文化因素在起作用，因为人是经济活动的主体，经济模式是由人创造的；不同地域的民众具有不同的文化传统，包括价值观、劳动技能、教育水平和实践经验等。"苏南模式"不仅是经济模式，还是文化模式，它不是凝固不变的。随着市场经济体制的建立，苏南模式受到了冲击和挑战。近年来，通过企业改制，明晰产权，使原有企业的运行机制更为灵活，这一地区的经济重新焕发了生机与活力。

（四）不同的地域文化形成特色产品与品牌

在微观经济领域，文化的经济意义十分明显。企业是区域微观基础，企业也是一种文化的载体。地域文化影响着企业文化，并在很大程度上决定了企业的发展思路和发展战略。地域的特色文化以知识、信息等形式，形成特色技术，并渗透进企业的整个生产、经营过程，渗透进产品中，渗透进品牌中，从而形成不同区域的特色产品和特色品牌，由此，文化力就转化为经济力。有人说，但凡老字号的企业，都必然有其源远流长的优秀的传承文化。当今，市场竞争愈益激烈，文化提高了商品的附加值，因此有人说，现在产品的卖点就是文化。文化的作用更是举足轻重。没有自身文化的企业和品牌都是没有生命力和竞争力的。企业必须注重企业文化的建设，注重挖掘地域文化内涵，开发有地域文化特色的产品，形成有地方特色和地域文化特色的品牌，来提升产品的影响力、辐射力和吸引力，增加产品的美誉度和知名度。在这个过程中，尤其要注重挖掘区域传统文化资源，包括民俗文化资源等，从而开发出适合市场需要的有地方文化特色的，因而具有市场竞争力的产品与品牌。

可以看出，地域文化是隐性的，它存在于人们的"集体无意识"之中，制约着人们的思想、行为和社会组织的整合功能，它对各种经济要素的整合能力和整合方式，决定着区域经济发展的具体道路。地域文化对区域经济发展的作用，主要体现在以下几个方面：地域文化环境是经济全面发展的不可或缺的前提；独具特色的地域文化是区域经济发展的重要资源；地域文化中有利于经济发展的潜在因素，决定着对经济发展道路的选择；地域文化发展与经济变革相适应的程度，决定着区域经济发展的速度；地域文化与社会现代化相适应的程度，决定着经济发展的水平；地域文化的增长力，可以不断提高经济发展的质量。

# 第四章　企业文化：中小企业发展的战略思维

企业文化是一种微观组织文化，中小企业文化的生成与发展必然受到社会地域乃至行业文化等因素的影响。企业文化由于它们各自独特的发展历史、领导人个性、所在地域和行业特性，形成了有别于其他企业的强烈的文化特征。所以，不同的地域、不同民族所创造的文化传统、文化观念，影响着企业的发展，同时也是塑造企业文化的重要因素，对企业文化的形成和发展具有关键性影响。在我国著名企业中，其文化形成体现浓重地域文化环境特色的并不在少数。海尔的文化创新、联想的管理奇迹、同仁堂的诚信为魂，都成为优秀的典范。深厚的地域文化积淀，孕育了丰富的企业文化底蕴。在地域环境文化的影响、陶冶、塑造下，各具特色的、成熟的企业文化必将推动孕育出更多成功的企业。

## 第一节　企业文化：从现象到理论

### 一　企业文化是一种微观文化现象

文化是一种社会现象，它是伴随着社会物质生产的发展及生产方式的进步而不断发展的。人类社会发展的各个阶段，都有与之相适应的社会文化。自然，在社会文化的大环境下，也存在着与物质生产基本经济单位相适应的群体文化，如原始时代的氏族、部落文化，封建时代的家庭经济和手工作坊文化等。当生产力提高、商品生产发展到一定水平、社会生产的基本经济单位由家庭和手工作坊逐渐演变为现代企业的时候，企业文化便随之产生了。

企业是一个社会的经济细胞，企业文化是一种微观的组织文化。围绕着企业文化的界定，企业文化学界出现了不同的流派，有人认为企业文化应包括物质文化、制度文化和精神文化三个层次；也有人把企业文化定位在精神和行为方式层面。可以说，目前中国理论界对企业文化的理解众说纷纭，莫衷一是。

我们认为，企业文化作为管理范畴的一个概念，对其界定不能面面俱到，只能以企业的精神文化为核心研究对象。追溯一下企业文化的理论奠基者和倡导者的有关论述，可以得到证实：

美国学者威廉·大内认为："一个公司的文化由其传统和风气所构成。此外，文化还包含一个公司的价值观，如进取性、守势、灵活性——即确定活动、意见和行动模式的价值观。"

托马斯·彼得斯和罗伯特·沃特曼指出：所谓公司文化包含为数不多的几个基本原则，这些原则是算数的，必须严肃对待，它们代表了公司存在的意义。

约朝翰·P.科特和詹姆斯克特认为，企业文化是指一个企业中各个部门，至少是企业高层管理者们所拥有的那些价值观念和经营实践。

特雷斯·E.狄尔和阿伦·A.肯尼迪认为，企业文化是"价值观、英雄人物、习俗仪式、文化网络和企业环境"。

这些价值观构成公司员工活力、意见和行为的规范。管理人员身体力行，把这些规范灌输给员工并代代相传。

彼德斯·沃特曼认为："员工作出不同凡响的贡献，从而也就产生了有高度价值的目标感，这种目标感来自对生产产品的热爱，提高质量、服务的愿望和鼓励革新，以及对每个人的贡献给予承认和荣誉，这就是企业文化。"

狄尔·肯尼迪认为企业文化是在工作团体中逐渐形成的规范。

我国学者魏杰在《企业文化塑造——企业生命常青藤》一书中也认为"所谓企业文化就是企业信奉并付诸实践的价值理念，也就是说企业信奉和倡导并在实践中真正实行的价值理念"。

以上有关企业文化的描述，尽管学者们的表述不尽一致，但基本上都是从狭义角度界定企业文化内涵的，就其基本内容来讲是一致的，有两个相同点：第一，企业文化是以人为中心的企业管理方式，强调把企业建设成一种人人都具有社会使命感和责任感的命运共同体；第二，企业文化的核心是共有的价值观，价值观是企业兴旺发达的原动力。可见，企业文化作为特定的管理概念，应专指以价值观念为核心的企业价值体系及由此决定的行为方式。这些价值体系和行为方式渗透并体现在企业的一切经营管理活动中，构成企业的精神支柱，形成企业的惯例、传统。它虽然决定于物质文化，但它又不像产品、设备那样以实物的形态呈现在人们面前，独立于人体之外。相反，它以一种无形的力量蕴藏于员工的思想和行动之中，又作为一种氛围笼罩着整个企业。

鉴于上述理解，我们可对企业文化作如下表述：企业文化是指在一定的社会文化环境影响下，经过企业领导者的长期倡导和全体员工的积极认同、实践与创新所形成的整体价值观念、信仰追求、道德规范、行为准则、经营特色、管理风格以及传统和习惯的总和。特雷斯·狄尔和阿伦·肯尼迪认为，企业文化由五个要素组成：①企业环境，是指企业的性质、经营方向、外部环境、社会形象、与外界的联系等方面，企业环境是塑造企业文化的重要条件。②价值观，是指企业内部成员对某个事件或某种行为好与坏、善与恶、正确与错误等一致的认识，统一的价值观是企业内部成员选择自己行为的标准。③英雄人物，是指企业文化的核心人物或企业文化的人格化，其作用就在于其给企业中其他员工提供可供仿效的榜样，英雄人物对企业文化的形成和强化起着极为重要的作用。④典礼与文化仪式，这包括世俗中的仪式（企业内部的有系统、有计划的日常例行事务）和世俗中的典礼（企业内部的各种表彰奖励活动、聚会以及文娱活动等），典礼与文化仪式可以把企业中所发生的某些事情戏剧化和形象化，来生动地宣传和体现企业的价值观，使企业文化"寓教于乐"之中。⑤文化网络，是指企业内部以故事、小道消息、机密、猜测等形式来传播消息的非正式渠道，它往往是由某种非正式的组织和人群构成，它所传递的信息往往能反映出企业员工的愿望和心声。

## 二　企业文化是一种新型的管理方式

对于上述企业文化现象，当人们在实践中意识到它的客观存在并有意识地提倡和培植积极的文化元素，摒弃和抑制消极的文化元素，引导企业文化向健康的轨道发展，特别是把优秀的企业文化渗透到管理之中，并对传统的企业管理方式加以彻底改造时，企业文化就逐渐演变为一种新型的管理方式。企业文化的产生和发展表现出特有的规律性，遵循其规律性就能创造有效的管理。因此，企业的运营与管理不仅受到"看不见的手"——价值规律的影响和制约，同样也受到"无形之手"——文化规律的影响和制约。21世纪是知识经济时代，企业的高效运营和竞争力越来越倚重于"人"这一生产力中最根本的因素，中小企业由于在实体资源方面无法与大型企业抗衡，因此更应形成以"人为中心"的崭新管理思想：把充分调动人的积极性、创造性，发挥全体员工的内在潜力，依靠员工的主人翁意识作为企业管理的宗旨，尊重、关心员工，形成企业强大的向心力和凝聚力，这就是管理文化，就是基于文化力的新型的企业管理方式。

### 三　企业文化是一种新的管理理论

企业文化理论的产生是人们自觉地研究企业文化现象和企业文化管理方式的本质、特征以及运行规律的结果。一旦人们对企业文化现象和企业文化管理方式的本质、特征以及运行规律上升到理性认识阶段，企业文化就实现了由自发到自觉、由实践到理论的飞跃。这种飞跃是美国学者迫于日本管理的挑战，在比较日美管理风格、总结日本管理经验的基础上完成的。

美国斯坦福大学和哈佛大学的管理学教授帕斯卡尔和阿索斯在用了六年时间考察日本和美国的三十多家大企业，对这些企业的经营管理方式进行了详尽的研究后，写成了《日本企业的管理艺术》一书，得出了这样的结论：任何企业的成功，都必须牢牢抓住战略、结构、制度、人员、作风、技能和崇高目标这七个变量，并且应把它们看成是相互关联的整体，称之为"7S模型"。他们认为，美国企业之所以在日本等国企业的挑战面前频频败北，只有招架之功而无还手之力，是因为美国企业管理者在管理过程中过分注重战略、结构、制度这三个"硬性的S"，而日本企业在不否认三个"硬性的S"的前提下，较好地兼顾了人员、作风、技能和崇高目标这四个"软性的S"，从而显示出日本企业独领风骚的企业文化。他们从松下公司和国际电话电报公司这两家日美"企业恐龙"一兴一衰的历史，以及美国联合航空公司的成功事例，得出了这样的结论：企业管理中的这七个变量是相互关联的整体，软、硬要素都很重要，不能片面地强调某一方面，而应该将这两方面很好地结合起来，只有这样，企业内部组织才会更加一体化，企业才能在激烈的国际竞争中得以生存和发展。

美国哈佛大学教授特雷斯·狄尔和闻名遐迩的麦肯锡管理咨询公司资深管理顾问阿伦·肯尼迪联手合著的《企业文化——现代企业的精神支柱》是专门

研究组织文化的一本著作。这本书是他们花费了六个多月时间对近 80 家企业进行了详细的调查，并从理论上加以总结、提炼而写成的。在书中，他们提出了"杰出而成功的公司大都有强有力的企业文化"这一论断。在该书中，他们还提出了五点见解，其中包括前文已论述的"企业文化的五因素说"以及"象征性经理人（symbolic manager）"的概念。"象征性经理人"是一种新型的管理者，其职责就在于设计企业的文化，并引导广大员工参与塑造文化，通过全体员工的自觉努力来达到企业目标。在作者看来，"象征性经理人"这一管理者既是"剧作者"，也是"导演"，更是第一流的演员和主角，象征性经理人是一种具有超常规的思想和思维方式、超凡的勇气和非凡的胆略的"超人"。松下幸之助先生就是这种类型的企业家，中国儒家所主张的"三不朽"（即"立德、立功、立言"）在他身上得到了淋漓尽致的体现。由此可见该书作者对企业文化及其培育的关注。

《寻求优势——美国最成功公司的经验》也是一本论述企业文化的著作。该书的作者托马斯·彼得斯和罗伯特·沃特曼从 1997 年开始，先后访问了美国历史悠久、业绩卓越的 62 家大公司，并从中挑选出 43 家杰出模范公司进行了深入研究，从而归纳出优秀公司的经营管理的八项原则：贵在行动；紧靠顾客；鼓励革新，容忍失败；以人促产；深入现场，以价值观为动力；不离本行；精兵简政；辩证处理矛盾。彼得斯和沃特曼在书中再三强调"软就是硬"的道理。他们认为，企业主管不仅应关心如何赚钱，更应该注重效果和价值观念，鼓励部属与员工同心协力、努力工作，并使他们个个都有成就感。

由上可见，企业文化理论的核心就是坚持以人为中心，尊重人，信任人，把人放在企业管理的主体地位上，强调文化认同和群体意识的作用，反对单纯的强制管理，注重在汲取传统文化精华和先进管理思想的基础上，为企业建立明确的价值体系和行为规范，以此实现企业目标和个人目标的有机结合，实现企业与社会以及企业内部物质、制度、精神的最佳组合和动态平衡。企业文化确实是管理理论发展的最新综合。企业文化由自发的现象，到自觉的实践，再到理论，标志着管理上的一场新革命。企业文化理论不仅是企业管理理论的重要组成部分，也是企业管理理论的一座新的里程碑，标志着企业管理理论发展的最高层次。

# 第二节　企业文化：企业发展的驱动力

## 一　企业文化与企业发展

### （一）相关理论论述

西方学者从不同的角度研究企业文化，对企业文化与企业的关系得出了不同的结论。第一种观点是从系统理论和功利主义的角度研究企业文化，他们将企业看成是一个机构，除了生产物品和提供劳动这一中心任务外，还在一定程度上有意无意地制造了企业文化这一副产品，因此，企业文化是企业总系统中的一个子系统，而后者有助于前者的平衡和协调（海能，1989）。这种研究角度表明企业文化只是企业的一个变量。影响企业经营活动的变量很多，企业在不同的发展阶段，每种变量的影响程度各不相同，因此，企业文化这一变量对企业发展的作用也是阶段性的。

第二种观点是从组织象征学的角度分析企业文化与企业的关系，认为企业文化不是形成企业的众多变量之一，而是组织理论的唯一对象，是企业的"根"，企业是运用象征进行思想交流过程和相互作用过程的一张关系网，组织的目标、结构和岗位职责等只是体现上述过程的一小部分现象。该研究角度视企业文化为企业的灵魂，而不仅仅是影响企业的一个变量，作为企业灵魂的企业文化对企业的影响力是根本性的，它渗透到企业的方方面面。

第三种观点是对以上两种观点的综合，以能容纳功利主义和组织象征学的折中角度研究企业文化，企业文化被视为群体经验的学习成果，包括企业中成员共同拥有的行为假定和价值观，以及建立在这些价值观之上的管理氛围、行为规范和其他象征性作品，组织成员利用它来完成使命、产生社会行为，企业文化与组织内许多因素相互影响，包括组织结构、组织战略、组织成员的角色期望、工作定义、问题的解决方式以及在不同情境下由谁决策和对合作与监督的平衡等（Schein，1985）。折中的观点强调企业文化在解决组织的两个基本问题中发挥着的重要作用：

1. 企业文化综合企业内部因素保证着企业长期生存的能力。企业文化理论是研究对企业员工这一企业发展的关键内部因素的思想或心灵的管理，或者说是对影响员工行为的关键因素——价值观的管理，而非传统管理理论所注重的对员工行为这一结果的直接管理。企业文化理论注重于对人的价值观进行管理，通过树立共同的价值观来影响员工行为，由此而产生的管理方式的出发点是凝聚人心，形成的管理效果是：员工具有共同的企业价值观，认同企业目标，产生主动一致的员工行为。企业文化管理下员工主动形成的行为一致性和传统管理下员工被动或强制形成的行为一致性所产生的企业效用已被无数企业的实践证明是截然不同的，前者对企业的效用更大。对此，科特（Kotter，1992）的论述也证明了这一点：企业文化力量与企业经营业绩相联系的理论逻辑有三个基本点：第一，目标一致。即员工方向明确，步调一致；第二，企业成员中共同的价值观念和行为方式使得他们愿意为企业效力；第三，强力型企业文化提供了必要的企业组织机构和管理机制，从而避免了企业对那些常见的、窒息企业活力的改革思想的官僚们的依赖，因此促进着企业经营业绩的增长。

2. 企业文化构建了企业在外界环境中的竞争能力及对外部环境的适应能力。任何企业必须能够与它所处的不断变化的外部环境相适应才能得以生存和发展。企业文化构建的企业外部的生存能力，是通过其在内部的影响力来实现的。企业在外界环境中的生存能力是相对其他企业而言的，企业的竞争优势可以来源于技术、资金和战略等多个方面，但最重要的是员工。因为技术容易被复制，曾经有人向惠普公司询问，惠普的技术能使公司保持多久的领先地位，惠普给出的答案不是五年，也不是三个月，惠普说，当他们的一项技术被应用于产品之前，这项技术甚至就可能已经被别人窃取了。在风险投资如此发达的今天，资金已不是企业发展的难题，公司的战略被复制也不是难事，只有人才是最不易被复制的资源，而企业价值观的复制更是难上加难，企业价值观的口号也许可以复制，但却无法复制在企业价值观影响下形成的企业文化。企业文化是企业的核心竞争力已成为共识。

（二）企业文化与核心竞争力

企业的核心竞争力主要不是来自于企业外部，而是取决于企业组织及其文化。核心竞争力不仅应表现于现有的领域，而且应该具有很强的可持续性。什么样的竞争力才是竞争对手难以模仿和学习的呢？①与特定历史阶段或者特定的历史经历有关的竞争力。因为历史是不可以重复的，例如可口可乐全球化的优势与其在二战期间服务美军的历史经历有着非常密切的关系。②具有综合性或者体现了综合效能的竞争力。例如具有强大的发展能力的 GE 公司，其企业文化一直确保公司在竞争环境下进行的企业战略选择是建立在可保持的竞争优势基础之上的，企业获得长期高于平均水平利润率的主要途径是不断巩固和发挥自己原有的竞争优势。又如，著名的家电企业长虹，在改革开放之初就依靠政府的扶持而建立起了资金、成本优势，然后就长期依靠和不断地发挥这些优势来获得高于行业平均水平的利润率。但是现在长虹发现其竞争对手"挨打"的能力在不断提高（因为竞争对手已经逐步克服了规模和成本方面的劣势，竞争的信息、生产部门的配合、鼓励创新的企业文化和良好的激励机制等均建立起来）。在长虹公司所具备的规模和成本优势以外的领域，康佳、TCL、创维等其他竞争对手分别在营销方式、新产品开发等方面创造了新的竞争优势。结果是在长虹公司又一次采取低价竞争策略时，其竞争对手在相同的产品上也以降价应对，但在自己开发的新产品上稳定价格，并且利用自己控制力度较高的优势，在高中档市场大卖新产品，这样反而迫使长虹公司面临着市场的冲击。不同的企业会在不同的社会文化和历史经历中形成不同的价值观念、管理的风格以及与此密切相关的组织结构。根植于组织和文化的竞争力是很难模仿和学习的，正如当年英国企业学习日本企业的经历一样，最后的结果还是证明创造文化比简单模仿要重要得多。

中小企业对于人才求贤若渴，它们深感人才对于企业发展的价值，很多中小企业在打拼到一个阶段并积累了一定的财富时，发展却趋于缓慢，这在很大程度上归结于中小企业的人才"瓶颈"，除了区位、报酬等因素外，难于物色到合适人才并留住人才的根本原因，在于中小企业的管理者无法通过形成企业内部良好的人际关系、良好的领导作风、良好的企业道德、企业风气、企业精神来奠定企业的文化基调，建立富有凝聚力和向心力、个性鲜明的文化，并以此满足人才的精神需求。前些年"孔雀东南飞"、"一江春水向东流"，近几年"外资企业热"让众多的中小企业自叹弗如。在21世纪激烈的市场竞争中，中小企业要吸引并留住人才，建立核心竞争力，就必须在企业内部构建起适合自身发展的企业文化，并建立起依赖文化力的全新管理模式。

企业文化的营造，也是树立良好的企业形象、适应市场激烈竞争的需要。企业的知名度、商业信誉、品牌等企业形象因素在市场竞争中发挥着重要的作用。知名度高、信誉卓著、品牌影响大的企业，总是能够在竞争中获得独特的优势，获得其他企业望尘莫及的经营业绩。中小企业靠什么形成与竞争对手不同的良好形象呢？这取决于企业是否具有独具特色的企业文化，先进的企业理念决定企业形成良好的理念形象，先进的企业制度文化必然培育出良好的行为形象，而优秀的物质文化则对塑造良好的企业视觉形象起着举足轻重的作用。因此，建设充满个性、积极向上企业文化，是企业在市场上获取并保持竞争优势的重要因素。

（三）企业文化与经营绩效

优秀的企业文化作为企业的一种精神财富，具有一种神秘的力量（文化力），其表现形态虽然是价值观念、信仰、态度、行为准则、道德规范及传统、习惯等精神产品，却有非常重要的经济价值，即文化力可以转换为经济力。美国东方航空公司曾经在财政上濒临绝境，并遭到公司内部持怀疑态度员工的围困。弗兰克·博尔曼临危受命，上任后致力于重新建立共同承担公司福利义务的观念，并把它与为顾客服务这一压倒一切的中心方向联系在一起。此后，如同大多数航空公司一样，东方航空公司虽然仍然处于财政危机之中，但它已经成功地稳定了自己的业务，并为进一步的改善做好了准备。所以当企业业绩平平或每况愈下的时候，企业必须扭转乾坤，着手进行全面的变革，重点是企业文化的重塑。

西方学者在研究企业文化影响力时存在以下的困惑。约翰·科特等人的实证研究也充分证明了企业文化存在优劣之分这一事实，在他们的研究中，出现了企业文化得分高而企业经营业绩得分低的公司。诸如 P&G 公司、通用汽车公司、库尔斯公司及花旗银行等，它们均拥有强力型的企业文化，在 20 世纪 80 年代中它们的企业文化均受到一些经济观察家的批评，说它们损害了自己公司的经营业绩。通用汽车公司是最典型的一例，该公司习惯由几个负责财务的老总制定公司主要经营计划、生产和市场营销决策，经理人员重视规模经济效益，却忽视了其他重要的效益因素。这些实例表明，企业文化的旗手既可能将企业引向成功，也可将企业带向衰败。显然，强力型企业文化既有积极进取、职能完善的内涵，也存在功能紊乱的内容。任何企业都希望能塑造促进企业经营业绩的优秀企业文化。建立优秀的企业文化首先要明确优秀企业文化的标准。

企业文化的有效性是优秀的企业文化的首要特征。优秀的企业文化绝非是从理论分析上得出的。对企业文化本身进行判断，就文化而论文化是永远得不出令人信服的结论的，必须把企业文化放在企业管理思想的发展过程中，历史地、发展地认识它，从企业文化对企业生存、发展、壮大的影响，即用企业文化所产生的企业效用来评价企业文化的优劣。企业文化的效用体现在多个层面：首先表现在该文化能否促使企业经营业绩的发展，这是优秀企业文化的根本特征；其次，判断企业文化的有效性需关注企业的经营理念、价值导向是否能在员工心中建立一种符合社会道德和伦理、促使社会文化进步的价值观；最后，还需评估企业文化带给消费者除物的满足外的精神和情感满足，是否为人类社会文化的进步增光添彩。

企业文化与企业环境的适应性是优秀的企业文化的基本特征。企业是在某种具体环境中生存的社会机体，企业价值观如不能与企业所处的具体环境相适应，在该价值观下形成的企业文化便无法促使企业经营业绩的增长。企业文化对环境的适应性表现为静态和动态两个方面：一方面企业文化要与现有的环境相适应。企业文化适应性越强，企业经营业绩成效越大。科特等人对企业文化与企业环境的适应性进行了实证研究，通过经济刊物的文献资料，收集了22家公司有关企业文化的所有资料，在考察这些公司之前，会晤了75位经验丰富、德高望重的行业经济分析家。这些分析家各自曾对这22家企业中的1家或2家进行过追踪考察，这些经济分析家们认为，在经营业绩优异的企业中，其企业文化与市场环境的适应程度通常比那些企业经营业绩不佳的公司的适应程度要高得多。另一方面，企业文化要对企业经营业绩持续保持正面影响，还应该随着企业环境的变化而相应调整，一成不变的企业文化在急剧变化的市场环境中将反作用于企业的经营业绩，甚至导致企业的衰败。施乐公司是美国企业界最富传奇色彩的一个典型事例，施乐公司从兴旺到衰败，非常明显地表现了不适应型的企业文化对其发展的阻碍。20世纪70年代，施乐公司企业文化开始不容各级员工有任何不同的想法，既不准有改革的思考，也不提倡发挥自身的领导才能，公司决策高度集中，经营中不允许任何失败，改革试点也遭到冷眼相待，这种不适应型企业文化几乎窒息了施乐公司，导致公司复印机销售收入在世界市场份额从1970年的82％降到41％（科特，1992）。无数案例表明，那些市场适应性强，促进改革的企业文化，将有利于促进企业的经营绩效，尤其是那些处于经营环境动荡不定地区的公司更是如此。戈登·唐纳森和杰伊·洛希对企业文化与企业环境适应性这一问题的研究结果进一步证实了企业文化要动态地适应企业环境的变化。有效的企业文化必须与企业环境保持动态适应。

综上所述，企业文化作为一种非正式的制度安排，对企业长期经营绩效有十分重要的作用，并成为决定企业中长期竞争成败的一个不容忽视的因素。我国中小企业由于总体发展历史不长，企业领导者的文化培育意识淡薄，能提出类似四通公司"尊重人"、"高境界、高效率、高效益"的经营理念，清华紫光公司"大事业的追求、大舞台的胸怀、大舰队的体制、大家庭的感受"发展模式的企业尚不多见。因此，我国中小企业更应根据企业自身的特点和环境的变迁，努力培养以创新和开拓为基本特征的适应型企业文化。唯有这样，中小企业才能在发展中形成较强的竞争能力和适应能力，才能在激烈竞争的市场环境中茁壮成长。

## 二　企业文化价值的多维关联分析

### （一）企业文化与人力资本

企业是由人通过契约形式结成的文化母体。文化母体是指参与市场交换和互动的众多的经济理性人在社会资源相对稀缺的前提下作出有效选择时，会自发性地形成一个由稳定的群体结构、固定的物理空间、共有的行为规范结成的人际网络系统，以降低经济活动中两难选择的交易费用，实现个人利益最大化的均衡。因此，企业形成过程本身展现了企业作为一个具有自我组织、自我催化、自我调节、自我整合的文化机制和功能的企业文化母体的形成过程。

企业文化作为一组人的行为规范的稳定预期和共同信念，成为企业的生命线。企业文化给企业注入了生命活力，给企业带来了有形的、无形的经济效益和社会效益，成为促进经营业绩和生产力增长的有效手段与精神动力。企业文化不仅能够解释企业内部的运行与管理状况，更为重要的是还能向企业家和管理者指明，坚持以人为本，建构一切为了人、依靠人、属于人、发展人和塑造人的企业战略发展模式，是企业一切活动的出发点和核心。企业以人为本战略发展模式的建构，表明企业生产力的增长，与投入的物质资源的多少没有线性关系。只要企业劳动者素质（包括先天所具有的和后天培育的）提高，人的思想方法和行为方式改变，生产技术实现创新，就能使原来没有效用或效用很低的资源产生效用或效用增大，形成新的价值。因此，企业生产力的提高就是人的素质的提高，提高的关键就是劳动者所具有的能力的开发和利用，即人力资本的启动问题。劳动者的人力资本是由许多要素构成的，由思想方法、行为方式、生活偏好、个性、意志、情趣、智力、体力、技能、体能、健康、婚姻等基本要素及其他要素等综合构成，各个要素之间的有机结合和协调互动，形成人的能力即人力资本。

人力资本的启动实际上就是人的激励。所谓"激励"，就是企业的目标跟劳动者的目标是否一致，企业外在的目标能否转化为劳动者的目标。如果劳动者把事情总是看成企业的事情而与他个人没有直接利害关系，企业内人与人之间没有共同信念，企业就失去了存在的前提和基础。企业人力资本的产权属于每一个劳动者，它与企业物质资本不同，具有难以测量的"特异性"和"不可分性"，因此，启动人力资本内含的人的能力问题，成为企业管理的难题。人力资本的"特异性"是指劳动者个人独自享有的技术专长和能力，他人不可替代；而人力资本的"不可分性"是指每个人的能力与自己对它的占有、支配、使用和处置的过程产生的同一性或整体性，任何外在的力量不能强迫所致。因此，企业采用什么样的体制和机制，针对每个能力性质和大小不一的人，去最大限度地激励或调动其个人的主动性、积极性和创造性，就成为企业生存与发展的关键问题。

长期以来，企业在解决内部劳动者的激励问题上煞费苦心。企业中高级管理层的努力不易观测，且对企业长期的运转、资产的质量、市场竞争中的定位和企业的利润有重要的影响，因此，对其实行期股权制，但这并没有解决企业发展中的短期利益行为和创新能力运用的瓶颈问题。因为高级管理层等待长期回报的机会成本和风险过大，激励不足。企业其他劳动者的激励则根据社会生产某种能力的平均成本通过市场价格进行交易，但实践结果证明，同样的教育培训费用并不能产出同样的能力，个人投入的资源与个人运用知识和技能的能力也没有线性关系。对劳动者的能力实行成本定价法，在很大程度上扼杀了不同的人的特异性能力的释放，给多少钱，干多少活，企业的创新力和核心竞争力严重残缺。

人类已经进入 21 世纪的知识经济时代，市场竞争的激烈程度直接反映在企业之间人力素质的较量上。怎样才能更好地调动人的知识和技能的储量，怎样才能使人的进取心、人对风险的选择、人的应用技术能力和人的学习创新能力与企业目标吻合？用企业文化启动人力资本，是知识经济时代市场经济对企业生存与发展的客观要求。

当代市场经济发展的一个重要趋势是经济文化的一体化发展。市场中有形商品与无形商品的文化含量、文化附加值越来越高，文化因素在经济发展中的作用日益显著。降低"硬投入"（资源、能源、财力等有形投入），提高"软投入"（科技、教育、人力的无形投入），已成为现代社会竞争发展、寻求社会福利最大化的重要路径。社会经济增长比过去任何时代都更依赖知识的生产、传播和利用。对此，企业必须运用精神文化建设凝聚人才，形成对人才进取心的持久激励，减少人才的短期利益行为给企业带来的长期风险。精神文化建设的重点是企业精神的提炼和企业家境界的砺练。需要注意的是，这里所说的"企业家"是指任何具有创新意识和能力的企业员工，而不是单指企业的高层管理者。

企业精神是现代社会意识与企业个性相结合的一种群体意识，每个企业都有各具特色的企业精神，它往往以简洁而富有哲理的语言形式加以概括，使其在企业全体或大多数员工中产生共鸣，激发员工的积极性，增强企业的活力。企业精神作为企业内部员工群体心理定式的主导意识，是企业经营宗旨、价值准则、管理信条的集中体现。

企业家境界的培育包括紧密联系的三个方面：一是人心境界。企业每个员工都以主人翁的姿态高度自觉地为实现公司目标和人生的理想而忘我奋斗，这是企业最佳的人心境界。二是经营境界，以企业智力经营型为企业的最高经营境界。企业智力经营是以智商、情商和财商来综合开发利用资源，实现企业知识资本的增值，以为社会创造财富。智力经营型的企业家，以创造性、艺术性和发散性思维为主要思维方式，追求永无止境的发明、发现与创新，企业管理模式呈现以人为本的柔性管理、战略管理和文化管理。三是精神境界。立足于社会利益至高无上的认知，企业始终把民族利益、国家利益和消费者的根本利益放在首位，把企业的兴衰沉浮与国家的命运和社会公众的利益紧紧联系起来。

企业除了必须依靠精神文化启动人力资本外，还应当重视运用制度文化环境来培育人才，形成对人才创新精神和创新效用的全方位激励。制度文化主要强调企业管理文化和伦理文化。

企业管理文化建设包括四层内涵：①强调人本主义的领导体制与管理模式。企业应扬弃传统领导体制管理模式中重物轻人、手段强硬、缺乏弹性的刚性管理，建构以柔性管理为特征的情感管理、民主管理、自主管理、人才管理、文化管理的人本管理领导体制和模式。②强调企业组织的柔性化。企业应由集权向分权过渡，由金字塔型组织向橄榄球型组织过渡，组织机构采用弹性权变设置。③强调战略决策的柔性化。企业必须增强战略的灵活性，实行弹性预算，推行滚动计划法，采用"量体裁衣"的生产线生产适应市场变化的产品，采取互动的市场营销组合扩大市场占有份额，吸引消费者参与生产全过程。④强调运用新技术的管理。企业要运用信息技术建构企业的信息管理系统，使管理更为灵敏、快捷，促进企业信息交流模式由垂直型转向扁平型。

企业伦理文化建设包括三层内涵：①建构具有个性特色的企业经济伦理效

应场，健全社会公众对企业经济行为的伦理认可和评价体系。②选择企业发展的伦理标尺或伦理目标，确定企业经济运行与管理模式中的法律规范和道德素质的价值取向。③形成企业在社会经济交往中的伦理架构以及企业伦理的实现机制和行为准则，转换企业人才观念，健全人才管理体制和人才利用机制，使企业拥有更大的人为规模优势，获得可持续发展的空间。

（二）企业文化与经营战略

企业文化是企业战略的基石。美国著名的战略管理专家威廉·R. 金以及戴维·I. 克里兰指出："多年来对各种商业组织和公共机构制定和实施长期规划过程的咨询经历中，得出了一项已为经验所证明的结论：一个组织的长期规划成功与否，同用于制定规划的具体技术关系不大，而更多的是取决于使规划的制定得以完成的整个文化传统。"可见，积极而健康的企业文化对于企业战略是非常重要的：首先，文化为战略的制定提供成功的动力。企业文化对企业战略的制定有着重大的作用。在越来越激烈的市场竞争中，不良的、一成不变的企业文化对企业发展的危害是致命的，企业战略应建立在顺应现代市场经济发展和企业自身要求的企业文化基础上。企业文化决定着企业战略，乃至企业的兴衰成败。海尔就是文化与战略良好结合的典范，张瑞敏曾经说过："海尔过去的成功是观念和思维方式的成功。企业发展的灵魂是企业文化，而企业文化最核心的内容应该是价值观。"其次，文化是战略实施的关键。企业战略制定以后，就需要全体成员积极有效地贯彻实施，正是企业文化具有的导向、约束、凝聚、激励及辐射等作用，激发了职工的热情，统一了企业成员的意志及欲望，为实现企业战略目标而努力奋斗。最后，文化是战略控制的"软性黏合剂"。战略控制可以通过规章制度、计划要求等"刚性连接件"实现，但不如共同的价值观、信念、行为规范等这些"软性黏合剂"更为有效。价值观、信念及行为规范可以形成人们的自觉行动，达到自我控制和自我协调。拥有共同价值观的企业员工会自动调整他们个人的目标和行为，使之符合企业的目标和行为。如果文化在企业中具有这样的功能，那么，员工主动的自我控制、员工间的非正式监督与组织准则结合起来，员工会比在正式制度下更愿意服从，控制其行为就更为有效。文化对员工的控制是基于员工对企业的依赖，而不是依靠激励或监督。例如，北京某大学的学生利用暑假到麦当劳勤工俭学，首先学习的是麦当劳"质量超群、服务优良、清洁卫生、货真价实"的十六字准则，所以，即使是做清洁工作，也总是处于一种运动状态，而不是等地面脏了才去擦，这已经成了一种自觉的行动，一旦停下来就会感到内疚、不安、自责，就会自动修正自己的行为。这就是企业文化对员工自我控制的软约束作用。

文化是维持战略优势的条件。企业文化可以维持战略优势，但是这种文化必须是特有而且不容易被模仿的。一个优秀的企业文化往往体现了这个企业的历史积累，其他企业是很难模仿的。如果一个企业的文化与其他企业的文化是相同或相似的话，那么，这种文化带给企业的战略优势很快就会消失，企业就不可能再留有这种战略优势。例如，美国的 IBM 公司管理的深入性和企业文化得到了广泛的称赞，一直是其他企业模仿的对象，而到了 20 世纪 90 年代末，由于其惯性文化的影响，使企业没有及时发现产品变化的方向，失去了行业领导地位，让竞争对手（如微软公司等）在市场份额和网络外部性的基础上夺去了优势地位。

文化与战略应适应和协调。随着经营的发展，企业组织规模扩大，企业会增加新的成员。这些新成员会给企业带来新的文化。此外，在企业中，一个新的战略也要求原有的文化配合与协调。企业文化作为一种意识形态，具有较强的历史延续性和变迁的迟缓性，企业组织中原有的文化还具有滞后性。文化观念的转变不像更新设备、转换产品那样容易，很难马上对新战略作出反应。因此，企业文化既可以成为实施战略的动力，也可能成为阻力。许多成功的企业都十分注重维护和完善企业文化体系中适应市场环境的内涵，即注重创新和尊重企业要素的理念，并设法利用企业的规章制度来保持和强化企业文化适应性的观念。也有一些公司在发展初期依靠某些方法或手段获得了在某个市场或某些市场的竞争优势，如施乐公司的特殊专利产品、通用汽车公司垄断规模经济效应、西尔斯公司的品牌效应等，通过这些方式或手段的应用，使企业在相当长的时间内发展迅速、成绩斐然、利润丰厚。但是，随着公司规模的扩大，市场竞争的日益激烈，原有的优势因素慢慢失去或减弱，长期处于缺乏竞争状态下的企业文化体系中忽视创新与适应性的弱点暴露出来，其结果是企业力量雄厚但缺乏适用性的"病态"文化应运而生。

《哈佛企管评论》2000 年 12 月号指出：1999 年全球企业并购的金额比 1998 年增长了三分之一，达到 3.3 万亿美元，但是并购企业成功的却少之又少。美国《经济学人》杂志报道说，企业并购比起美国好莱坞明星婚姻的失败率还要高。究其原因，最关键的问题就是文化的融合，即文化与战略的适应与协调问题。在战略管理过程中，企业内部的新旧文化必须相互适应、相互协调，为战略获得成功提供保证。而在中小型企业中，新旧两种文化要随着企业的发展逐渐演变成一种文化。

（三）企业文化与制度创新

企业文化，特别是企业的核心价值，是企业进行制度创新时必须加以尊重的重要遗产。IBM 公司前总裁小托马斯·华森 1963 年在《企业及其信念》中写到："我相信一家公司成败之间的真正的差别，经常可以归因于公司激发员工多少伟大热情和才能，在帮这些人找到彼此共同的宗旨方面，公司做了什么……公司在经历代代相传期间发生许多变化时，如何维系这种共同的宗旨和方向感……我认为答案在于我们称之为信念的力量，以及这些信念对员工的吸引力。我坚决相信任何组织想继续生存和获致成功，一定要有健全的信念，作为所有政策和行动的前提。其次，我相信企业成功最重要的唯一因素，是忠实地遵循这些信念……信念必须始终放在政策、做法和目标之前，如果后面这些东西似乎违反根本信念，就必须改变。""一个企业组织如果要应付世事不断变化的挑战，除了'基本的'信念之外，企业在前进时，必须准备改变本身的一切……组织中唯一神圣不可侵犯的东西应该是它营业的基本哲学。"企业经营的基本哲学、核心价值和信念是一切企业制度设计和创新的前提预设，背离企业核心价值和信念的各种制度创新和战略变革都将使企业"蜕化变质"，丧失其进一步发展的凝聚力和向心力，最终导致企业可持续发展的种种挫折和危机。

20 世纪 80 年代，IBM 公司曾以白衬衫、蓝西服以及特定的政策、特定的程序、组织阶层、大型计算机等作为公司值得自豪的企业文化形象和制度创新成果，但很快在面对一系列的市场冲击面前，该公司管理层意识到，公司在追求这些形式化的文化和制度创新的同时，轻视了真正对公司可持续发展有意义的三项基本价值或信念：给予每个员工充分的考虑、花很多的时间使客户满意、坚持到底把事情做好。

IBM 公司的经验和教训表明，企业在进行制度创新时，必须首先把企业的核心价值和理念与非核心的特定做法区别开来，以便保存和保护企业的核心价值和理念，吸取真正有利于企业长远发展的经验和做法，大胆地改变种种不利于企业战略变革的各种表象行为和形式做法，完成真正有实效的企业制度创新。如果企业不明白也不尊重自己的核心价值和信念，只是一味地模仿别的企业的制度样式和成功经验，很可能会使企业在制度创新方面陷入"邯郸学步"的可笑境地，新引进的企业制度不仅不能发挥有效的作用，反而会使企业过去行之有效的各种经验和制度丢失遗忘。

企业的核心价值和理念，是进行企业制度设计和创新的底线和前提基础。因此，最重要的是不要把企业的核心价值和理念与战略、战术、作业方式、具体政策或其他非核心的做法混为一谈。随着企业经验环境的变化和自身的不断壮大，企业的文化标准必须改变，经营战略和策略必须变革，产品线和生产方式必须改变，经营目标必须加以调整，相应的管理政策和组织结构也必须改变，包括奖励制度在内的许多企业制度也必须进行创新，但企业的核心价值和理念却是唯一不能改变的东西。这是众多基业常青的公司给予我们的最令人深思的启示，也是我国企业在当前的企业制度创新中最值得吸取的经验。

# 第三节　中小企业文化生成的社会文化土壤

企业文化作为社会文化的一种亚文化群落，企业文化的生成和发展无不受到民族传统文化和所在地域文化等文化因子的影响。值得关注的是，受自身实力和经营范围的限制，许多中小企业的经营活动都集中在特定的地域范围内，特别是那些具有地域特色的集体企业和民营中小企业，它们或依赖于地方资源，或员工主要来自于本土，或产品销售主要集中在本区域，这就决定了中小企业的生产经营活动带有典型的地方特色，产品和品牌富有本土文化的特色，员工的内心也深深地保留着地域文化的印记。可见，中小企业是根植于地域文化的微观组织，地域文化对中小企业及其文化的形成和发展具有更为直接的影响。

## 一　民族传统文化

民族传统文化，是长期生活在同一地域，有共同的语言、共同生活习惯的人群所共有的价值观、信念和道德准则、习惯、风俗的总和。民族传统文化是企业文化赖以生存的土壤。继承民族传统文化中的优秀成分，并与现代经营管理和先进技术相融合，形成独特的企业文化，这是当今世界成功企业的秘诀。

在国际大环境中搜索，国外知名企业的文化形成无不体现着民族与地域等环境因素的作用。邻邦日本与我国一衣带水，具有相同的文化基因，经济文化交流源远流长，日本的"文化革新"就是以儒家文化为意识形态的全面改革。所以，"仁、义、礼、智、信"五德修养等，成为他们实行"以人为中心"的人本管理思想的基础和以忠诚为核心的价值体系。儒家文化的"忠"、"孝"成为日本人效忠国家、忠于企业的最高美德的伦理基础；儒家文化的"天人合一"、"以和为贵"等理念成为日本企业"爱社教育"、"集团意识"、"命运同体"的立身之本。加之，日本在明治维新时期的改革，逐渐吸收了现代西方文化，形成了"混血儿"式的人文地域环境。正是如此，才塑造了诸如丰田公司的"以产业成果报效国家"、新日本制铁公司的"钢铁立国"、松下公司"一手擎玉，一手持剑"的经营管理思想，这些企业文化中核心元素，无不体现了日本民族"大和魂"的精神，成为日本企业创造一个又一个经济奇迹的源泉。正如日本著名经济学家森岛通夫在追述日本成功的历史时说的，"和魂洋才"（日本精神与西方技术）是明治维新后日本迅速崛起的根本原因。

同样，创造经济奇迹的美国企业也深受其文化的影响。美国是一个年轻的移民国家，同时又深受"两河流域"文明的熏陶，逐步形成如下文化特色：一是尊重个性，创新冒险。杰出的美国公司无不鼓励创新，倡导冒险，容忍失败，以个人主义和英雄主义为基础。美国的微软、贝尔、波音、杜邦、3M 等公司分别在各自行业位居世界之首，体现了快速创新的魅力。二是尊重人才，挑战极限。通用电气公司投入 3.4 亿美元用于对员工进行"六西格玛"质量管理模式的培训计划；微软公司建立"招募人才快速反应小组"，到处挖掘顶尖人才。三是顾客至上，服务求胜。如沃尔玛的"日落原则，立即服务"；麦当劳的"品质第一，质量统一"；戴尔公司的便捷服务；星巴克咖啡的体验消费等都成为企业的核心优势和能力。

中国经济要振兴，实行对外开放，虚心学习外国的经验是必要的。但当年洋务派想搞"富国强兵"而并未成功的历史事实早已从反面证明，中国经济的可持续发展、中国企业竞争力的增强，只有扎根于中国传统文化的土壤中，造就优秀的"与时俱进"的民族文化和企业文化，方能实现。当然，人类是不断进步的，文化是不断发展的，对中国传统文化要采取理性分析的态度，既不能肯定一切，也不能否定一切，正确的态度是分析改造，为我所用。

在中国的传统文化中，保守的、落后的东西，如宗法观念、家长制、三纲五常等，是我们理应抛弃的。但值得注意的是，亚洲经济发展较快的国家和地区，比如日本和亚洲"四小龙"（韩国、新加坡和中国香港、台湾地区）等都是深受儒家传统文化影响深远的地方。出生在台湾的日籍学者谢世辉曾指出，东亚国家的经济崛起，其根基在于尊重教育，尊重富于伦理感的儒教文化。韩国韩德药品公司的总经理金信权也曾撰文说："韩国的儒教传统最多，许多事情都是根据儒教道德价值标准而做的。"他认为韩国经营者能够克制越轨行为的经营，使职工热爱公司，维持劳资间缓和的关系，都与这些传统的价值标准有关。参加台湾经济政策设计的费景汉博士，在分析了亚洲"四小龙"经济成功的原因之后也说："中国传统文化价值不但不足以构成现代化经济发展的阻力，而且非常适合现代化经济发展的要求。"

中国有优良的传统文化和美德，关键是如何继承、发扬、改造并利用。正如森岛通夫所说："一个国家如果无视自己的过去，就不可能进步。"在继承、发扬我国优良传统方面，孙中山先生可堪为榜样，他提倡"用古人而不被古人所惑，役古人而不被古人所奴"。中国传统儒家文化重视人，讲伦理道德，是典型的人伦文化，其中蕴含着"天时不如地利，地利不如人和"的"人和"思想，"诚信为本"的信义思想，"长幼有序，朋友有信"的伦理关系，"天下兴亡，匹夫有责"的历史责任感等。中国传统文化也重视革新和竞争，《大学》里就讲："苟日新，日日新，又日新。"中国历史上也涌现出了大批的革新家，而科举制则堪称是中国传统社会人才选拔的有效竞争制度。

中华民族的传统文化博大精深，历史悠久、内容丰富，是企业文化建设的重要思想宝藏，我国企业文化的建设应立足于中华民族的传统文化，把世界上先进的科学技术、现代化的管理经验与民族优秀的传统文化因子融合起来，以形成具有鲜明特色的"中国式管理"。在这一方面，长虹以"天人合一"为基本哲学蕴涵的企业文化建设为我们提供了一些有益的启发。长虹的成功不仅仅是经济的成功，更是企业文化的成功。改革开放以后，特别是从20世纪90年代起，长虹把培育和建设企业文化提上了议事日程，通过全体员工的不懈努力，逐步建成了长虹市场型企业文化，对长虹的发展和壮大起到了很好的促进作用。

长虹不占天时、地利之优，本身又是由国营军工企业转制而来，军工企业的传统习惯、内地经济文化的惯性运行、员工的思想观念都与市场经济要求不相适应。面对方方面面的利益关系和传统文化背景，长虹除了按照国际惯例管理企业和按商品经济规律办事外，很重要的一条就是积极开展企业文化建设，不断丰富企业文化建设内容，坚持"以人为中心"的管理思想，尊重人的价值，发挥人的潜力，在继续发扬军工企业优良传统的基础上，引进外国的先进科学技术，培植具有长虹特色的管理经验，用长虹精神教育感染广大员工，激发员工敬业、乐业、报效企业的责任感和创业精神，依靠全员的力量和智慧，推动企业快速健康地向前发展。学者们在研究长虹的企业文化时发现，立足于传统文化哲学，高度地概括出"天人合一"是长虹企业文化的基因。"天人合一"是中国传统哲学的基本思想之一,长虹在企业文化中不仅提出了"以人为本"的管理思想,而且其发展观和发展战略、品牌塑造等方面,无不体现着"以人为本"的管理哲学。

长虹企业文化的总体目标,体现了"以人为本"的这一基本原则:"以决胜市场为条件,以振兴民族电子工业为目标,高举产业报国的旗帜,用长虹精神塑造员工,靠员工生产精品,用精品打出名牌,拿名牌参与竞争;面对国际竞争,以优异的业绩来报效祖国。"坚持创业育人,建设精干高效的领导班子和能打硬仗的员工队伍,成为长虹企业文化建设的中心工作。

长虹"以人为本"的思想,具体体现在以"产业报国鼓舞人"、"长虹精神塑造人"、"规章制度规范人"、"文明环境改造人"、"文化活动感染人"、"典型示范教育人"、"柔性引导激励人"等几个方面,包含于政治文化、精神文化、主体文化、管理文化、环境文化、传播文化之中。在"以人为本"管理思想的基础上,逐步形成"三大理论":一是"太极拳理论",刚柔并举、进退有度。长虹的一项管理制度,先要在领导中酝酿成熟才实施;对员工先有热情教育、柔情引导,再进行刚性管理;推行现代管理,从严格劳动纪律等基础性工作做起,注意宽严适度。二是"投石子理论",不断使池水激起浪花,鱼儿才有氧。企业只有经常向员工灌输新的思想观念,提出新的目标任务,保持积极的危机感,才会有生机与活力。三是"外圆内方理论",对外游刃有余、对内铁面无私。企业作为社会经济细胞,必须发生广泛联系,只有尽量减少棱角碰撞、矛盾摩擦,环境才会宽松;企业制度和工作原则又是不容违反的,任何人都不能例外。

荀子的哲学观认为,"天道有常",人们"应之以治则吉,应之以乱则凶"。他所指的"天",其实就是自然界,或者进一步拓展为人类社会的规律。人在自然界的活动中,首先要顺应自然,遵循社会发展的规律。把这种观点引申开来,在市场经济为主体的今天,市场和商品都有其特殊的规律,就是"有常道"的"天"。企业要求生存,求发展,必须顺应它,"应之以治"。长虹在发展过程中,始终遵循市场规律,实施了一系列的战略,形成了长虹独特的决策文化,体现了"天人合一"的哲学思想蕴涵。在进入市场经济初期,长虹首先是"顺天",顺应当时的市场的客观状况,根据企业的经济实力,制定了"先王蜀,后王天下"的"根据地战略"、"集中优势发展拳头产品"的"优生优育战略"等。同时,长虹将"精益求精"作为立厂之本,提出了"精品战略"工程,强调要像松下、索尼那样"重视做工,出精品",通过不断的技术创新,持续提高产品质量，赢得消费者信赖，建立起对长虹的品牌偏爱和品牌忠诚，提高产品的竞争力，最终实现创世界名牌的战略目标。

长虹从一个亏损的内地军工企业成长为现在的民营企业集团，走出了中国，走向了世界，这与其注重以"天人合一"为哲理的文化建设密不可分。而讲求"天时、地利"的成长环境、倡导"人和"的管理模式、达到"天、地、人"的协调统一，本来就是中国传统文化精神中"天人合一"思想的拓展和提升。长虹在经营管理和企业文化发展中立足于我国传统文化，汲取了"天人合一"的思想内核，从而使长虹获得了可持续发展的哲理之源。

## 二　地域文化

中华文明在曙光初露时，就呈现出了多样化的地域特点。司马迁在《史记·货殖列传》中，就曾以风俗的异同与中心城市的有无为依据，将中国划分为四大经济区和 18 个小区。班固在《汉书·地理志》中，更是依据风俗的异同将中国划分为秦地、魏地、周地、陈地、赵地、燕地、齐地、鲁地、宋地、卫地、楚地、吴地、粤地等 13 个风俗区。我们今天所称的齐鲁文化、中州文化、燕赵文化、三晋文化、三秦文化、关东文化、陇右文化、西域文化、荆楚文化、吴越文化、两淮文化、巴蜀文化、岭南文化、滇文化等地域文化形态，大多数是在秦汉风俗区域的基础上演化而来的。中华文明的发展历史业已证明，不同地域的文化以其自身的个性风格和特殊内容，为中华主流文化的生成和发展提供着丰富的能量与养料；而中华主流文化则对地域文化具有导向、凝聚和规范作用，促进着地域文化的融合扩展。地域文化与主流文化的这种双向互动与相辅相成，是中华文化及其民族精神多元互补、综合创新的本质和内驱力。

企业文化作为一种微观文化现象，其生成必然受到社会地域文化因素的影响，中小企业更是如此。企业文化由于各自独特的发展历史、领导人个性、所在地域和行业特性，形成了有别于其他企业的强烈的文化特征。所以，不同的地域、不同民族所创造的文化传统、文化观念，影响着企业的发展，同时也是塑造企业文化的重要因素，对企业文化的形成和发展具有关键性影响。"世界上没有完全相同的两片树叶"，这决定了企业文化的个体特色性和不可复制性。海尔、联想和 TCL 这三个企业的文化虽然具有诸多的共性，但由于它们处于不同地域、具有不同的发展历史和领导风格，这就形成它们各自强烈的文化特征：海尔文化刚劲浑厚、势不可当；联想文化刚柔并济、源远流长；而 TCL 文化短小精悍、快速敏捷。

在我国著名企业中，其文化形成体现浓重地域文化环境特色的并不在少数。海尔的文化创新、联想的管理奇迹、同仁堂的诚信为魂，都成为优秀的典范。海尔地处胶东半岛，位于中国改革开放的滨江城市——青岛，又濒临黄海，所以造就了海尔文化的"刚劲浑厚、势不可当"，海尔的博大，"海尔是海的雄伟"，如临深渊、如履薄冰的危机意识，"先难后易"、"三位一体"、"三融一创"的国际化开发战略和"砸冰箱否定自我"的勇气及"海尔——中国制造"的民族情怀。此外，海尔文化的突出特点在于其执行力强，其高层决策基本可以顺利地落实到基层。同时海尔特别强调工作的效率，提倡"迅速反应、马上行动"和"日事日毕、日清日高"的作风，强调对事务及时进行处理，这种工作作风在中国企业中十分突出。海尔的这种独特管理方式和工作作风与齐鲁文化有着千丝万缕的联系，海尔发源齐鲁之地，深受儒家文化影响，青岛在近代又经历过高度殖民统治，接受过产业工人绝对服从命令的压迫式管理，所以，尽管海尔的管理方式在人性的角度过于苛刻，但却还是取得了骄人的业绩。而同样在国内有着较大影响的知名企业联想，地处素有"幽州之地，左环沧海，右拥太行，北枕居庸，南襟河济，诚天府之国"称誉的历史名城——北京，因而深受皇城根文化影响，体现出"刚柔并济、源远流长"的文化风格，故而成就了联想富有哲理的"柳氏哲学"、内涵丰富的"管理三要素"、形象深刻的"鸡蛋论"和简单实用的"入模子"训练。正是源于海尔和联想位于不同的地域环境——开放的青岛与古韵的北京，基于不同地域的文化特色，才逐步形成了上述各具特色、同样优秀然而反差极大的企业文化。

作为一家专业从事燃气具研发制造的民营企业，江苏光芒燃具公司的成功和辉煌，也与其创业以来一直注重塑造并倡导优秀的企业文化息息相关。光芒公司地处长江之滨，紧依长江，深受长江文明的影响。因此，光芒的历代创业者都有一种与生俱来的思维模式——水性思维，光芒燃具在业内素以"低调办实事，高标做产业"而著称，经营厨卫产业三十年，参与行业标准制定，技术水平引领行业发展，产生了多个"中国第一"。在企业宣传上，光芒从不大肆渲染，就像水一样低姿态、高境界、以柔克刚。同样，光芒在人才战略上，广纳贤才，不拘一格，"空降兵"与内部培养协调共进、相互提高，突出了"既造产品，又造人才"的理念，就像水一样具有容聚性，"不弃细流，而形成大海"。光芒的理念屡屡获奖，在人文科学领域成果显著，创造了文化领域的

"水式无缝文化"，其"三零理念"——"技术与市场零距离，产品质量零缺陷，顾客满意零烦忧"，就是"水式无缝文化"的典型体现。"三零"的含义表现出水至柔而又至坚，与市场、品质、顾客达到无缝状态，从而保持可持续发展的核心优势。在市场开拓上，光芒的销售渠道有百货、购物中心、大卖场、专卖、代理、直销等多种方式，因地制宜，区别开发，就像水"无形，因地因器而成形"一样，取得了较大的成功。"仁者乐山，智者乐水"，"仁者无敌，智者不惑"，"光芒人，乐水而不惑"。

深厚的地域文化积淀，孕育了丰富的企业文化底蕴。成熟发展的海尔、联想等大企业，有成熟的文化；成长进步的光芒等中小企业，有长大的文化。我们相信，在地域人文环境的陶冶、塑造下，更多的企业必将孕育出各具特色的企业文化，并将引领着企业走向更为辉煌的明天。


## 三　时代商业价值

### （一）市场观念

市场是企业发展永恒的主题。市场观念是市场经济条件下企业及其领导者应具备的最根本的观念。市场是企业生存与发展的舞台，市场的得失决定着企业的兴衰。现代企业不仅要强调一切以市场为导向，而且更要考虑有形市场与无形市场、现实市场与潜在市场的冲击、拓展。

有形市场与无形市场。有形市场是指人们相互交换商品或劳务的场所，亦指具有现实需求、有货币支付能力、有购买欲望的个人或组织的总和。现代化企业应树立正确的市场观念，即要从消费者的利益出发，开发生产产品，立足于顾客至上、质量至上、服务至上，追求求利的合理化。无形市场是市场观中应当引起高度重视的另一方面，它是指企业的技术专利、商标品牌、企业信誉和企业形象的竞争。国外企业的无形价值一般占企业资产的50％以上，而在市场尚未发育成熟的中国，绝大多数企业忽视企业无形资产经营的无形市场竞争。

现实市场与潜在市场。企业追求市场份额的最大化，应注意现实市场与潜在市场的共同开拓。现实市场即现存的市场。对于现实市场的竞争目前已引起了人们的普遍重视，但市场的竞争是无止境的，随着现实市场竞争的日趋激烈，企业的追求不能不扩大到潜在市场。潜在市场的关键是根据市场的消费趋势，以战略眼光不断进行产品的开发，刺激消费，引导消费，这样才能使自己的产品不断占领新市场，创造出新的消费者。

（二）应变理念

企业是社会的经济细胞，其经营活动时刻受到外部环境的影响。企业根据外部环境的变化迅速地调整自己的经营活动，称之为应变理念。在新的经济环境中，应变理念要求企业必须做到：一是随着技术的发展快速应变。就是指企业随时都要关注与本行业相关的科技发展，而且根据这种发展状况来调整自己的产品技术，或者调整自己的生产经营方向。二是随市场变化快速应变。市场变化是全方位的，尤其在我国入世之后，更应当把关注的眼光从国内市场延伸到国际市场，因为国际市场的变化也会影响到企业的兴衰。三是随着观念变化快速应变。社会观念、消费主体的观念，近 20 年已发生巨大变化，而且还在不断变化。人们观念的变化是无止境的。因而企业的快速应变也是无止境的。四是随着竞争对手的变化快速应变。企业的竞争对手经常会发生变化，这就要求企业要关注自己的竞争对手，随着竞争对手的变化而调整经营策略。五是随着产业变化快速应变。在市场经济条件下，不是企业决定了产业，而是产业决定了企业，因而企业必须要适应产业的快速变化，使自己能够跟上产业的发展变化。六是随着宏观经济变化快速应变。企业的经营活动时刻受到国家宏观经济调整的影响，因而任何企业都必须快速地适应宏观经济的变化，企业在发展中要随时关注国家的宏观经济调整，尤其是在国际化进程加快的环境下，要按照国内及国际的宏观经济变化而调整自己。

（三）双赢理念

理性化的双赢理念，就是指企业在经营活动中不仅要考虑自己的收益问题，即赢利问题，同时还要考虑客户的赢利问题，既主动地考虑自己的利益，也主动地考虑客户的利益。

当今企业在追求自身目标的过程中，已经不再过分强调自身效益的最大化，同时要考虑客户的主体地位。企业只有把对自身利益的追求和对客户主体地位的关照有效地结合起来，才能持续快速地发展。因此，双赢理念是现代企业长远利益的根本所在。企业的发展有赖于企业客户的扩大和客户利益的实现，只有实现企业与其客户的双赢，才能推动企业持续发展，也就是说，客户的发展是企业赢利的源泉。

双赢理念是推动企业自身提升的动力。在双赢理念指引下，企业赢利必须要靠挖掘自己内部潜力来实现，通过增强自身的竞争力来实现自己的利益。例如降低成本、技术革新、提高效率等。因此，双赢理念既是推动企业提升活力的强大动力，也是企业可持续发展的基本保证。

双赢理念是推动企业利益与消费者主体地位有效结合的重要保证。特别是在相对过剩的经济环境下，企业只有更多地考虑消费主体利益，才能实现企业利益，拓展生存与发展的空间。

（四）竞合理念

"竞合"就是"合作竞争"或"竞争合作"，该理念认为，市场经济是竞争经济，也是合作经济或协作经济。竞争与合作是相联系而存在的。企业与企业之间的关系是选择竞争还是选择合作是以能否满足各自利益来权衡的。如果相斥，一方需要的满足会阻碍他方需要的满足，就会出现竞争，竞争导致企业间关系的紧张。如果利益一致，各方需要得到满足，企业间就会出现合作，合作带来企业关系的融洽。市场经济既是一种竞争经济，又是一种互利互惠的经济，企业的根本利益是一致的，在经济生活中企业间存在大量的利益交叉，所以企业间的关系就应是既竞争又合作。关于这一点，被誉为"经营大师"的鲁冠球深有体会，他指出：企业经营管理人员应注意这样一个策略，就是"要在自己胜利的同时，让别人受益"。企业与企业之间既存在相互制约的利益冲突，又是互利互惠、密切协作的利益共同体。单纯强调竞争而忽视在一定条件下的合作，企业非但不能保证长久的发展，而且有可能因为生存条件的破坏而导致失败，因此，在新的经济环境中，企业间既是竞争对手又是合作伙伴。

（五）比较优势理念

比较优势理念，是指企业在经营活动中，强调和发挥自身的比较优势而获得竞争力的理念。也就是说，企业必须在经营活动中突出自身特点，发挥自身优势。比较优势是企业竞争力的基础。企业的比较优势主要包括六个方面的内容：体制的比较优势、管理的比较优势、经营的比较优势、技术的比较优势、要素的比较优势和产品的比较优势。而所有优势都要通过产品和服务的优势反映出来，产品优势是最终的优势。产品优势可以细分为产品质量的比较优势、产品效用的比较优势、产品价格的比较优势、产品外观的比较优势等。因而，企业可以从这些方面去发现和造就自己的比较优势。强调比较优势，要求企业避免一味地追求做大、做强、做全，而是要扬长避短，以优势取胜。

（六）社会责任观念

企业的社会责任实际上就是对于企业有密切关系的利益相关者承担责任，尽可能满足各种利益相关者的愿望和要求。企业应树立正确的企业责任观，把社会责任的履行放在突出的位置，把自己当做一个社会的"企业公民"，明确其社会责任范围，规范自身行为，把履行社会责任作为提高核心竞争力的重要内容。

一般来说，企业应当承担的社会责任主要有：（1）对投资者的社会责任。这是企业最基本的社会职责，就是为投资者提供较高的利润，对企业的资产进行保值和增值，以确保投资者在企业中的利益。（2）对消费者的社会责任。就是要对消费者履行在产品质量或服务质量方面的承诺，保证提供优质产品和满意的服务。（3）对企业职工的社会责任。这种社会责任要求企业在职工的安全、福利、教育等方面承担义务。（4）对债权人的社会责任。就是要按照债务合同的要求，按期如数地还本付息，为债权人提供借贷安全。（5）对政府的社会责任。即要求企业按照政府有关法律、政策的规定照章纳税，承担政府规定的其他责任义务，并接受政府的依法干预和监督，不得逃税、偷税、漏税和非法避税。（6）对社会的社会责任。主要是指企业对社会慈善事业、社会公益事业以及在社会、环境可持续发展方面所应承担的责任。

# 第四节　我国中小企业文化的形态

企业文化作为社会的亚文化发挥着导向、协调、凝聚、激励、约束和辐射等项功能，这些功能最终演化为企业文化的驱动力。如果有意识地加以引导与培育，将会对企业的成长起到良性的驱策作用。每一个企业在发展过程中，不论规模与性质，都必有其独特的文化雏形，这些雏形刚开始来自企业家的某种直觉，是用来指导和约束员工的成文或不成文的条例和规范，并有意识或无意识地对企业员工进行灌输，使之融入企业管理行为中，自觉自愿地遵守所形成的约束激励机制。久而久之，就逐渐形成了企业自己独特的价值观、道德观，从而形成一种企业凝聚力，使之推动企业高速发展，达到企业文化之真正内涵。

企业文化是企业发展的基础，企业文化并不是大企业的专利，中小企业在发展过程中也应注重自身的文化建设。然而，目前我国大多数中小企业员工还没有与企业形成共有的价值观念和行为准则，企业也未形成与战略、管理相适应的企业文化；有的中小企业管理的家长式作风严重，企业没有规范系统的管理模式，员工盲目地把家族化企业的个性当成了当然的企业文化，错误理解了企业文化的含义，最终因为这种不适应企业发展的"个性"非但没能提升企业的竞争力，还失去了大好的发展机会。

## 一　中小企业文化的现实形态

### （一）"家族型"企业文化

"家族型"企业文化，是指以血缘、地缘、亲缘关系为纽带而形成的以家庭为核心的社会意识形态，以及与之相适应的制度和组织机构等，它属于一种原始的群体文化，根源于中国古老的宗族制度。我国国民历来重视血缘关系，"血浓于水"似乎成了人们的行为准则。唯亲是举，这种封闭的观念已溶入了民族的血液，成为民族传统文化和地域封闭文化的重要元素，为家族式企业文化的产生提供了土壤。

改革开放之初，我国个体经济作为最早出现的民营经济形式，显示出了结构简单灵活、决策迅速的优势，这往往得益于其家庭式的分工合作——家庭的各个成员各司其职，使得家族企业的管理成本较低，而且家族成员之间相互信任，无须相互监督。但是，随着企业规模的不断扩大，这些作坊式的经济实体扩张成为公司，家族中成员担任了企业的所有重要职位，绝对地控制着企业的所有权和经营权，以家族的利益为首任，家族内部成员联系紧密，并且信奉"非我族类，其心必异"的教条，这就必然对企业内非家族成员表现出明显的排斥性。在这类企业中，看重血缘关系的理念在企业盛行，血缘关系带来了非理性的情缘，企业内更注重乡亲、熟人、朋友的感情联络，人际关系罩上一层温情脉脉的面纱，使企业经营管理具有非理性和落后性特征。甚至在有些民营企业中，人与人之间不管是否有血缘关系，互相称谓也往往用血缘称谓，形成一种类血缘关系，人际关系看似亲密，实则隐藏着种种矛盾，使企业缺乏理性运行的真实法则，企业管理制度形同虚设。血缘关系的突出，使业主对关系产生错觉，他们在企业外部也大搞血缘、情缘或类血缘关系，与政府、银行、税务等一些部门的官员情感勾兑，关系联络，互相提供方便，使一些官员走上腐败之路。同时，经营者也偏离了企业经营管理的大方向，奉行"勾兑就是生产力"，造成企业造血功能日益弱化，企业经营一旦失去内外关系就会处于困境。

在这种家族式企业文化中，企业经营管理带有明显宗族色彩，导致企业集体领导削弱，民主制度缺失，企业经营的风险增大；导致企业着力编织人情网，依靠家族伦理维系企业运营，造成企业制度文化缺失，管理失效；导致企业内裙带风行，近亲"繁殖"普遍存在，造成企业人力资源匮乏，人员整体素质低下，市场竞争乏力；导致企业产生"小富即安"的保守思想，妨碍着企业创新和发展。

广州曾有一家著名的制鞋厂，在苏氏三兄弟的努力经营之下，企业规模不断扩大，逐渐成长为沿海地区较为著名的企业。但随着企业规模的扩大，三兄弟开始各怀鬼胎，终于出现了协议瓜分财产、分家各自创业的结局。在财产分割中，有形资产很快就得到了界定，但在无形资产——商标的划分上出现了争斗。最终，兄弟们相互反目，直至闹上法庭，这不仅彻底伤害了兄弟间的手足之情，而且还断送了企业的未来。管理是一门学问，是办好企业的永恒主题。与苏氏三兄弟形成鲜明对比的是，广州中山华帝集团七位老板一致决定聘请原市场部经理姚吉庆出任总经理，将华帝的经营大权拱手让给一个"外人"，实现了所有权与经营权的分离，从而实现了企业的快速发展。①

"家族型"企业文化建设的关键在于企业决策者的经营动机和长远战略目标。无论是企业的经营思想，还是组织的规章制度，特别是激励与约束机制，都应以员工为核心，克服传统宗族观念的影响，真正视员工为企业主人，推行人本管理。

（二）"专制型"企业文化

不少中小企业的文化具有鲜明的唯意志色彩，这种情况是与企业经营者的经历联系在一起的。许多中小企业能够存续到今天，与经营者具有独到的成功绝招有关，他们或承受风险的能力强，或对机会特别敏感，或技术创新的能力强，或有市场运作的丰富经验，或有很强的人际关系能力，或有很强的融资能力，等等。这些独到的能力，使他们养成了无往而不胜的自信，或者总是抱着"车到山前必有路"的侥幸，再加上产权归自己所有，企业经营者总是事无巨细、事必躬亲。

这种唯经营者个人意志是从的专制型企业文化，导致企业衰败的事例实不在少数，"爱多"就是最典型的一例。1997 年，"爱多"以 1.2 亿元的天价夺得央视"标王"，使企业一举成名，这个以 80 万元起家的小公司经过三年的成长期后，成为产销值达 20 亿元的 VCD 行业的龙头企业，这其中"爱多"的董事长可谓功不可没。作为公司的灵魂人物，这位董事长的个性决定了公司的经营作风，其急功近利的经营风格使得企业在随后的发展中尽曝其短。在企业陷

---

① 肖峰：《企业文化》，中国纺织出版社 2002 年版，第 24～25 页。

入困境时，该董事长又盲目决定进入其他行业（如电视、电话机等），使公司"雪上加霜"，陷入了多元化的危机。[①] "爱多"由盛到衰、直到最终解体固然有多种原因，但公司董事长长期专制型的企业领导方式以及在此基础上营造的企业文化可能应承担主要责任。

三株集团的总裁吴炳新也是其中典型之一。三株口服液问世后，吴炳新就在全国设立了四个区——东北区、华北区、西北区、华东区作为总部的派出机构，并委派了地区经理。但这些地区经理有职无权，凡事都要等待老板亲自裁定，这使企业笼罩在唯意志文化的浓厚氛围中：老板是企业的绝对意志，几乎没有人能对他的决定产生影响。这种唯意志的文化一旦根深蒂固，企业的经营管理水平和创新能力就会不断下降，以至于如果老板的意志突然消失，企业便陷入群龙无首的瘫痪状态。中小企业独裁式经营文化的产生，除了根源于我国传统的"人治"观念外，还与改革初期政策对企业经营者的"放权"，即把企业的经营决策权、人事任免权等全部委任于企业经营者一身之上有关。

（三）"功利型"企业文化

目前，我国大多数中小企业将眼前经济利益放在第一位，忽视产品质量与服务水平的不断提高。大多中小企业具有"船小好调头"的思想，市场上热销什么产品，企业就模仿生产什么产品，紧跟市场的热点。但由于中小企业技术实力薄弱，在新产品模仿制造的过程中只注重数量和速度，而忽视了产品质量及售后服务，甚至以次充好，频繁转移经营阵地，缺乏长远发展的战略眼光，中小企业如此的短视行为，不仅使自身渐渐失去了信誉，而且也使企业在频繁的行业变换中难以培育自己的核心专长，导致无法发展壮大，甚至最终破产倒闭。此外，中小企业在经营活动中过分地依赖于广告宣传，注重发挥明星效应。我国很多中小企业虽然资金实力有限，但仍不惜血本请明星做广告，大肆渲染，以期引起市场对企业产品的关注，期望快速达成品牌认同的效应。广告宣传并无可厚非，但必须明确，聘请形象代言人做广告只是塑造良好企业形象的一种外在途径，只是企业市场竞争的一种策略，广告宣传应与企业长期的品牌打造、持续的产品开发、系统的管理创新等活动有机结合起来，真正将"内练苦功"与"外树形象"结合起来。如果企业只搞形象代言而不注重自身综合实力的提升，终将会葬送企业的前程，这是"功利型"企业文化的必然结果。

---

① 肖峰：《企业文化》中国纺织出版社 2002 年版，第 27 页。

## 二　我国中小企业文化的缺陷

如前所述，在传统民族文化和地域文化优秀元素的熏陶下，我国中小企业文化具有自身的优势，表现在：具有浓厚血缘关系的管理层具有核心凝聚力；注重自身修养，协调人际关系；企业能发扬艰苦创业的精神，积极地开拓市场。这些都对降低企业运营成本、提高信息传输速度等发挥着重要的作用，但目前我国中小企业文化也有明显的缺陷，主要表现在：

（一）缺乏经营理念和核心价值观

经营理念是企业的灵魂，决定了企业的发展战略和未来的发展方向，对整个企业的经营管理活动产生着重大影响。日本松下集团创始人松下幸之助曾经这样讲到："创业至今已经六十多年了，经由经验的积累，我深深觉得经营理念非常重要。换句话说，对于'公司为何存在，经营以何种目的和方法来进行'等问题，必须有完整而基本的观念。"美国著名管理学者彼得·圣吉（Peter M. Senge）认为企业的基本经营理念由企业的共同愿景（追寻什么?）、企业的使命（为何追寻?）和企业的核心价值观（如何追寻?）三部分组成。而"共同愿景"为企业的发展提供动力和方向，是人们心中一股令人深受感召的力量。经营理念是企业文化的精髓。由于经营理念的存在，企业的精神才得以传承，企业的发展才拥有方向，企业的战略才具有前瞻性。而我国许多中小民营企业由于经营理念的缺失，没有供决策参考的选择标准，走的是无经营理念的发展之路，造成企业缺乏长远的规划，只得跟随市场的短期变化随波逐流。企业在发展过程中的目的和志向已经限定了企业未来的成长之路。经营理念缺乏所造成的短期经营行为使中小企业缺乏向现代大企业转变所需的技术、人才和管理经验方面的积累。

我国部分中小企业片面地理解文化建设，认为企业文化就是追求降低成本和提高效益，于是在经营活动中产生了偷工减料、制假贩假、价格欺诈等缺失商业道德的经营行为，致使市场萎缩；对员工则重义务而轻权利，抑制了员工的积极性和创造性，导致人才流失。这些企业由于经营理念和核心价值观的缺乏，在经营活动中不能正确地处理眼前利益和长远利益的关系，容易因一时市场环境变化而改变经营风格，企业制度的连续性和稳定性很差，致使在经营活动中扼杀了一些很有潜力的项目和发展前景的产品，自身无法发展壮大。

（二）文化的非理性色彩

据中国社会科学院社会学所、全国工商联研究室共同组织的对 21 个省、市、自治区的 250 个市县区的 1 947 家中小民营企业进行的抽样调查显示，有近 80％的企业是家族式或泛家族式企业。在中小民营企业创立初期，面对多变的市场环境、巨大的投资风险和模糊的未来前景，只有以血缘和亲情为基础的家族成员才能共担风险，也只有家人才能赢得企业主信任。可是初期必要的发展模式，在企业成长过程中却产生了诸多的文化病变。以血缘的远近决定关系的亲疏，以辈分的长幼决定地位的尊卑，整个家族组织严密，等级分明的"亲亲尊尊"格局渗透到企业管理中便会导致家长制集权管理。受企业主自身素质的限制，家长制集权管理必然导致企业在发展中缺乏科学论证和民主决策。家族力量对企业领导权的垄断，导致企业成为一个相对封闭的团体，排斥外来人才，不能形成吸引人才的文化氛围。用管理家庭的方式来管理企业难以形成有效的激励机制。对权威的依赖，使得企业极具个人特色的管理风格缺乏可继承性，一旦企业主退休或过世，整个管理系统就有可能失灵，企业发展受挫。然而，据统计，《财富》500 强企业有 35％是家族企业。国外家族企业成功发展的经验表明，家族企业并非一定会产生家族式文化。家族企业要保持健康发展一定要克服家族式文化和家庭式管理带来的消极影响，明确产权结构，建立完善的现代管理制度。近年来，我国众多家族企业因产权纠纷和决策失误等原因而纷纷"落马"的事实已为我们敲响了警钟。

（三）唯意志和人治色彩浓厚

我国许多中小民营企业能够生存发展到今天，与企业主本身具有的个人特质（比如善于捕捉市场机遇、抗风险能力强、能驾驭市场等）有关，这些特质，使企业主既充满了无往而不胜的自信，又抱着"车到山前必有路"的侥幸心理，但这种状况持续到企业发展的一定阶段后，就会造成部分企业主独断专行，对他人的合理建议也充耳不闻，大大挫伤员工参与管理的积极性。另外，许多企业主还抱着"宁为鸡首，不为牛后"的单打独斗式观念，不愿与其他厂商合作，不愿成为大企业的合作伙伴。事实上，在当代高位竞争、深度合作日渐成熟的市场环境中，不联合就难以生存，无协作就无法发展。

同时，许多中小民营企业受"人治"传统观念的影响，在企业管理中重"人治"，轻"法治"。企业对国家的法律法规重视不够，执行不力，违法违规现象普遍存在。在处理企业与国家的关系中，缺乏法律意识，既不注重用法律武器维护自己的利益，又经常出现违反法律的事件；在处理企业内部人与人之间的关系上，缺乏理性管理，凡事以领导者个人意志和人际关系为转移，集体智慧缺失，没有有效的管理机制和团队的决策机制，为企业的生存和发展埋下深深的隐患和巨大的风险。巨人集团的失败就是个教训，史玉柱曾痛定思痛地说："个人没有制约，是很容易犯错误的。"

（四）强烈的唯功利性

目前，我国部分民营中小企业，功利打头，不顾形象。中小企业文化一般需要自上向下推动，因此受领导者个人意志的影响很大。同时，由于体制的原因，过去我国对民营企业在所有制上的歧视使很多民营企业家在经营时缺乏战略眼光，重视短期效益，缺乏长远考虑，部分中小企业奉行"金钱至上"、"重利轻义"的经营理念，形成了唯功利性的价值观念，这种唯功利性的价值观虽然在企业初创期的原始积累中是必要的，但当企业资本积累发展到一定阶段后，却对企业的发展产生着严重阻碍作用：一部分中小企业经营者唯利是图，其经营目标就是不择手段地追求利润的最大化，在经营活动中，他们钻市场经济体制尚不健全的空子，大量仿造生产社会紧俏的商品，成为市场上假冒伪劣商品的主要生产者；也有一些企业成名后，放松内部管理，忽视服务，甚至以次充好，蒙骗顾客。部分中小企业唯功利性的经营行为在公众心目中形成了中小企业缺乏诚信、产品质量和服务低劣等认识，严重败坏了中小企业的整体形象，阻碍了中小企业的发展。另有一些企业领导者为了自己升官发财，选择了"重义轻利"作为企业的经营理念，完全不考虑企业的营利能力，他们或者不经调查研究就为兄弟企业担保债务，或者不顾自身能力"大胆"兼并破产企业。这些过分重视短期利益的企业经营理念，最终导致企业长远发展前景有限，是不符合市场经济发展规律的。

（五）企业伦理的缺失

2001年12月2日，因财务欺诈而陷入"诚信危机"的美国能源界巨头安然公司正式向纽约南区破产法院申请破产保护，从而引发了整个美国股市的震荡。企业伦理在世界范围内再度成为企业、学者、政府和民众关注的焦点。企业的行为处于一定的社会环境和自然环境之中。为了保护环境、保障消费者权益和维持社会各项事业的稳定健康发展，政府、社会团体以及社会公众都向企业提出了种种要求和限制行为。企业只有诚实守信，遵守社会提出的种种规范，才能树立良好的企业形象，谋得长远发展。与此同时，现代知识经济条件下，企业发展对人力资源开发及利用能力的依赖，也使得人才问题日益凸显。企业内部良好的伦理关系，有助于培养、吸引和留住人才，有助于提升企业的竞争力。然而，我国许多中小民营企业对企业发展过程中面临的伦理问题却重视不够。少数企业甚至超越了道德和法律的"警戒线"。比如：有的企业在融资过程中采用欺诈手段，非法融资；有的企业生产销售假冒伪劣产品，欺骗消费者；有的企业无视生态环境，任意排放"三废"，污染环境；还有的企业在内部实行专制管理，侵犯员工的正当权益。这些行为严重损害着消费者、社会及企业自身的根本利益。

（六）封闭保守，缺乏创新精神

目前，不少大企业在塑造企业文化时都十分强调要有自己的特色，例如日立拥有体现创新的"开拓者精神"理念；松下电器拥有"贯彻以消费者为导向的经营之道"等，这些经营理念不仅使企业在运营过程中表现出明显的特点，还会影响到员工的行为和价值取向，进而影响到企业未来的发展方向。经过数十年的发展，我国中小企业虽然取得了很大的成绩，但是由于管理者认识程度和素质的制约，很多中小企业的企业文化建设均以模仿其他企业为主，很少结合自己的特色进行创新，缺乏个性。如多数企业都仅将自己的形象定位于诸如"团结求实、开拓创新"等口号，既不能真正体现组织共同的价值观和精神信念，又难以真正形成全体职工愿意共同遵循的价值准则和牢固的内心信念。同时这种缺乏企业自身风格的企业文化，也让消费者很难将其与其他同类企业加以区分，更难以培养出忠诚顾客，不利于企业的长期发展。

同时，中小企业封闭保守的面貌也未发生根本性的变化，表现在：①信息沟通方面，中小企业仍较多地采用传统的信息收集和传播工具，不利于企业科学合理地决策和拓展市场；②在产品开发和技术创新方面，一味模仿、全盘照搬的较多，而不是通过选择、淘汰、消化等方式，把外来先进的文化吸收进来，做到有机地融合；③在管理创新方面，不能按企业的不同发展阶段，实施不同的管理模式。

（七）国外管理模式与传统文化的相容性差

目前，我国不少中小企业都很崇尚国外的成功管理模式，但在借鉴时又往往忽视其与我国传统文化的相容性，反而弄巧成拙。比如许多企业引用国外的激励模式，将管理者与普通员工的工资差距拉得很大，认为这能促进管理者对企业发展前景的关心。但是，由于忽视了我国千百年来形成的"均贫富"、"为富不仁"的思想，这种分配制度反而易遭致员工的强烈不满，影响到企业的生存发展。如果结合我国实际情况，将对管理者的激励转变为同企业价值相联系的股票期权，情况就会改观。

### 三 中小企业文化缺陷的成因

（一）企业文化的认识陷入误区

我国不少中小企业的业主不理解企业文化的真正内涵和价值，仅仅将企业文化当成为企业宣传的口号，文化建设仅简单地围绕一些空洞口号展开，企业经营理念和核心价值观缺失，企业文化建设流于形式；而一些企业将企业文化当成了 CIS（企业形象识别系统）。事实上 CIS 只是企业文化在传播媒介上的一个映象，其内涵与企业文化还是有着很大的差异。根据企业文化权威爱得加·沙因所划分的层次，位于企业文化最核心的是基本假设，其次是价值层面，再次是行为规范和行为方式层面，而位于最表层的才是企业文化的各种表现方式，包括各种符号、英雄、活动等。由此可见，企业文化活动和企业 CIS 都是企业文化表层的表现方式。企业文化是将企业在创业和发展过程中的基本价值观灌输给全体员工，通过教育、整合而形成的一套独特的价值体系，是影响企业适应市场和处理企业内部矛盾冲突的一系列准则和行为方式，这其中渗透着创业者个人在社会化过程中形成的对人性的基本假设、价值观和世界观，也凝结了在创业过程中创业者集体形成的经营理念。将这些理念和价值观通过各种活动和形式表现出来，才是比较完整的企业文化，企业文化注重的不仅仅是形式与传播，它更加注重于内涵的建设。还有一些企业家片面地认为，企业文化就是要塑造企业精神或企业的圣经，而与企业管理没有多大关系。精神因素对企业内部的凝聚力、生产效率及企业发展固然有着重要的作用，但这种影响不是单独发挥作用的，而是渗透于企业的管理体制、激励机制、经营策略之中，并协同发挥作用的。企业的经营理念和企业的价值观是贯穿在企业经营活动和企业管理的每一个环节和整个过程中的，并与企业环境变化相适应的，因此不能脱离企业管理。以上对企业文化认识上的误区，使我国中小企业文化建设陷入困境，中小企业文化存在众多弊端。

（二）将传统文化直接融入企业文化

中华民族在历史发展中形成了内容丰富、体系完整的传统文化，将传统文化用于企业价值观念和经营模式的塑造，实现与西方现代先进的管理技术和方法的有机结合，是增强我国企业核心竞争能力的基本路径。但关键在于要全面冷静地理解我国传统文化，找准传统文化与企业管理的嫁接点。如中国传统文化强调对家庭的归属、对权力的依赖，突出以人为本、知人善用，将这些传统文化因素应用于企业管理，营造一个充满情感、和谐共存的文化氛围，实现对人性的超越，这是对传统文化的合理利用，突出了管理的中国特色。但是，中国的传统文化充满了哲理与思辨，可谓左右逢源，在用于指导企业管理实践中时，需要将其操作化为具体的行为准则和经营理念。此外，中国传统文化中也有许多不合时宜的消极成分，阻碍着企业的发展。例如，人情交和是中国人最主要的交和方式。许多企业家长期依赖于由人情交和所编织的社会关系网，对企业创新关注不够，这样会逐渐削弱企业自身的创新能力，抑制企业的发展；传统文化中的宗族观念和人伦意识，使中小企业的经营管理带有浓厚的"家族"色彩；传统文化强调对权威的尊崇，这种价值观体现在企业文化上，就是格外强调企业领导人的个人意志和绝对权威，抑制着员工参与精神的培养；儒家"重义轻利"、"明天理灭人欲"、重道而轻农工商的思想等，都在一定程度上与现代市场经济的伦理精神相悖，这些作为中小企业文化根基的传统文化元素都在一定程度上阻滞着健康企业文化的培育。而目前，我国有不少中小企业在文化建设中，将企业文化视为对社会文化的玩赏，在文化发展中不加辨别地对传统文化加以全盘吸收，致使传统文化中消极的、不合时宜的文化因子融入企业文化，阻碍了企业的成长。

（三）地域文化消极因素的影响

地域文化作为中华文化中富有地域特色的亚文化群，在其生成和发展过程中既受社会主文化的影响，但也由于传统文化背景、地理环境及历史文化的发展路径等的差异而带有一定的地域特点。这种富有地域特色的社会亚文化，对于一定地域范围内中小企业的生存和发展产生着深远影响，尤其是对中小企业文化的建设影响更为深远。例如，甘肃地域文化由于受传统的儒教、道教及中庸思想的影响，时至今日仍作为一种有力的文化潜流而存在。这样，甘肃地域文化就呈现出以传统性为基调的现代性与保守性、开放性与封闭性、流动性与凝固性等特征错综结合的"二元结构"。这种文化的二元结构突出地表现为平均主义、保守主义、狭隘的功利主义、封闭主义等社会心理倾向，这些文化元素严重影响着甘肃中小企业的发展，使甘肃中小企业文化表现出明显的小富即安、怕冒风险、创新意识淡薄以及进取精神和个体本位精神的缺位等保守性、封闭性的特点。

（四）传统经济体制的流弊

我国自然经济的长期存在是中小企业文化落后的经济原因。在我国两千多年的封建社会中，地主加佃农的经济形式形成了稳固的经济结构，不易被以市场为主导的经济结构所替代，以致以农为本、重农轻商的思想在我国历史上长期占据主导地位；同时，封建统治阶级为了维护其统治地位，采取"闭关锁国"政策，与外部世界严重隔离，压制、打击商业活动，排斥外来的商业文化，中国商品经济的生存空间极狭隘，成熟的市场长期难以形成，致使我国工业化进程远远落后于西方发达国家，中小企业缺乏雄厚的市场经济文化基础。新中国成立后，我国又实行计划经济体制，长期实行的计划经济体制及其在此基础上形成的计划经济形态排除了市场活动，割断了企业与市场的天然联系，企业成为政府的附属物，无法形成以市场为主导的企业文化。党的十四大明确提出建立社会主义市场经济体制后，我国企业的法律主体地位才获得了确认，但由于现行制度、特别是法律制度不健全又阻碍着中小企业文化的建设步伐，客观上使我国中小企业文化还处于始发阶段，离市场经济伦理所要求的成熟企业文化还有较大差距。市场经济首先就是法治经济，人们的经济行为只有符合一定的规则，才能保证市场经济活动的正常有序运行。但由于计划经济的惯性，我国的立法精神和法律条文至今还带有一定的计划经济的痕迹，人治现象在一定范围内依然存在。同时，在经济生活中，"有法不依，执法不严，违法不究"也不是个别现象。这些都带来中小企业文化建设上的一系列问题，如不遵守规则、缺乏诚信、过度投机等不正常的经营行为。

（五）忽视企业文化的个性塑造

企业文化是某一特定文化背景下企业独具特色的管理模式，是企业的个性化表现，不是标准统一的模式，更不是迎合时尚的标语。然而，我国中小企业文化却普遍缺乏鲜明的个性特色和独特的风格。其实，每个企业的发展历程、企业构成、竞争压力都各不相同，因此企业对环境作出反应的策略和处理内部冲突的方式也各有自己的特色，不可能完全雷同。同属于日本文化，索尼公司的企业文化强调开拓创新，而尼桑公司的企业文化则强调顾客至上；同属于美国文化，惠普公司的企业文化强调对市场和环境的适应性，而IBM公司的企业文化则强调尊重人、信任人，善于运用激励手段。这表明，企业文化是在某一文化背景下，综合考虑企业发展阶段、发展目标、经营策略、企业内外环境等众多因素而确定的独特的文化管理模式，企业文化的形式可以是标准化的，但其价值内涵和基本假设各不相同，而且企业文化的形态和强度也都不同，正因如此才构成了企业文化的个性化特色。

# 第五节　中小企业文化培育与创新

　　企业文化是企业在其发展过程中形成的经营理念、价值观和行为方式等的总和，企业文化在企业发展中起着导向、约束、凝聚、激励、辐射等作用。长期成功的企业通常都具有强大的文化和伟大的企业领导人。如 IBM 公司的托马斯·沃森父子（Thomas Watson）、宝洁公司（P & G）的哈利·普罗克特（Harley Proctor）、强生公司（Johnson and Johnson）的杰纳勒尔·约翰逊（General Johnson）都相信强大的企业文化带来的成功。如丰田（Toyota）、劳斯莱斯（Roll Royce）、索尼（Sony）、3M 公司等都有自己的企业文化——事实上 20 世纪大部分最成功的公司都有一种强大的企业文化，并有强有力的领导人强化着这种文化。随着以知识主体为资本主要形态，以信息技术、网络技术等新兴技术为主要内容的全球化知识经济的兴起，文化力日益成为企业竞争力的核心。

　　在当前全球竞争日趋激烈的背景下，企业的生命周期在不断缩短。有资料表明，商业公司有着极高的夭折率，跨国公司的平均寿命是 40 到 50 年。1970 年跻身美国《财富》"全球五百强"之列的跨国公司到 1982 年就有三分之一销声匿迹——不是被兼并，就是四分五裂。1900 年 1 月 1 日，美国《华尔街日报》报道了当时美国的 12 家大公司，至今只有通用电气公司一家存在。还有研究表明，在日本和欧洲，所有大大小小的公司的平均寿命只有 12.5 年，美国公司的寿命也与此类似。人类学会了生存，可以平均活到 70 岁或更长，但很少有公司能有这么长的寿命和繁荣期。研究表明那些具有顽强的生命力的长寿公司，它们能够成功地生存下来，都具有以下四个特点：①长寿公司对自己周围的环境都非常敏感。它们与周围的世界都是非常和谐的。虽然战争、大萧条、技术与政治的变迁在它们的周围显得变幻莫测，它们总是善于调整自己，永远能因时制宜。它们可以对周围的环境随时作出及时的反应。②长寿公司有很强的凝聚力，员工有较强的认同感。无论它们如何分化，雇员们（有时甚至包括供应商）都认为自己是整体的一部分。公司的管理人员把自己看做是公司代代相传的链条中的一环，除非在危急时刻，管理者首要关心的还是组织整体的健康发展。③长寿公司是宽容的。有时这可被理解为"分权"。这些公司对于边缘化的行为总是宽宏大量的：公司本身是有凝聚力的，而在公司边缘上的擦边行为、大胆的尝试，以及一些古怪的想法对于公司一些可行性的思考是有好处的。④长寿公司在财政上是比较保守的。它们知道在资本中保持一定节余的重要性。由于手中有钱，它们就有一定的灵活性，可以寻求竞争对手不可能奢望的选择。事实上，绝大部分的长寿公司在漫长的发展史上都出现了主营业务的转变，它们的长寿、它们的生命力就在于源源不断的创新，以及在此基础上积淀形成一种高凝聚力的创新型企业文化。从某种意义上来讲，企业文化是企业实力的重要标志，企业文化已成为现代企业制度下企业生存发展的精神支柱和精神动力。

作为我国国民经济重要组成部分的中小企业，面对知识经济时代新的机遇和挑战，应及时进行文化培育和创新，清除既有文化中的缺陷，真正建立起与时代"脉搏"相适应的、具有地域文化特色和独特个性的企业文化。

## 一　知识经济时代中小企业文化建设的向度

（一）文化建设的定位：理念重构

1. 建构理性的企业文化，实现血缘、情缘文化理念向业缘、事缘文化理念的转变

非理性的血缘、情缘等传统文化观念与现代高度发展的市场经济观念格格不入。企业是一个经济实体，企业的运作是一种理性的活动过程，必须符合市场经济的运行规律，企业应该是事缘、业缘的结合，而非血缘、情缘的结合。否则，企业的经营者就可能会丧失理性，规章制度也可能形同虚设，优秀人才很难聚集，公利可能会很难推行，而私利却可能到处泛滥，致使企业难以维持。因此，在文化建设和文化创新过程中，企业领导人必须痛下决心，从血缘、情缘的桎梏中解脱出来，真正建构起以业缘、事缘为基础的理性企业文化。

2. 建构"以人为本"的企业文化，树立重科学、重人才的文化理念

人力资本是现代企业最宝贵的资源。知识蕴藏于人力资本之中，企业只有营造一种员工的积极性、创造力能充分得以发挥的文化氛围，创造一种让人有所作为的工作氛围，并在企业内部得到充分体现，才能最大限度地调动和挖掘人才的潜力。首先，中小企业的创业者应恪守人本主义的管理哲学，充分认识到企业面对资金和技术力量雄厚、管理水平较高的竞争对手时，主要依靠的是

企业的人才优势，而不是管理者个人的经验、胆识和关系。中小企业的掌舵人在决定企业发展方向、经营方针的过程中应体现企业文化，掌舵人在形成企业独特的经营风范、管理风格和价值观中构成企业文化的核心主体，发挥着举足轻重的作用。其次，应在企业内部营造一种"任人唯贤"的文化氛围，做到尊重人、信任人、关心人、理解人，以满足员工物质和精神上的需求，发挥员工的积极性、主动性和创造性，使每位员工各司其职、各负其责，以百倍的热情投入到企业的发展中。再次，当企业发展到一定阶段时，应引入优秀的职业管理人才，做到非家族的管理人员超过家族内的管理人员，以取长补短，实现人力资源的优化配置；同时，应根据市场的发展趋势和科学合理的预期，理性地决定企业的发展方向，开发新的产品，开拓新的市场。此外，由于人认知能力的有限性和现代企业经营技术的复杂性，企业必须强调团结协作，注重发挥员工的合力，在企业内部要培养起浓郁和谐的协作精神，不断提高企业的凝聚力、向心力和创新水平。

3. 建构"诚信为本"的企业文化，树立关注顾客、关注公众利益的文化理念

信用是企业在市场经济中成长的基础，是提高企业竞争力的关键和企业家的立身之本。中小企业要想在激烈的市场竞争中获胜，就必须在经营活动中恪守诚实守信的准则，在法律和社会道德认同的范围内开展经营活动，并与外部企业诚信合作，建立忠实的伙伴关系，通过合作实现资源的整合利用。

诚信是企业生存和发展的基础。企业只有诚实守信地开展经营活动，才可能拥有广阔的市场，才能做到既保有老顾客，又能不断地发掘出新顾客，实现企业的持续发展。有人曾说，20 世纪 80 年代企业有产品就有客户，90 年代有广告就有销路，而 21 世纪只有诚信的企业才能有市场。可见，只有构建"以诚信为本"的企业文化，才能真做到对顾客负责、对社会负责，才能赢得客户的信赖、社会的认可，也才能在激烈的市场竞争中保持旺盛的生命力。

4. 建构"学习型"企业文化，树立"协作竞争"型的新思维、新理念

面对科学技术的发展和强烈的市场竞争，树立学习观念，建构"学习型"企业文化是时代发展的新要求。知识经济条件下，科学技术的迅速发展和竞争的不断加剧，使众多中小企业清醒地认识到企业学习能力的强弱，对企业环境适应能力和企业自身发展具有重要意义，也更加认识到在企业内部分工日趋细致的情况下，不断地超越自我、培育团队精神、实现群体成员间的相互协作对推动创新并实现员工价值的意义。企业"学习型"文化有着不同凡响的作用和

意义，其真谛在于：一方面，学习是不断提高并更新员工的文化知识素质，使其更为出色地完成工作任务、实现个人与工作融合的重要方式和途径，能使员工在工作中体验到生命的意义；另一方面，为了确保企业生命的延续，企业也应注重研究当前的市场形势及发展趋势，通过不断提高企业对环境的敏感性和企业的整体素质，更新企业领导者的思维模式、经营理念和业务知识，不断提升企业组织的竞争实力。同时，通过持续的组织学习，还有助于培养出一种注重创新、不断进步的新观念，使企业不断地整合资源，以迎接新的挑战。

5. 建构创新型企业文化，营造全员参与创新的文化氛围

进入 20 世纪 80 年代，创新越来越成为企业竞争和发展的主流，这不仅是日益激烈的市场竞争的必然选择，更源于企业核心竞争力培育的需要。随着现代科学技术的日新月异，社会生产力获得了极大的提高，众多行业的买方市场在逐渐形成，企业为了争夺有限的市场展开了激烈的竞争。为了求得生存和发展，企业只有努力加强自身修炼，通过不断的系统创新才能提高生产率，才能在激烈的竞争中维持既有的竞争优势并开拓出新的竞争领域。1998 年在世界范围内调查的公司总裁中，有 80% 的人相信创新对公司未来竞争力极为关键，企业需要一种新的核心专长——创新。企业发展的实践也证明，创新能为企业带来持续租金，对企业保持良好的竞争态势具有重大意义。杰夫·摩西（Jeff Mauzy）1993 年对美国 150 家公司的调查发现，创新型公司的利润增长率是非创新型公司的 4 倍。在知识经济时代，创新越来越成为企业生存和发展的根本。因此，中小企业在文化建设，尤其是高新技术中小企业在文化建设中，应建立起以鼓励创新、鞭策进步、追求卓越、容忍失败为基调的创新型文化，调动企业员工充分发挥自身的创新潜能，推动企业在激烈的竞争中通过技术重新不断推陈出新，提供能更好地满足用户需求的新产品；同时，通过管理创新、组织创新、制度创新等，提高企业的整体素质和应变能力，提高企业经营绩效。

6. 建构品牌文化，系统塑造企业的知名度、美誉度和顾客忠诚度

品牌和形象是企业生存发展的基石，是巨大的无形资产。目前，我国不少中小企业为了快速提高企业的知名度，完全不顾自身的资金实力，不惜重金聘请明星在中央电视台大打广告，致使出现了"品牌被广告做死"的后果。其实，品牌的市场意义在于品牌蕴涵着特定的文化内涵，可称之为品牌文化。品牌是文化的载体，文化是凝结在品牌中的企业精华，是渗透到企业运行全过程的理念意志、行为规范和群体风格。首先，品牌理念是企业文化中一个重要的

价值理念，品牌中的文化内涵深藏在品牌里层，又显现在品牌各构成要素中，不同品牌附着着特定的文化，要适当地考虑不同品牌作用的大小以及发生效应的范围，使一个产品品牌走向产业品牌，产业品牌再走向企业品牌。在这方面，海尔就是成功的典范。其次，品牌名称也是企业文化的体现，品牌是品牌文化的核心部分。例如，海尔是海，纳百川而成海洋，容污浊而成碧水；再如，日本三洋电机株式会社的"三洋"品牌，其深层的品牌文化是：除世界上的北冰洋人烟稀少外，要让自己的产品占领其余的三大洋（即太平洋、大西洋、印度洋）的每个角落，"三洋"的命名体现了企业的宏图远志和奋斗目标。我国中小企业在品牌文化建设中，应走出"品牌就是广告"的认识误区，真正从不断提升企业产品的品质、服务的质量和企业实力的角度为培育品牌奠定坚实的基础，将知名度、美誉度和忠诚度作为一个不可分割的有机整体来系统构造。

　　7. 建构生态型企业文化，树立良好的环境伦理意识

　　21世纪人类已进入绿色经济时代，生态文化必将成为企业文化的重要组成部分。当前，我国许多中小企业在发展中一味追求短期利益目标，环境维持和保护意识淡薄，大量排放超标的污染物，致使自然生态环境遭到严重破坏。在法律和政策的规制下，企业又不得不为环境的恶化及末端治理付出沉重代价。中小企业经营者由于环境伦理意识的缺失而导致的这种不良经营行为，不仅对人类的生存环境造成了严重破坏，而且也使企业自身为之付出了沉重的代价，特别是严重败坏了企业的声誉和形象。因此，适应于绿色经济时代对企业社会责任的新要求和现代消费群对绿色产品青睐的新趋势，中小企业应重新确立自身的社会责任观和伦理观，树立绿色经营理念，并通过在企业内部开展生态文化教育，使绿色经营观念深入人心，不断提高产品的生态含量。总之，中小企业在文化建设方面只有融入生态文化理念，制定并实施"绿色"发展战略，才能实现健康持续发展。

　　（二）文化建设的核心：企业精神培育

　　企业文化根本上是要培养员工的企业精神。企业精神是企业文化的核心，是企业文化的支柱和统帅。具体地说，企业精神是企业在自身的生产经营活动中所形成的，并为全体员工所认同和信仰的理想目标、价值观念等意识形态的概括和总结，它具有共认性、主导性和实践性。在这种企业精神氛围下，明确表达或暗示了企业反对和禁止什么，支持和鼓励什么，宣传和传播什么，提供和服务什么。曾有部分民营中小企业仅仅把人单纯地视为"经济人"，依赖金钱作为主要的刺激手段，这已远远不能适应现代企业的发展了。因为人是"社

会人",人的需求最终要达到自尊和自我实现的目标,企业主仅使用短期的经济刺激手段,不注重培养企业员工认同的企业精神,且经济刺激失衡,将会使无积极意义的企业文化占主导地位,降低企业经营效率。因此,只有注重营造一种健康向上的职业精神文化氛围,并通过长期实践与熏陶,方能使企业员工从被动接受者转变为自发而主动的实践遵循者,使企业始终充满生机和活力。

企业精神的培育是一个复杂的由外而内的渐进过程,需要分两步实现:第一步,设计企业精神目标。在设计阶段,设计人员首先应调查分析企业现有的企业精神现象,需要依次分析:企业领导是否明确企业精神、企业精神的内涵表达是否准确、企业精神是否具有自身的特色、企业精神是否被绝大多数员工认同并遵循以及企业精神是否渗透到企业活动的各环节等问题。在调查分析的基础上,总结提炼出符合企业发展方向和企业实情的内容,设计、确定企业精神发展目标,并用简洁准确的语言文字表达出来。第二步,培育企业精神。企业精神重在培育,必须将设计出的企业精神内化为企业员工的自觉意识和行为。企业精神的培育可通过目标导向、领导垂范、舆论灌输、典型示范、氛围熏陶、制度规范、形象化解等方式选择和协同使用来实现。这样,才可以使潜在的、无形的企业精神力量深植于员工的灵魂,发挥其激发企业力量、优化企业行为、增强企业凝聚力和向心力的功效。

(三)文化建设的基点:制度文化创新

企业文化是一种隐形的管理制度,它和传统的具有刚性的管理制度有很大区别,曾有人认为制度管理与通过企业文化实现管理是相对立的,建设企业文化就得取缔制度,抛弃制度管理这一管理形式。但文化人类学却告诉我们,制度是方法与意识之间的中介,它既是经过实践证明适应于方法的固定格式,又是塑造意识的主导存在。因此,作为意识的企业文化建设不能不依赖于企业制度的建设。实践证明,正是企业管理制度的有效建设,才构成了企业文化建设的现实基点。

从国内中小民营企业现实状况来看,建立一套操作性强的企业管理制度,也是目前面临的一个重要课题。当前,在中小民营企业中凭主观臆断决策,依靠经验办事的习气尚占主导,而与市场经济体制相适应的企业内部与外部管理制度尚未发育成熟,还远远不能适应知识经济的需要。从这个意义上讲,制度建设在企业文化建设及整个企业形象设计中的战略地位显得异常突出。对于中小民营企业来说,员工关注的是企业能给自己带来什么,而企业关注的是员工能给企业带来什么,他们是相互满足、互惠互利的。因此,制度建设在兼顾企业长远利益的同时，更应考虑能否充分调动企业员工的积极性。这样，企业与员工才能实现双赢，员工才会视企业如家，企业的制度文化才会在员工关注中逐步由被动接受变为自觉的行动，这样的管理制度，才真正是企业文化范畴内的管理制度。

制度文化作为广义企业文化的中间层，起着承上启下的作用。对于中小企业来讲，建立科学的管理制度是从家族管理，"人治"管理向企业"法治"管理过渡的关键。在具体操作上，一是在运行机制上推行以劳动合作为基础的股份合作制。从管理者来讲，所有权的分散使过去的"独裁式"管理缺乏存在的合理性，给集思广益的科学决策提供了存在空间；从员工来讲，持有股份使他们自身利益与企业盈亏密切相关，能充分调动工作积极性与创新性，提高生产效率。二是应加强各项规章制度的可操作性，明确各个岗位的职责，形成事事有人管，管理无空档的局面。在奖惩制度上，也要坚持奖罚兑现，奖罚分明，才能形成有利于企业的激励与约束机制。三是要建立健全企业的民主制度，严格按《公司法》的规定，保证员工对企业管理的参与决策权和监督权，既能增强员工对企业的归属感，又有利于企业的平稳成长。四是要明确企业的共同行为准则，规范企业员工的行为。五是要建立严格的企业内部自我调控的约束机制。不少中小企业实行全员风险抵押承包经营、企业员工持股经营，就是要增强员工的风险意识，增强员工的主人翁精神和责任感，建立切实有效的企业内部活动约束机制。总之，企业的管理制度就像一把双刃剑，过于严格会令企业丧失竞争活力；过于宽松，又会导致企业管理混乱，不战而败。只有根据自身实际情况和经营重点量身打造的科学的管理制度，才能真正促进中小企业的发展。

（四）管理模式再造：管理的人性化变革

"以人为本"是由现代社会化大生产中人的中心地位和主导作用所决定的，以人为本的理念越来越深入地渗透到现代企业的经营管理之中。但在我国广大中小企业，特别是家族式中小企业中，企业创业者的管理模式对企业的影响依然深远。由于受传统社会血缘、亲缘意识和宗族观念的影响，我国家族式中小企业人才选用中的"任人唯亲"现象依然存在，家族成员垄断着企业的生产经营大权，非家族的企业员工很难获得自身成长和职业发展，作为企业人的价值长期难以实现；同时，这些企业还普遍采取"家长式"的管理方式，企业员工只得逆来顺受，企业上下层之间缺乏足够有效的沟通，集思广益依然只是一种口号，管理的民主化色彩淡薄。

百年企业的成长史告诉我们，仅仅依靠企业主个人经营理念、管理模式而形成的"企业主文化"，要使企业获得持续发展是不可能的，"以人为本"并不是简单地以某人或某一群体为本，而应以企业的员工为本、顾客为本、社会公众为本。同时，"以人为本"并不是单纯地以物质鼓励为本，也不是单纯以关怀照顾为本，而是以塑造人的精神为本。要积极引导员工实现个人理想与企业理想的有机结合，培养员工对企业的归属感和集体荣誉感等群体意识，从而激发员工的高度责任意识，使企业内部形成强大的凝聚力和向心力，以构建和谐的"以人为本"的管理文化。诚然，在中小企业创业起步阶段，物质鼓励、人文关怀固然显得十分重要，但企业发展到一定阶段后，必须把"以人为本"的思想引入企业的精神理念、规章制度和行为规范中去，引入到企业的经营战略中去，深入到企业的灵魂中去。

构建"以人为本"的和谐的企业文化，充分发挥文化的凝聚、激励和约束功能，是当前我国中小企业发展的必然选择和文化建设的基本取向。在进行这种文化培育过程中，企业的创业者必须率先"洗心革面"，树立"人才是企业生命"的观念，适时变革传统的集权管理模式，通过放权和授权等方式，充分发挥企业员工的自主管理精神。通过营造一种平等、民主的企业氛围，实现企业经营哲学和价值理念的革新，并通过意识培育、行为规范、制度建设和形象塑造等方式，使这些新的文化元素深入每位员工的内心深处。同时，在企业内部建立畅通的信息交流渠道，以人为本，鼓励员工畅所欲言，为企业的发展壮大献计献策；激励员工充分发挥创造才能，实现技术、管理和制度创新；培养员工的团结协作精神，提高企业的整体素质，增强企业的市场竞争力。值得一提的是，四通公司"尊重人"、"高境界、高效率、高效益"的经营理念和清华紫光集团"大事业的追求、大舞台的胸怀、大舰队的体制、大家庭的感受"的发展远景，都对凝聚和体现公司价值观起到了积极的作用，成为各自企业文化中富有特色的文化元素。

## 二　中小企业文化建设的路径

企业文化作为一种意识形态和组织资本，一旦形成就具有很强的稳定性，这种文化的惯性力量使企业文化建设和创新产生了路径依赖，这主要是由文化的传承性、企业家的经验制约和固化的思维模式、企业员工的心理定式以及企业权力结构的依存性和企业制度的固化等造成的。

企业文化的这种路径依赖特性，通过教育和模仿一代代传承下来，整合着员工的经营理念、价值观念、行为方式，结成具有共同理想信念、明确价值指向、高尚道德境界的企业共同体，使企业的管理成本降低。然而，企业文化的这种路径依赖特性也使企业在演进和发展的过程中受到其自身的阻碍，阻碍企业的进一步壮大。因此，企业领导者应该学会有选择性地继承和超越企业文化的路径依赖特性，不断再造，适时创新，有意识地塑造奋发有为的企业精神，突破企业发展的文化瓶颈。

勒温（Kurt Lewin）于20世纪50年代初首次提出了"组织变革过程模型"，即勒温变革模型。他认为成功的改革应该遵循解冻现状、移动到新状态和重新冻结新状态使之持久三个步骤。该模型对我们解决企业文化建设中的路径依赖问题有很大的借鉴意义。"解冻—变革—冻结"的过程可以看做是企业文化建设中"超越路径依赖—建设良性文化—形成新的路径依赖"的过程，是一条实现企业文化创新的有效路径，如下图所示：

| 解冻——超越路径依赖 | 变革——建设良性文化 | 冻结——强化路径依赖 |
|---|---|---|
| ◆选择中小企业文化建设的时机<br>◆营造一种迫切的危机意识和紧迫感 | ◆通过swot分析提炼，形成新的企业文化<br>◆重组企业权力结构，建立以文化战略为导向的组织系统<br>◆建立良好的沟通渠道<br>◆实行对外开放<br>◆职务再设计<br>◆鼓励创新<br>◆创建学习型组织<br>◆高层垂范 | ◆建立有形的企业文化形象<br>◆建立企业文化监督机制<br>◆努力争取短期的成果<br>◆人力资源体系为文化护航<br>◆建立企业文化纠错机制 |

我们可以把企业文化的现状看成一种相对的平衡状态。要打破这一平衡状态，就必须打破企业文化原有的路径，营造一种迫切的危机意识和紧迫感，引入新的经营理念和价值准则，鼓励员工改变原有的行为模式和工作态度，消除来自个体和群体的心理影响和阻力。解冻可以通过加大变革的推动力、减弱阻滞力或"双管齐下"的方式来实现。

变革实际上就是一个学习的过程，就是要通过个人、团队和组织的系统学习，给企业员工提供新的信息、输灌新的理念、提供新的思维模式和新的行为示范，指明企业文化变革的基本方向，形成新的精神文化特质，并通过领导垂范、建立畅通的沟通渠道、引入企业外部变革元素、鼓励创新、进行职务的再设计、建立以文化战略为导向的组织系统等方式实现文化的精神层、行为层和制度层的全面创新。

重新冻结新的文化状态也至关重要，重新冻结的目的就是要通过推动力和约束力二者的平衡以使新的文化状态得以确立并趋于稳定。在企业新文化的冻结阶段，必须利用诸如制度建设、举行仪式典礼和传播故事等强化手段，使新的态度、价值观念和行为模式固定下来，使企业文化处于稳定状态并形成新的路径依赖。

## 三　企业家与中小企业文化建设

### （一）企业家与企业文化

"企业家"不仅是一种经济现象，而且是一种精神现象。作为一种经济现象，企业家是工业社会的重要产物；而作为一种精神现象，企业家属于现代群体中的一个特殊阶层，拥有一整套独特的心态、价值观念和思维定式，他们用这种"超经济"的东西对经济活动产生着影响，并在很大程度上决定着经济进程。

文化的本质是人化，文化的功能是化人。随着经济科技的发展，人本管理和系统管理时代的到来，管理已被看做生产力的第四个要素，而企业家作为企业管理的最上层，他的行为是企业的脉搏，他的灵魂更是企业长盛不衰的支柱。企业家是企业文化建设的灵魂，是企业文化的动力源泉。一方面，静态地看，企业家的知识、能力和个性品质等要素在经营活动中融入企业文化，成为企业文化生成的基因，决定着企业文化的性质和风格，并制约和向导着企业文化的个性和发展，企业文化的特征都深深地打上了企业家的烙印；另一方面，在企业文化塑造和发展中，企业家又扮演着定位、创建、控制、变革等举足轻重的角色，从而成为企业文化动态模型中第一位活跃因素，任何企业文化的重大变化都是由企业家来推动完成的。

### （二）企业家对企业文化的传承与发展

创新是市场经济下企业可持续发展的动力源泉。企业文化只有不断创新，才能形成旺盛的生命力。市场经济条件下企业文化的塑造，要突出企业的个性和特色，这样才能赢得员工的认同和顾客的信赖。企业文化的发展，需要企业全体员工的共同努力，但企业家则是文化建设和创新策划者、设计者、推动者和组织者，企业家在企业文化发展中发挥着不可替代的作用：企业家通过自身的感召力和示范效应将企业的经营哲学、价值观念传播给企业广大员工，促进员工产生对企业文化的认同；同时，企业家通过自己强者形象在员工中的示范效应，推动企业员工对伦理和行为准则的遵从并转变成自觉的行为。此外，企业家通过自身的统率力和感召力还引领着企业文化的变革方向。

企业文化是随着企业的发展而缓慢形成的。企业文化的形成凝聚了领导人的文化和组织的文化，最终形成了集体式的统一价值观，企业文化具有沉淀作用。因此，企业个别领导人变更后企业文化的创新，只能在整体的企业文化模式基础上进行。企业文化传承的关键就在于领导人应当在吸收继承企业传统的优秀文化的基础上进行创新，除非此时的企业文化已经成为劣势文化，严重阻碍着企业的发展。

（三）造就一代儒商

目前，我国中小企业的发展，迫切需要一批学识渊博、积极进取、善于创新、熟悉市场竞争规则，并对企业员工具有感召力的新型企业家——儒商。儒商是一个古老的称谓，明清时已非常流行。当时，人们在谈及徽商时，称之为"亦儒亦贾"。跨越历史的隧道，现代"儒"的含义和"商"的含义均已被赋予了新的时代内容。儒商也已不再散见于历史断代的卷页中，而将成为现代经济的主流，成为现代经济的必然选择（杨家栋，2006）。

现代市场经济正充分显示、也正充分考验人的知识和智慧。现代经济的思维、手段和方式都是前所未有的，如互联网、电子商务等。随着贸易的迅速发展，全球统一市场的出现，竞争变得异常激烈，这不仅需要市场主体有丰富而灵通的信息、科学的经营管理、高效的生产流程、有效的营销手段，而且也要求产品有更多的科技和文化附加值，体现出市场主体的创造精神和才华。要做到这些，非满腹经纶的儒商不能胜任。而面对硝烟四起的商业战场，也唯有这种商界的博学鸿儒，方能称雄于变幻莫测的国内外市场。

现代儒商除了应具有现代经济人的特长外，同时也担当着社会人、道德人的崇高职责。从社会学的角度来看，企业不是私物，而是公器，企业家是公众人物，他们对社会承担着更为广泛的社会责任。经济活动本身是一种社会活动，从事经济活动必须考虑生态环境问题，以及社会的公众福利、国家税收等。儒商也必须全面承担公民的责任和义务，在国家法制和社会公众利益范围内活动。在我国市场秩序混乱时，应为市场经济的良性运行出谋划策，身体力行。在国际经济活动中则应当维护国家尊严和利益，友善互惠地与其他国家和民族进行文化交往，造福全人类。现代儒商同时还应具有儒家的终极关怀意识。既要努力投入竞争，也要注重社会福利；既要有先富起来的干劲和勇气，也要不忘回报社会，通过先富带后富的行动，推动中华民族走上共同富裕的大道（杨家栋，2006）。可见，现代儒商的知识范围和社会责任范围都在进一步扩大。儒商是时代的产物，造就一批儒商也是时代的要求，更是推动中小企业发展和文化建设的基本路径。

## 四 传统文化与中小企业文化建设

中华民族悠久的历史传统文化已深深地植根于社会文化之中，中小企业的文化建设必须与我国传统文化相结合，唯有这样，企业文化才会有旺盛的生命力和强大的凝聚力，才能有效发挥文化的价值和功用。

（一）传统文化与现代企业文化的契合与冲突

我国传统文化是在中华民族五千年文明的历史发展中积淀形成的，时至今日，传统文化中的许多优秀的思想精华对培植中国特色的企业文化仍具有极大的价值，是企业文化建设的优秀文化传统。但也应看到，即使是与企业文化较为契合的传统文化思想，也存在着不少与时代不协调的节拍和音符。因此，在企业文化建设中，必须对这些传统文化价值形态加以现代调适和科学转换。对于一些带有"双刃剑"性质的文化因子，应尽量挖掘其正面因素，剔除其负面因素，扬长避短，使合理的因素得以提升。而对传统文化中与现代企业发展不相适应、严重冲突的内容，必须进行彻底的扬弃和全面改造。这些冲突主要表现为：①传统的垂直隶属型社会结构与现代企业网络型结构的冲突。中国传统社会是一个宗法等级社会，社会结构呈垂直隶属型。社会运行系统中的纵向隶属关系多于横向平等交流关系，反映在企业结构上则表现为企业母体与各个子系统之间呈一种不平等的纵向隶属关系，子系统并无对外施加影响力的独立地位和自主权。现代企业文化则属于网络型结构，强调平等主体文化的横向联系，企业各子系统以平等文化主体的身份进行合作和交流，具有相对独立的地位和自主权利。②法治社会要求与人治传统的冲突。人治传统与自然经济下的生产方式和小农意识有着密切的联系，不仅影响了生产的社会化和商品化，也使得商品经济的契约意识、法制意识、竞争意识、效率意识、服务意识，特别是法制意识和契约意识长久缺失，从而使得企业制度文化建设的任务更加艰巨和紧迫。由血亲意识转化而来的宗法等级观念、封建家长作风形成了顽固的心理定式，体现在企业组织中表现为论资排辈、任人唯亲、盲从权威等非正式原则在人事安排和人际关系中发挥着不良作用，与企业文化所遵循的任人唯贤的用人原则、平等的人际准则相背离，对企业凝聚力和向心力的形成有百害而无一利。③创新思维方式与惯性思维方式的冲突。传统文化的思维方式是一种因循守旧的惯性思维方式，表现为实践上的一味求稳、保守知足、小富即安，极大地抑制了进取、创新思维的发展。现在一部分企业家的思维方式保守，远远不能适应现代经济发展的要求。具体表现在企业经营活动中，相当一部分企业家的思维方式保守狭隘、目光短浅，不能适应现代经济全球化和自由化的要求。现代企业文化要求企业家具有的创新思维，是一种具有竞争性、开拓性的创造性思维。④开放意识与保守心理的冲突。传统文化的基本心理结构是求稳惧变，以静制动。表现在企业管理中，就是只求实用、不求革新，只求引进、不求开发，不求有功、但求无过。企业文化要求提高企业全体员工的开放意识，树立适应市场经济要求的竞争意识、全局意识、整体意识和变革意识，建立起一种健康的文化心态和心理素质。[①]

（二）文化发展中传统文化精神的融合

立足于当今时代和企业发展，反观我国传统文化的丰富内容，我们会发现以下对企业文化建设有益的思想精神：

以人为本，注重教化的人文精神。春秋战国以来，我国传统文化就开始以儒家思想为核心，讲求"人学"，即人本主义。《论语·颜渊》中的"樊迟问仁，子曰爱人"和《孟子》中的"爱人者，人恒爱之"等言语渗透着早期朴素的"以人为本"、仁爱施政的管理思想。在中国文化中人本思想大体包括三层含义：把人看成是万物的中心，深信价值之源内在于人心；"仁者爱人"，强调"爱人"思想；人只要努力，皆可成才。这种"人本主义"的思想应用在现代管理中，就是要求管理者必须尊重员工、关心员工、重视员工利益，只有将员工视为共同创业的伙伴，才能充分调动员工的工作热情和创新能力，使企业在激烈的竞争中能立于不败之地。实际上，很多企业也正是因为在企业文化中贯穿了"以人为本"的思想，才获得了今天的成功。我国的中小企业一般组织规模较小，如果在企业文化建设时能切实树立"以人为本"企业价值观，必将有利于增强企业员工的凝聚力和向心力，最大限度地发挥员工的积极性和创造性，有效增强企业的竞争力。

贵和持中，强调整体的中和精神。有关"和为贵"，我国自古就有"人莫

---

① 马云志、李少惠：《企业文化概论》，兰州大学出版社1998年版，第271~272页。

贵乎生，莫乐乎和"、"礼之用，和为贵"、"天时不如地利，地利不如人和"之说。一些深受儒家思想影响的企业家，提倡把市场经济中以金钱为代表的价值法则与儒家文化中所蕴涵的"人和"思想有机结合起来，构建一种"温和的金钱关系"。

将传统文化中的"人和"思想融入现代企业，一方面要求企业应重视员工诉求，在企业内部建立融洽的人际关系；另一方面，也要求企业应重视和关注消费者和社会公众的期望和要求。著名的 GE 公司，就拥有重视客户关系管理（CRM）的企业精神，该公司的新产品从设计开发到营销始终都能依据消费者的意见及时作出调整，这既能最大限度地保证企业市场的成熟稳定成长，又在无形中提高了公司的美誉度。可以说，贵和持中的"人和"思想既能减少企业内部的管理成本和由于人际关系紧张而产生的摩擦成本，提高企业运行效率，增进企业的整体凝聚力；也能建立帮助企业建立良好稳定的外部协作关系，建立企业良好的品牌形象和声誉。对于我国中小企业来说，塑造"人和"的企业内外经营环境，对于摒除"家长意识"，培养"内求团结，外求发展"的企业文化同样非常重要，但在应用中应注意避免过分强调"人和"而导致在企业中产生因循守旧、不思进取的惰性思想和僵化倾向。

以义取利，诚信为本的理性精神。"信"、"义"是儒家重要的道德规范，也是现代儒商的市场经营价值观。在"信义"二字中，"信"是泛指诚实不欺、讲信用的品德；"义"是指人的思想和行为要符合一定的道德标准，要尊重他人的人格，尊重他人财产，爱护公共财产。"以义取利，诚信为本"的价值观，首先包含行为准则上的"见利思义"。根据这一原则，现代儒商在市场经营中注意正确处理好"义"与"利"的关系，确立"义利合一"的企业经营方针，注意正确处理好企业与职工、企业与企业、企业与社会之间的义利关系，企业发展应主动维护国家和民族利益，保护生态环境，耻于"见利忘义"，不以制假贩假等不正当竞争手段牟取暴利。其次，"以义取利，诚信为本"还包括行为准则上的"诚信"。孔子曰："自古皆有死，民无信不立。"取信于民，企业就稳定发展；失信于民，企业就难有立足之地。要实践这一原则，现代企业在经营中就应当强调"用户至上，信誉第一"的意识，向用户提供优质产品和服务。

长期以来，由于片面追求短期利益，我国很多中小企业常常与假冒伪劣产品、社区环境污染等联系在一起。这些企业未真正树立"君子爱财，取之有道"经营伦理观念，或非法经营以牟取暴利，或违背社会道德以求短期发展，这不仅严重危害着市场竞争的秩序，也使企业自身发展陷入困境。中小企业在企业文化建设中，应当注入"以义取利"、"生财有道"的经营理念，真正做到合乎法律、合乎道德的开展经营活动，以不损害社会公共利益为经营的道德底线，通过诚实守信的经营活动，为消费者提供质优价廉的产品；同时，注重维护并增进所在社区和整个社会的公共利益。

自强不息、正道直行的进取精神。我国传统文化历来主张开拓创新，倡导自强不息。《礼记·大学》说："汤之盘铭曰：苟日新，日日新，又日新。"对于事业和人生，儒家强调积极有为的自强不息精神。"天行健，君子以自强不息"，宣传勇于进取的人生态度。

开拓创新，自强不息，要求企业树立开放意识、创新意识和市场意识。开放意识即要求现代企业不仅要以中国古代优秀的传统思想文化为渊源，也要认真学习西方先进的思想、文化、科学技术和管理经验，即"本儒"和"洋儒"的结合，中西方先进文化的结合；创新意识要求企业应不断挑战自我，不断革新和创造，在企业形成人人探索、个个创新的机制，不断推出新的产品和服务，以满足广大消费者日益增长的需求；市场意识要求现代企业家应时刻关注瞬息万变的市场，注意社会需求的变化趋势，经营活动以市场为导向。

## 五　地域文化与中小企业文化建设

前文已经论及，一个企业的文化特征，在很大程度上是企业所在地域人文特征、商业环境等的缩影。企业所处的地域环境不同，人文生态、文化特质不同，直接影响着企业的经营思想和经营方式，也影响着员工的价值观念和追求。荀子在《荀子·儒效》中就曾指出："习俗移志，安久移质。"他认为一个地方的风俗习惯能够改变人的思想，长久地受风俗习惯的影响，就会改变人的素质；而优秀的企业文化对地域文化起着重要的引领作用。中小企业的经营活动一般局限于一定的地域范围内，其经营活动的地域性就更强，尤其是企业的人员构成具有明显的地域性，更多地受到地域文化及社会习俗的影响，形成了富有地域特征的企业文化。

地域文化是一个复杂的体系，各地的地域文化不仅有其不合时宜的落后一面，也有其积极开放的一面。在中小企业文化建设中，应注意挖掘不同地区地域文化的积极元素，将其融入企业文化之中，提高企业文化的适应性、独特性和生命力。例如，甘肃曾是我国历史上不同政治势力和文化实力相互斗争、融汇的边疆地区，这种特殊的历史发展路径使甘肃地域文化天然地具有创新和开放的一面。而这种开放心态作为一种社会文化基因，经过历史的沉淀已成为该地区人们文化心态不可或缺的一部分。正是这种文化元素使地处封闭的甘青交界处的大通河水泥公司，成长为一个发展迅速的现代化企业。研究该公司成功的原因，我们不难发现该公司领导和员工面向未来、善于创新、勇于开拓的精神和心态。正是这种勇于探索的相对开放的心态，使该公司不仅在技术改造和制度创新上始终在不停地探索，而且还成立了专门的专家小组积极地寻求与外部智力资源的联合，以保持企业在技术和制度上的领先地位。这种技术和制度上的领先确保了企业在市场竞争中的优势地位。又如，源于对民族传统文化的崇尚和固守，以及甘肃人对恶劣的生产条件和生活环境的适应，甘肃地域文化形成了"勤俭守业、自强不息"的文化特质。这种地域文化特质，使甘肃的企业文化中渗透着顽强拼搏的精神和超常的生存欲望。正是这种企业文化特质，造就了一个个企业神话，最为典型的是位于甘肃省定西市的扶正制药公司。扶正公司地处甘肃中部干旱地区，该地区人民生活水平极差，扶正公司却发展成为一家在西北乃至全国知名的制药企业，其成功的法则就在于那个苦甲天下的自然环境造就出了一批具有顽强意志和强烈求生欲望的企业员工。该企业文化的主旨就是拼搏精神，它根植于企业每位员工的内心深处并形成了一种潜意识，正是这种精神促使员工在任何时候都能够保持一种乐观和自信，也正是这种精神使扶正公司历经波折而不衰，使企业始终以一种健康向上的精神和状态参与竞争，寻求发展。

可见，有意识地挖掘并整理地域文化中潜在的有益文化元素，摒弃制约企业文化生成和发展的消极元素，是各地中小企业文化发展战略中不容忽视的一个重要课题。在当前竞争日益激烈的时代，企业之间的竞争除了在人才、资本、资源、市场和信息等方面展开外，区域的特色文化资源几乎已经变成了最后的竞争手段。地域文化和企业文化的有机融合，是顺应时代潮流的崭新课题，两者的融合必然会促进企业和地域经济的共同发展，也必然会促进区域文化的创新和发展。

# 第五章　集群文化：中小企业及集群成长的变量

　　越来越多的理论和实证研究表明，曾被长期忽视的文化因素在经济社会发展中有着不可替代的作用。人文地理学家曾认为，过去十几年中经济地理学术文献最突出的一个特征就是由经济向文化的转移，文化和许多与其相关思想已经成为主要的研究论题和最具活力的知识源泉，在某种程度上，它引导我们改写对现代世界中生活的理解。从区域经济发展角度看，联系经济和文化的一个重要概念是社会经济学家们常强调的"根植性"，而目前在经济生活中越来越受到人们关注的企业集群现象（enterprise cluster），恰恰就是一种依托于"根植性"的典型事例。国内外许多研究曾将是否具有"地方根植性"作为判别企业集群的标准之一，许多学者将文化环境作为影响区域优势发挥的一个重要因素。可以说，离开了特定的地域文化背景和制度取向，企业集群就不可能成长、壮大。本章正是基于这一认识，结合典型企业集群的发展，来论述文化因素与企业集群发展及文化之间的内在联系。

## 第一节　中小企业发展中的集群模式

　　集群（cluster）用来定义在某一特定产业中，大量产业联系密切的企业以及相关支撑机构在空间上集聚，并形成强劲、持续竞争优势的现象。在业务上相互联系的一群企业，特别是中小企业，在特定空间地理位置上的集中，就构成了企业群落。在强调跨国公司、综合商社、大集团等大企业规模经济优势的今天，中小企业群落理论应引起我们足够的重视。西方国家产业布局的现实为中小企业群落理论的价值提供了强有力的证据。在美国，微电子、生物技术、风险资本集中在"硅谷"，影视娱乐业集中在好莱坞，互惠基金、软件集中在波士顿，金融服务、广告、出版、多媒体集中在纽约，汽车设备及零部件集中在底特律，房地产开发集中在达拉斯，保险业集中在康涅狄格州的哈特福特，钟表业集中在密歇根，新材料、能源集中在匹兹堡，飞机设备与设计、软件、金属加工集中在西雅图；在德国，汽车业集中在慕尼黑等南部地带，化工业集中在法兰克福一带；在意大利，金属阀门、磁带集中在诺瓦拉北部，丝织品集中在伦巴第的科莫，家具业集中在贝尔加莫，钢铁业集中在布鲁西亚，黄金首饰加工集中在阿雷佐和维琴察。瑞士、荷兰、英国等国家也有类似的情况，如瑞士的制药公司集中在巴塞尔，荷兰的花卉业集中在阿姆斯特丹与鹿特丹一带，英国的拍卖业集中在伦敦市的几个街区。在我国部分地区，中小企业群落已具雏形，浙江省就有一些，如海宁皮件、义乌小商品、宁波服装、永康小五金、乐清低压电器等。

## 一　企业集群的含义

对于企业集群这一新的经济活动组织形式存在多种不同称谓，在各国的区域研究文献以及有关集群战略的一些会议和政府文件中，采用了多种与之相匹配的称谓，诸如"产业集群（industrial cluster）"，"地方企业集群（local cluster of enterprises）"，"地方生产系统（local production system）"，"区域集群（regional cluster）"，"产业区（industrial district）"等，含义大同小异，还延伸到"地方创新环境（local innovation milieu）"，"区域创新系统（regional innovation）"、"企业网络（business network）"等，这其中使用和讨论得最多的是产业集群和企业集群的概念。对集群的不同称谓除了反映人们对集群集聚形式、观察角度的差异以及对其内涵分析的不同侧重，"产业集群"侧重于从产业特性和联系的角度观察和分析集群中纵横交织的行业联系，揭示集群内相关产业联系和合作，以及如何获得产业竞争优势的问题；而"地方企业集群"则侧重于观察分析集群中的企业地理集聚特征，从企业个体近距离地理"扎堆"集聚的角度观察和剖析个体企业间联系状况，以及供应商、制造商、客商之间网络化相互依赖关系和规模结构及其对群体企业竞争力的影响。这些针对同一经济现象的不同称谓说明了对企业集群的研究可以从多个视角展开。根据本书研究的重点，我们将采用"企业集群"这一概念，来指称在新的历史发展阶段或称"经济进化"新阶段中具有组织演化性特征的经济活动空间集聚形态。

在企业集群的界定上，由于判定标准的依据不同，也存在着一些争论，有些学者将该概念界定得比较窄，认为企业集群应该是指那些经济发达国家中，高新技术产业发展中兴起的企业大量聚集，同时产生紧密的本地化网络联系，根植性较强的产业区。有的学者认为应该将企业集群的界定更一般化，放松对企业本地联系的要求，把所有快速发展的区域包括第三世界国家依靠出口加工和政府产业政策发展起来的工业区，都涵盖其中。① 前一种界定非常强调协作网络以及根植性，实际上这种特征是发展成熟的企业集群的特征，这是大多数发展中国家的传统工业区所不具备的，但后一种界定又过于宽泛，忽视了企业集群和传统工业区应有的区别。

可以看出，企业集群是由一组企业和非企业性质的机构，基于供应商与客户的联系，或是共同的技术、共同的客户或分配渠道，或是共同的劳动力资源库而集合在一起的介于单个企业和市场之间的组织形式。应该注意到，集群意味着各成员间一定程度上的空间接近，地理上的接近使面对面的交流网络、共同的劳动力市场和知识传播和创新分散成为可能，尤其是隐含经验类知识的交流，能激发新思想、新方法的应用，促进学科交叉和产业融合，使得新产业和新产品不断出现。企业集群实际上包含着三层含义：第一，企业集群是就一定区域而言的，是经济活动的一种空间集聚现象；第二，企业集群是一个包含了某一产业从投入到产出以至流通的各种相关行为主体的完备的经济系统；第三，企业集群存在和发展的核心是特定的地方优势产业，比如诸暨大唐的袜业，河北清河的羊绒业等，离开了区域特定的优势产业来谈企业集群是毫无意义的。这也说明了其他区域难以匹敌的地方化优势产业是企业集群得以构建和发展的最基本的物质前提。由此，我们将企业集群定义为：在一定地域内，大量企业（通常是中小企业）和相关机构聚集，且根植于当地社会文化环境，由专业化分工组成本地化网络，产生范围经济效应的区域性生产系统。

二　企业集群的特征

熟悉企业集群的特征不仅能帮助我们识别集群，而且能协助诊断集群存在的问题。国内学者陈雪梅认为企业集群有如下特征：（1）地缘上的临近；（2）企业间的相互依存与联系；（3）企业之间以及企业与各种机构、组织间的互

---

① 王缉慈：《创新的空间：企业集群与区域发展》，北京大学出版社 2001 年版，第 127 页。

动；（4）良好的公用基础环境设施；（5）知识的快速扩散；（6）价值链上的相互需求；（7）外向型的投入产出；（8）资源共享。张金锁等认为企业集群有两个显著特征：积极的企业驱动力和灵敏的经济基础。积极的企业驱动力又包括五个主要方面，即企业规模类型多样化、国际联系广泛性、企业灵活性大、企业间的关联程度高和高质量的本地供应渠道；灵敏的经济基础特征包括具有高适应能力的人力资源、易得到技术、易于企业融资、先进的基础设施、税收环境优越和良好的自然资源六个主要方面。魏后凯（2003）认为集聚经济、灵活专业化、创新环境、合作竞争和路径依赖是产业集群的显著特征。综上所述，我们认为企业集群的特征考察可以从以下六个维度进行：

（一）地域上相对集中

空间集聚性是产业集群的空间特征。这种特征表现为任何产业集群，诸如美国硅谷、我国台湾新竹以及广东东莞等地的专业镇等，都表现为相关企业和支持机构的"扎堆"现象。对于产业集群的地理规模，波特认为"可以从单一城市、整个州、一个国家，甚至到一些邻国联系成的网络"。对于这种空间集聚现象，韦伯从成本最小化的角度、史密斯从利润最大化的角度、Lucas（1988）从知识扩散的角度、经济社会学家格兰诺维特从社会关系的角度进行了解释，在此不再赘述。从企业微观角度来讲，业主和职工的生活空间基本上在一个地域内，因而产业和生活共同构成地域社区。这样，地域集群内的各种角色，无时不在以各种方式交流技术和市场等信息。此外，中小企业之间不仅在业务上分工协作，而且共同生活在一个社区，日常交往非常密切，自然建立了一种淳朴的信赖关系。意大利的中小企业集群呈现的就是这样一种模式，我国广东南海西樵纺织业集群是以西樵轻纺城为中心直径在两公里范围的一个地域上相对集中的区域，这种空间组织模式获得了沟通、资源共享等方面的诸多好处。

（二）技术可分性和产品差异化

适合集群化发展的产业的首要特征是集群产品或服务存在技术可分性，即产业的产品和服务应在生长技术上具有垂直分离的特征，并能形成较长的价值链，产业内企业间的专业化分工能够高度深化，能形成大量的工序型企业和中间产品的交易市场。产品价值链条越长，技术上进行工序分解的可能性越大，垂直方向的劳动分工有可能加长。这样才有可能吸引众多的企业聚集在一起。并且产品的技术可分性，降低了创办企业的资本要求，使一家一户承担某个特定的工序进行专业化生产成为可能。比如，温州的纽扣在20世纪80年代就已具有很大规模，居温州十大产业前茅。但进入 90 年代后，温州人特有的商业文化似乎并不能给温州的纽扣业带来多少优势，在全国各地厂商的激烈竞争下，温州的纽扣业逐渐萎缩。集群的优势在很大程度上来自内部的分工合作而形成的外在规模经济，纽扣作为一种较为简单的小商品其整体生产流程不很复杂，整个价值链上所需的参与者不是很多，因此原有的产业规模带来的并不是分工合作而是异常激烈的竞争。微软总部所在地西雅图没有形成软件业集群也是这个道理，操作系统的特性决定了其研究过程需要高度的纵向一体化，外在参与者很难进入这个产业的核心。一个价值链的长度取决于技术，同时还取决于专业化的组织在不同的生产规模上获得利益的差别。在企业之间能够组成一个完整而有效率的价值链时，它们更倾向于集中在一起。在企业集群内，产品差异使得企业不会陷入价格竞争的恶性循环。垄断竞争型市场结构，确保了产品的差异化具有较大潜力。

（三）集群内的组织网络

首先，企业集群是生产系统。叶波（2003）从技术经济维度上的生产系统和治理结构维度上的企业网络考察集群，认为集群从整体上来说是一个有地域界限的产业生产系统，这个系统处在由集群企业构成的网络治理之下，企业网络节点间的连接主要发生在有上下游生产联系的供应商和客户间。其次，产业集群是一个社会系统。从实质上看，这种基于生产联系的企业网络的特征是生产关系必须适应生产力发展这一规律的必然结果，是在信息量巨大、市场变化迅速、产品生命周期大大缩短的知识经济时代，生产社会化不断扩大的产物。因此，结构完整的集群包括"供应商和专业化基础设施的提供者、销售渠道和客户，并从侧面扩展到辅助性产品的制造商提供专业化培训、教育、信息研究和技术支持的政府和其他机构——如大学、标注的制定机构、智囊团、职业培训提供者和贸易联盟等"。最后，集群组织最根本的联系纽带是竞合联系。竞合联系是集群得以保持活力的源泉，互补性的合作关系使得相关企业形成一个体系（生产链、价值链、生产体系、生产综合体等），从而强化生产者在空间集聚的趋势。

（四）企业聚集的经济效应

企业及其支撑机构在空间上的集聚，从而形成集聚经济。集聚经济源于各种相关的经济活动的集中而带来的效益。集聚经济主要表现为集群内的企业所独享的规模经济、范围经济和外部经济。规模经济是指产业集群规模扩大，产量增加，使群内个别企业降低平均生产成本而获得的经济好处；范围经济是指区域内企业的多种产品和多样化的经营以及若干企业横向纵向联合生产给企业带来的成本节约，它的重要前提是区域内多元化经营的企业实现资源共享；外部经济表现为三个方面：促进专业化投入和服务的发展、为有专业化技能的工人提供了共享的市场、使公司从技术溢出中获益。

（五）集群发展的路径依赖

累积因果性和路径依赖性是产业集群的发展特征。由于某些成功的发展因素（企业家才能、资本供应、劳动力供应、土地供应和当地生产的中间产品等），区域中不同行为主体间存在较紧密的联系时，一种产业的扩张会增加其他公司的利益，依赖于成功因素所产生的"极化效应"将促进进一步的扩张和累积因果作用。然而，曾经成功的发展因素，随时间推移会作为制约因素限制集群专业化的进一步发展，从而阻碍集群进入新的发展阶段，出现"集群锁定现象"，从而导致集群的衰退。因而，在"分歧点"（Scott 1995）打破历史遗传的禁闭，通过替代或补偿过时的资源、技术、基础设施和思维方式，可以促进集群的进一步发展。

（六）企业发展的产业环境

企业所处的产业竞争环境，对时间和空间的控制特征将决定产业组织和生产组织的形式。如果竞争环境是相对稳定的，企业可以通过控制开发和生产组织的时间来换取在空间上扩张的灵活性。只有在动态多变、对速度经济性要求很高的产业环境下，出于协调、沟通和信息跟踪反馈的需要，企业才必须在空间上形成集聚以获得竞争优势。但更为重要的是企业所在的集群的创新环境。在产业集群中由于地理接近，企业间的密切合作、经常的面对面的交流有利于各种新思想、新观点、新技术和新知识的传播，由此形成的知识溢出效应将增强企业的研究和创新能力。两类知识对集群内的企业至关重要：一是当地供给方面的知识溢出，主要来自于供应商、合作者、委托者、同业竞争者、教育和研究机构；二是需求方面的国家和国际知识转移，主要来自客户、消费者以及国际分销商等。在迅速变化的全球经济环境中，产业集群能帮助企业迅速获得两类知识中的"默会成分"。

三　企业集群（群落）与中小企业发展

改革开放以来，我国已经出现了三种类型的企业群落：一是处于小城镇的企业群落，如浙江、广东等沿海省份的专业镇；二是处于大中城市的高新技术开发区的企业群落；三是依托于大企业的"中心卫星型"企业群落。这三种企业群落各有其不同的形成机制，应加以研究与区别对待。总体来说，培育我国企业群落的宏观思路是充分发挥"市场、行业协会和政府"三者的组合作用。虽然三者的作用都不可缺少，但是，市场的作用应占有较大的比重，行业协会及政府往往起着辅助作用。通过三者的组合作用，培育出适合各个地区资源、文化、市场、地理等条件的企业群落。

（一）中小企业群落能够促进中小企业发展

企业群落为中小企业发展提供了一种区域组织形式。美国的"硅谷"不是一个大企业，而是一个高科技的企业群落；好莱坞娱乐业的竞争优势并不取决于某一家娱乐企业，而取决于好莱坞娱乐企业的集合。意大利的中小企业群落更是举世闻名的。如位于佛罗伦萨附近的普拉托市毛纺企业群。该市人口仅15万，却拥有14 000多家与毛纺有关的中小企业，其梳毛产品占意大利同类产品出口总额的70%，占同类产品国际市场份额的50%。这样的中小企业群落在意大利有70多处，每一处的产品都独具特色，如坐椅、陶瓷、珠宝首饰、皮革服装等，在国际市场上具有较强的竞争力。

（二）企业集群具有良好的技术创新效应

从产业的空间集聚方面来看，中小企业群落化使相互间具有紧密经济联系的企业在地理空间上相互靠近，形成了信息反馈回路，改变了传统的买者与卖者的关系，不仅降低了运输成本，也大大降低了以信息搜索成本为主的交易成本；从专业化分工与合作的角度来看，小企业群落内部基于开拓共同市场而建立起来的较稳定的专业化分工与协作关系不仅促进了企业间的有序竞争，激活创新的动力，而且，专业化分工也使中小企业日益专精于某项技术，使得每个企业负担的技术创新投资成本大大降低；从企业组织关系方面来看，群落中企业间的关系已经不仅仅表现为"自然选择"，而且由于融入当地的社会文化环境以获得人文网络的支持，使企业之间进行技术创新的合作大大强化，降低了企业为弥合企业间知识和经验技能的差距所付出的成本；从学习过程来看，群落化有助于技术知识"传染"的加剧，后进企业可以利用技术创新的先进企业的经验、技术等信息的溢出效应，通过模仿和学习缩小差距，节约成本。

（三）企业集群是实现规模经济的一种良好形式

1998年，波特在《哈佛商业评论》上发表了《企业群落和新竞争经济学》一文，他指出："企业群落内的每个成员都从群落中获益，好像它有更大的规模或与另一些成员已经结合在一起一样，并且没有失去它的柔韧性。"企业群落既不同于科层制，也不同于市场制，而是一种"中间性体制组织"，相当于三方规制和双边规制。这种组织既可以克服由于单个企业规模扩张而产生的企业内部组织成本过大、对市场反应刚性、官僚主义等规模不经济，又可以降低由不确定性大、交易频率小等纯市场制的缺陷引起的市场交易费用。例如，浙江省海宁皮件企业集群已经显示出规模经济效益，具有较强的低成本竞争优势。1996年海宁拥有皮革皮件的生产企业 2 030 家，营业额 55 亿元，出口额13.8亿元，而海宁皮革服装城拥有贸易企业 8 000 家，营业额 22.15 亿元。可见，并非只有大企业才能实现规模经济，由众多小企业集中形成的企业群落是一种更好的实现规模经济的形式。

（四）企业集群能够创造竞争优势

对于低成本优势，企业群落可以通过节约群落内每个企业的交易成本而获得，对于政府扶持政策的利用也是企业群落获得低成本优势的源泉之一。同时，企业群落还可以通过统一对外促销、规范品质标准、认同专项技术、推广共同商标、共享群落信誉等措施获得自身的差异化优势。此外，相对于单个企业，企业群落的集体谈判能力得以增强，通过统一的对外谈判，有时可以得到更多的订单，并容易得到政府产业政策的优惠。

（五）企业集群能推动产业结构升级

技术创新是推动产业升级的关键。群落内企业在分工与合作基础上的竞争使企业充满着创新活力，谁也不甘落后。同时，下游工序与上游工序之间的交互过程正是产生一系列创新所需知识与信息的过程，企业群落的专业化分工使得每个企业专注于特定的工序，这样，每个企业所投入的创新成本大为降低。此外，由于群落内企业的空间集中性，以及信息传递的便捷，使得创新成果在群落内的扩散速度加快。对于一些类似技术诀窍的创新技术，以及从"干中学"中得到的难以言传的技术，其扩散速度更快。创新扩散根源于技术、管理经验、操作方法等的可转让性和技术的外溢性。群落内企业之间的创新竞争，以及相互学习与借鉴，推动了企业群落的技术进步。

# 第二节　中小企业集群发展

## 一　中小企业集群的形成诱因

（一）市场组织化：中小企业组织演化的选择

企业市场化、市场组织化是当代企业组织发展的两大趋势，与企业市场化主要讨论大企业不同，市场组织化可能包括各种不同规模的企业。市场组织化是指具有纵向、横向关系的企业由原来的纯市场关系向有组织的交易关系转变的过程。市场组织化的具体形式有战略联盟、虚拟企业、OEM 生产方式、特许经营、供应链合作、合作协议、长期契约、企业集群等。市场组织化的动因可归纳为以下几个方面：

1. 市场组织化可以防止"敲竹竿"现象发生，降低交易成本。中小企业由于资源有限，往往需要进行专业化经营。专业化经营一方面有利于提升中小企业资源利用效率，但另一方面却可能导致中小企业资产专用性上升，高资产专用性会使中小企业易受到交易对方"敲竹竿"的威胁，而中小企业和其他企业建立长期交易关系既可以降低"敲竹竿"的威胁，又可以享受资源利用的高效率。

2. 市场组织化可以防止企业之间的过度竞争和不正当竞争。正常竞争对提高社会福利水平无疑是有利的，但企业之间过度竞争和不正当竞争则会阻碍生产力发展，而且对每个企业的长期发展都会造成负面影响。企业过度竞争的市场化解决办法就是企业之间合作，实现市场的组织化。

3. 市场组织化可以创造新的生产力。首先，市场组织化有利于社会分工深化。市场组织化能够节约交易成本，交易成本下降必然导致社会分工向纵深发展。其次，市场组织化使单个企业能充分利用外部资源发展自己。理查德森（1972）互补活动观认为，高度互补性活动由于对质与量配比要求度高，需要通过企业之间的各种协作方式进行协调，这样才能保障企业从事与自身能力相适应的活动。再次，市场组织化建立在企业协作的基础上，企业协作能够创造新的生产力。一方面市场组织化能够节约交易成本，交易成本节约必然导致社会分工向纵深发展，从而创造新的生产力；另一方面市场组织化为企业间协作提供了平台，而协作能够创造一种生产力，这种生产力是一种集体生产力。

市场组织化的一般结果是中间组织的形成，根本动因正是中间组织优势和功能所在。中间组织存在虽说是种古老的现象，如马歇尔（1890）在其《经济学原理》一书中就有对企业集群这一中间组织形态的描述，但大规模的市场组织化和企业市场化现象还是最近几十年的事，这已引起经济学家的日益关注。"我们面对的是一个完整的交易链：从最少合作性质的、有组织的商品市场开始，经过与传统联系和商誉相关的中间地带，最后是体现充分合作与正规发展的盘根错节的集团和联合体"（理查德森，1972）。威廉姆森根据交易双方自主度的高低把交易分成三类：市场、等级制（企业）、中间地带（特许经营、合资企业、各种非标准化的合同），并认为中间地带交易是一种更普遍的形式。中间组织是当代市场和组织发展的重要趋势。

企业集群作为一种中间组织符合当代组织的发展方向，具有组织的时代生命力。从各国企业集群发展实践来看，企业集群的形成和其他中间组织一样，不是起源于企业的市场化，就是起源于市场的组织化。这种"两化"趋势大大提高了经济组织的竞争力：日本丰田城以丰田汽车公司为主导企业的汽车企业集群创造的丰田生产模式在日本的推广，导致日本汽车工业急速发展，一度赶上和超过美国汽车工业，从而迫使美国汽车企业向日本取经、学习；克罗地亚造船企业集群是由大企业改造、分拆而成的，克服了大造船企业结构臃肿、劳动力成本过高、效率低下的弊端，重振了克罗地亚造船业雄风；美国硅谷和128公路地区虽然起点和技术相同，但目前硅谷的经济表现远远优于128公路地区，硅谷成为美国经济的重要发动机，硅谷的腾飞就在于那里集中了大量由中小企业组成的发达企业集群，而且企业间的密切联系大大提高了硅谷系统的信息处理能力，适应了当代信息化复杂性的局面。而128公路地区"马塞诸塞州奇迹"结束的主要原因在于等级科层制，企业之间缺乏有机联系。①

在经济日益全球化、国际市场竞争日益激烈的情况下，企业集群由于符合当代经济组织发展方向，正日益显现出强大的组织生命力。哈佛大学教授迈克尔·波特（1998）甚至认为"集群的因素支配着当今的世界经济版图，它是每个国家国民经济、区域经济、州内经济甚至都市经济的一个显著特征，在经济发达的国家尤其如此"。

---

① 参考李亦亮《企业集群发展的框架分析》，中国经济出版社2006年版，第60～63页。

（二）企业家的利益追求

企业家是企业集群发展的主导力量，企业家在企业集群发展中处于中心地位。马勒齐（Malecki，1997）认为企业家是经济变化的关键角色，对企业家的系统研究是理解国家、区域以及地方发展差异的重要方面。徐康宁（2003）认为在几乎同样的条件下，有的地区形成了企业集群，有些地区没有，仅用自然的、运输的、规模经济的因素已不足以说明，这时候企业家精神就起到关键作用；朱嘉红、邬爱其（2004）认为非均衡的企业家能力资源分布决定了我国各地集群经济发展水平的非均衡现实。

企业家在企业集群发展中发挥着主导作用，企业家精神的充分发挥、大批企业家的涌现是企业集群形成和发展的重要条件。而这就要求企业集群具有有利于企业家利益的实现、刺激企业家对利益追求的良好条件和机制。

1. 中小企业的产权激励

在企业集群内，大部分企业为中小企业，还有许多是家庭企业和微型企业。意大利的企业集群主要由中小企业构成，据经合组织统计资料显示，到2000年，意大利近99％的工业企业雇用人数在100人以下，93％的企业雇用人数不足20人。我国浙江企业规模小，占浙江工业企业三分之二以上的农村企业规模更小，其中很大一部分是家庭工厂，它们成为浙江企业集群的重要特色（朱华晟，2003）。1999年浙江省私营企业调查数据表明，少于10人的企业占29.48％，10～30人的企业占32.25％，两者加起来超过60％。企业集群主要由中小企业构成的现实说明企业集群中存在大量的中小企业经营者，这些人具有显著的企业家特征，他们大多集资本所有者、机会创造者和风险承担者于一身，以至杰斯汀·隆内克等把这些中小企业经营者直接称为企业家，企业集群因此也是企业家的集群。与大企业不同，企业集群内的中小企业的所有者和经营者高度统一，所有者往往就是经营者，所有权和经营权的统一能有效克服"委托代理"这个困扰大企业的激励和约束问题，企业的这种产权结构也能极大地推动企业集群的发展。

企业集群内企业主要是中小企业，表明中小企业在企业集群内有良好的生存土壤，这将鼓励人们到企业集群内投资，同时也有利于大量具有有限资本的人越过创业门槛，成为活跃在企业集群内的企业家。在浙江嵊州领带企业集群做领带就很轻松，因为那里有上千家企业做领带，相互之间就形成了分工：有的专门采购原材料；有的专门修设备，卖设备；有的专门销售领带。这样，就没有必要让每个企业都养采购员，大家需要原材料，只要打个电话，几分钟就会送到；也没有必要都养工程师，需要修设备或买设备，只要打个电话，很快就会解决；甚至连销售部也没有必要设，因为嵊州有一个大型的领带市场，这个市场就是上千家企业共同的销售部；此外，嵊州市政府每两年召开一次世界领带博览会，把国内外的领带商家都请来，大部分企业两年的订单一次都订满。很显然，在嵊州做领带不仅比较轻松，成功率也比较高。从产权结构方面来看，企业集群是企业家的集群，企业集群有助于企业家的成批涌现，企业集群对企业家具有高强度激励。由此可见，相对于同等规模的大企业而言，企业集群具有更为充足的企业家精神，企业家精神则是企业集群发展的不竭动力。

2. 企业集群的集体效率

集体效率是来自外部经济和联合行动的竞争优势，是单个企业孤立发展难以获得的盈余（Schmitz, 1997）。集体效率包括外部经济（external economy）和联合行动（joint action）两部分收益。马歇尔在讨论企业聚集的原因时，借用了外部经济的概念，认为外部经济是企业加入企业集群得到的额外利益，"这种经济往往能因许多性质相似的小型企业集中在特定的地方——即通常所说的工业地区分布——而获得"。克鲁格曼（Krukman, 1991）对集群外部经济进行了分析，归纳为劳动力市场集中、中间投入易得性以及技术甩出。企业加入企业集群的外部经济表现形式实际上还有很多方面。例如企业集群的广告效应。企业集群因为集中了大量同类生产企业，必然会产生较大的社会影响，购买者在企业集群会有大量的选择机会，企业加入集群提高了接收订单的机会；企业集群地理接近性使得企业易于监督和实施业务弹性分包，提高了企业接受外部订单的机会和灵活性；企业集群整体作为一个经济组织，它对外部供应商、客户以及对政府的谈判能力远超过单个企业，对外部市场驾驭能力高。企业集群外部经济对一个进入集群的企业来讲是一种最基本、最易获得的利益，也是企业进入企业集群的最基本动因。正因如此，马歇尔将外部经济看成企业集群形成的基本原因。也有学者认为外部经济并不是企业有意识的创造，而是其他企业活动的无意识副产品。

联合行动则是企业之间的有意识合作，获得的是积极的集体效率。集群中的联合行动可用厂商间合作的数量与合作的方向两个维度来衡量。合作的厂商数量是指企业集群中进行各类合作的厂商数量之和，厂商之间既可以是两两之间的双边合作也可以是多个厂商之间的多边合作。厂商间合作的方向是根据厂商间的合作关系建立的基础而定。在同类产品厂商之间的合作为横向合作，沿着产业链分工的厂商之间的合作为纵向合作。中小企业集群中的联合行动能提高合作厂商的技术能力、生产能力、创新能力和市场能力，能够有效地促进企业集群的成长与竞争力的提高。与中小企业集群的外部经济性相比，它是集群中行动主体之间的有意识、有目的的活动，是一种动态的、主动性的集群效应。联合行动可分为两种：个体企业之间的合作，如企业共享设备、共同开发新产品以及集群内企业间合作，如企业加入商会、产品生产联合体等。

联合行动对企业收益的增加取决于企业加入集群后的行为。相对于企业联盟等中间组织，企业集群联合行动利益由于企业地理接近性、企业集群的社会信任、企业之间的长期交易博弈、企业集群声誉机制等而得到很高保障，并且来源的渠道更加宽广。如果说外部经济是企业加入集群的"固定利益"的话，联合行动利益则是企业加入集群后享受的"变动利益"。外部经济具有一定的有限性。企业集群规模过大，单个企业分享的外部经济会迅速萎缩；而联合行动利益在一定条件下具有无限性。联合行动本质上是一种资源的重新配置，既具有经济节约功能，又具有生产力创造功能，企业集群不同发展态势与集体效率的创造紧密相关。外部经济尽管在吸引企业家进入企业集群方面，在促进企业集群发展方面有一定积极功能，但作用还是相当有限。企业家对利益的不懈追求，在企业集群这一地方根植性很高的组织中极易产生联合行动，联合行动则能给企业家带来源源不断的利益，它不仅能使企业集群获得成本领先优势，而且还能获得标新立异优势，是企业集群可持续发展的根本保障。

3. 集群市场结构的创新动力

企业集群市场结构包括反映同行业企业之间竞争关系的横向市场结构和反映上下游企业之间竞争关系的纵向市场结构两个方面，根据 SCP 分析范式，企业家的利益是由企业家的市场行为决定的，而企业家的市场行为又必然受市场结构的影响，因而企业集群的市场结构对企业家行为和利益具有重要影响。

企业集群横向市场结构动态接近于完全竞争，同行业企业之间市场竞争充分性高：第一，企业集群内具有大量同类产品生产企业，它们具有基本相同的技术基础。第二，企业集群内具有较发达的服务组织体系，创业门槛低，高赢利机会比较容易被把握。第三，企业集群内企业的地理接近性既使信息易于搜集和传播，又使得技术模仿易于实现，使得任何群内企业都难以实行差异化的长期垄断。

企业集群纵向市场结构也具有充分的竞争性，上下游企业之间竞争同样相当激烈。企业集群中不同企业最终产品同质性高，这些产品产业链基本相同，这就使得企业集群内专业化企业生产的同时，能提供产品给多家下游企业，而下游企业同样可以选择不同上游企业进行交易，上下游企业彼此都很难对市场产生太大的影响力，上下游企业之间的竞争因而具有充分性。

企业集群高度竞争的横向和纵向市场结构，使得任何企业要想获得额外利润都必须进行创新，而由于集群内企业地理上的接近性，创新极易被模仿和扩散，这就使得创新的收益具有暂时性，收益的暂时性必然导致企业对创新的无限追求。集群内企业为了在技术、设计和营销等方面超过同业，都必须致力于技术和管理上的不断创新。任何有关产品和流程的创新一旦发生就会传播开来，集群内的其他企业通常很快就能掌握创新的信息，并在很短的时间内推出模仿的产品。因此，在企业家利益的驱动下，试图在技术上领先的企业必须不断追赶创新的脚步。在集聚有大量企业家的企业集群中，高度竞争性的市场结构为企业集群不断创新提供了组织保障，从而为企业集群发展提供了生生不息的力量。

（三）地方经济发展的抉择

中小企业集群发展模式，是提升地域竞争力的一种有效的、非自觉的制度选择。企业集群是地区经济发展的发动机，企业集群的形成与发展可以对区域经济发展产生较为深刻而积极的影响，具体表现在以下几个方面：

1. 提高区域竞争优势

集群化最直接的一个结果便是同一产业及其供货商和相关产业的中小企业在地域上的集聚，其积极作用是利于形成优势产业群，将大大提高国家竞争优势。研究表明，一个国家在国际上成功的产业，其企业在地理上呈现集中的趋势已成为规律。其实国家竞争优势正是建立在国内各区域竞争优势的基础之上的，它是区域在参与世界市场竞争时的体现。在一个特定区域中，竞争且协作的厂商、顾客和供应商的地理集中并形成企业群体，会提高整个区域的经营效率和专业化水平，形成区域的优势产业群体，具有较强的竞争力。举例来说，意大利是瓷砖生产和出口的世界之强，生产的瓷砖机械性能好、外观美。萨斯索罗是主要的集中生产地，世界瓷砖生产量的30％、出口量的60％来于此地。该地区瓷砖生产之所以在全球范围内具有极强的竞争力，一个很重要的原因是除了瓷砖生产企业自身具有较强的竞争优势之外，该地区还拥有一些处于世界领先地位的釉和珐琅的生产厂家、瓷砖生产设备厂家以及生产包装材料的企业、运输企业等，它们与瓷砖生产企业形成密切的产业网络。

实际上，地方经济的竞争力最终取决于地方产业满足市场需求的能力。企业集群作为一种有利于降低企业产品成本，并推进产品技术创新的组织形式，较非集群的中小企业和结构僵化的大企业能更好地满足市场需求。一个规模较大的企业集群在一个地方经济总量中通常占有较大的份额，因而推动企业集群发展是增强地方经济竞争力的重要工具。

### 2. 提高区域创新能力

区域创新的主体是企业，中小企业在创新方面以其小而活的特点比大企业更有优势，成为区域创新的一支重要的生力军。而通过集群化，中小企业在提高区域创新能力方面的作用更为明显，集群是培育企业学习与创新能力的温床。波特认为：企业集群获得竞争优势的来源，主要表现有：一是企业彼此接近，会受到竞争的无形压力。而不甘落后的自尊需要和当地高级顾客的需求，迫使企业不断进行技术创新和组织管理创新。由集聚带来的有效的竞争压力，既加剧了竞争，又成为企业竞争优势的重要来源。二是强烈的技术吸纳能力。由于地理上接近，业务联系紧密，信息交流快捷，市场上任何一个具有潜力和市场前景的重大技术创新，集群内企业几乎都会同步吸纳消化这种创新成果，企业通过这种快速学习和模仿实现自身的更新和升级。三是健全的服务体系。随着集群区域的发展、壮大，除了生产企业集聚外，还会聚了大量的服务企业以及提供研究和技术性支持的机构，如管理咨询机构、技术开发机构、行业协会等，这些机构对加强技术的研发、交流和扩散，对区域内企业技术进步起到重要的支撑作用。这些因素都将对提高区域整体的创新能力产生十分重要的影响。

### 3. 集群式发展的经济效应

首先，中小企业集群式发展会带来经济的外部效应或外溢效应。各企业在发展过程中产生的外部性表现在共享公共资源、技术管理方法快速扩散、市场集聚和辐射作用方面。在基础设施、产品原料服务体系、信息服务方面，许多同类企业甚至完全不同的企业，有许多可以共享的资源，有利于优化资源配置，降低生产成本，提高资源的使用效率。

其次，中小企业集群式发展会实现范围经济。从产业集群的外部来看，集群是一个大量生产某一同类产品的企业集团，它实现了某一产品生产的规模经济；而从集群内部来看，这一最终投向市场的产品在集群内部是通过弹性的分工体系来组织生产的，因此其内部生产是建立在范围经济的基础之上的。产业集群是规模经济和范围经济完美结合的一种经济组织模式，它在市场竞争中表现出来的超乎寻常的竞争能力很大程度上来自其具有一种将众多存量资源要素向现实经济实力转换的有效转换体系。

最后,中小企业集群式发展会带来经济发展的低成本优势。一是环境成本低。集群内企业呈现相对的地理空间布局,分布密度高,可以充分利用基础设施等公共产品的规模经济优势,实现在相同供给水平下公共基础设施和服务平均使用成本的降低。二是交易成本低。集群作为一种资源配置或布局的空间形式,不仅为企业带来基础设施共享的外部规模经济,而且有利于专业化协作的开展,信息交流与传播和交易费用的降低。三是信息成本低。产业集群可以解决信息不对称的问题,集群区域内企业相对集中,它与功能发达而完善的专业市场共存,使企业容易通过市场的变化,灵敏捕捉各种最新的市场技术信息,丰富人际渠道,将信息高效传播,使企业搜索信息的时间和费用大大节省,有利于企业的生产贴近市场,甚至超前于市场。四是配套成本低。专业化经营是企业集群的一个主要特点,集群内部各种不同形式的专业化企业只是整个产业链中的一个环节,相互之间形成了高效的分工协作系统。由于这些企业处于同一区域,有利于降低企业之间的配套产品的采购、运输和库存费用以及人才招聘成本。

4. 集群式发展易于形成累积效应和扩散效应

中小企业集群化的发展在地区产业群内易于形成累积效应,在地域空间上则易于形成较强的扩散效应。首先,由于集群内部复杂且强大的企业间联系使得在该地区内,一企业或一部门的增长,能够带动区内相关企业和部门的增长。而且,随着集群规模的增大,其集聚效益也在增强,对集群之外的企业的吸引力将进一步增强,新的中间投入的使用者、生产商和供应商不断加入,这些反过来又将导致新的加入者和更强的专业化,形成较强的累积效应,促进集群化的良性循环发展。

在集群化的过程中,中小企业需要不断从周围地区就近获得原材料、劳动力等方面的供给。此外,集群化的深化发展会导致企业集群规模不断扩大,在空间上不断拓展,将周围欠发达地区纳入其中。这些因素都在一定的程度上推动邻近地区经济的发展。以浙江省苍南县为例,该县印刷包装业是一大支柱行业,主要集中于龙港镇。印刷包装业的发展推动了与之相关的造纸及纸制品业、油墨、塑料薄膜等制造企业和相关第三产业的发展,使产业群体不断扩大,集群化日益加强。

5. 优化企业的空间分布

与企业集群相对应的是企业发展的非集群状态。在非集群状态下,企业在地方是零散分布的,这种零散分布不仅意味着资源使用的企业低效率,而且也意味着资源使用的社会低效率。相对于地方企业分布零散局面，企业集群化发展具有社会资源使用的"帕累托改进"效应。地方企业零散分布的另外一个局限就是污染难以治理，对生态环境可能造成很大破坏。从这个层面上看，企业集群是一种有利于地方经济可持续发展的经济组织，中小企业的集群成长能优化企业的空间分布。

## 二　中小企业集群发展的基础条件

一般来说，中小企业集群及集群区的形成与经济开放程度、社会发展水平有着内在的逻辑关系。一个典型的企业集群的形成至少需要具备以下条件：公共物品和公共政策的供给，通过加大基础设施投入，加快行政改革，加强集群地政府的社会管理和公共服务，切实改善中小企业集群的硬环境；制度的充分、有效供给，即政府的政策、商业习惯和竞争文化等制度因素允许并鼓励集群的产生和发展；资本的充分供给，即产业内的资本在某一区域内较快地集中，劳动力和产业技术充分自由地流动，并实现与资本的自由组合。此外，还应积极培育有助于企业集群发展的社会中介组织，营造良好的外部环境，以促进中小企业集群的形成和发展。

（一）公共物品和政策的供给

1. 公共物品

任何企业发展都需要具有公共物品性质的资源，这些资源为企业发展提供基本条件。否则企业就会与外界隔离而成为一个孤岛。企业集群发展同样也需要有公共物品性质的资源支撑。在企业集群发展中，政府应致力于完善公共基础设施，制定相关政策，为产业集群发展创造良好的外部环境。

企业集群发展所需要的公共物品按非排他性范围不同可分为两类：一是对集群外企业不具有排他性的公共物品。例如道路交通、公共通讯、基础教育、基础研究等，这类公共资源为企业集群的形成和发展提供了完备的基础设施和外部条件。比如，便利的道路交通在浙江永嘉纽扣企业集群发展中就起到了关键性作用；美国硅谷地区四通八达的交通设施和发达的通讯网络是硅谷高新技术园区持续发展的基础保障；而台湾新竹科技园区周围众多的高等院校和科研机构形成的教育与科研基础则为新竹科技园的发展提供了强有力的智力支撑。严格地讲，这类条件不仅对企业集群，而且对非集群企业发展都具有基础性作用。这类公共物品的提供与一国（或地区）的经济社会发展水平密切相关，一个处于较好地理位置的企业集群通常能够更多地享有这类公共物品，获得更好的发展机会。良好的公共产品条件是引发集聚效应的重要因素，政府应当通过提供中小企业集群发展必需的公共产品，以引发集聚效应。而在发展中国家，中小企业集群成长所需要的基础设施等公共产品条件一般都比较差。由于这些公共产品的外部性，存在着"搭便车"的现象，因此很难由私人企业提供，只能靠政府。在中小企业集群的成长初期，可能只需要"一点点就够"的政府支持，但是在集群成长到一定阶段后，集群对政府的这种要求会越来越强烈。因此，中小企业集群在升级时往往需要政府的特别政策支持。一个集群的成长和公共产品的有效供给密不可分。

二是对集群外的企业具有排他性，但对集群内企业不具有排他性的公共物品。例如，企业集群内的道路、计算机网络等基础设施，面向企业集群的人才培养机构和人才库，企业集群内的生活设施、技术研发机构、产品质量监测设施，内部劳动力市场、采购中心、物流中心、交易会与展览中心，区域品牌等都是这种性质的公共物品。由于非排他性的存在，群内单个企业是不愿提供这类公共物品的，但它们又是企业发展必需的基础或环境。这类资源由企业集群外部主体提供，有利于降低企业集群的整体生存成本，提高集群对群外企业的吸引力，缓解群内中小企业在创业壁垒、成本、技术、融资、风险和品牌等方面的恶性竞争，提升集群的整体竞争力。对于集群内企业来说，这类公共物品由企业外部主体提供，则可以大大降低企业的运行成本；而对企业集群来说，这类公共物品越是有更多的企业消费，企业外部主体提供这类资源的经济效率就越高。因此，为推动企业集群发展，群内企业公共物品性质的资源需求应尽可能外部化，由第三方主体提供。①

以上两类对企业集群发展具有支撑作用的公共物品具有不同范围的排他性，因而，这两类公共物品应由不同的主体提供。由于第一类公共物品具有普惠的性质，因而一般只能由政府提供。对于第二类公共物品，则可以由地方政府或企业集群的合作组织来提供。在一个富有良好的合作条件和氛围的企业集群中，大部分公共物品和外溢性活动所需要的资源可以通过群内企业集体行动来解决，而且这更具有经济效率。因此，政府、主要是地方政府应为企业集群发展创造基础性条件，定位于向企业集群提供依靠企业集群企业之间合作难以解决的公共物品和外部性活动的资源，加快对交通、通讯、电力、互联网、城

---

① 参见李亦亮《企业集群发展的框架分析》，中国经济出版社 2006 年版，第 229～231 页。

市设施等产业集群所需的公共物品和准公共物品进行投资，加快硬环境建设。

２．公共政策

除了进行公共物品的投资和生产外，政府在促进企业集群发展方面的功能还体现在制定并实施某些公共政策，通过提供公共服务及诱导资源配置促进企业集群的形成和发展。政府的公共政策具有以下特点：一是集体性。单个企业的决策不在公共政策的主要调控范围之内，公共政策的调控对象是由众多组织联系而成的复合体以及组织之间的各种关系。公共政策虽然不是集体决策的结果，但却对集体行为有不可忽视的影响。二是规则性。公共政策具有规则和导引的作用，通过规则使各个组织的行为协调起来，政策导引的作用最终应反映和满足组织群体的利益和偏好。三是非市场性。公共政策调控的范围主要是市场经济的运行规则不能企及的领地，只有通过非市场的集体行动来决定公共物品的有效供给。

制度变迁的相关理论表明，推动制度变迁的企业家行为与政府行为是一种相辅相成的互动关系。一方面，政府通过立法等手段，为企业家的行为设定了规则体系，以此来限制企业家的行为；另一方面，企业家的活动也促使政府不断地完善法律法规体系，使得这些规则体系更符合市场过程所暗含的秩序。在中小企业集群所形成的中间地带，政府公共政策的作用主要体现在：其一，引导企业集群向有利于实施国家产业政策和促进地区繁荣的方向发展。从理性的经济人假设出发，单个企业追求利益最大化的结果，也往往是公共利益的最大化。为确保企业利益和公共利益的一致，公共政策的引导功能不可削弱。其二，营造企业集群良好的交易信誉环境。中小企业集群的联结基础往往不是具有法定效力的和约，而是在长久交往中形成的相互信赖，企业与企业之间的交易本质上是信用交易。在市场机制作用下，信用交易有其脆弱的一面，这就需要公共部门以政策的方式扶正祛邪，维系正常交易秋序。其三，填补产业发展政策与企业发展战略之间的政策空间。在中小企业集群的形成和发展过程中，政府的角色并不是直接的操作者，而是集群秩序和环境的维护者。当集群发展出现不可能由单个企业甚至不可能由企业集群的力量解决的问题时，政府的作用便凸显出来，通过具体的政策制定和实施，使企业集群的发展有序进行。

依据政府公共政策的作用范围，我们认为，实现并推动中小企业集群发展的政府政策应包括相辅相成的宏观维度和中观维度两个层面。

政府宏观维度的政策：一是制定政策规范产业集群的定位。产业集群的定位需要考虑区位、产业、技术和对生态环境的影响等若干因素。政府的区位决策不仅取决于投入成本，还应基于整个体系的成本和创新的潜力，为了不使分散的企业出现盲目选择集群区位的现象，超脱于各市场主体利益之上的政府就该对区位的选择起引导作用。二是创造有利于产业集群生成的制度环境。通过逐步完善法律法规体系，营造良好的法治环境，促进产业内企业间的分工与合作，形成企业之间的良性互动互信关系，保障投资者和经营者的合法权益；同时，要增强政策的规范性、透明性、稳定性和可预见性，如政府应当按照《行政许可法》和WTO规则和协议的要求，减少行政审批的项目及其收费，提高政府行政效能等；加强市场监督，加大知识产权的保护力度，严查假冒伪劣产品，打击不正当竞争行为，维护市场统一和公平竞争。

政府中观维度的政策措施：一是加强政府的政策扶植，建立和完善中小企业服务体系。主要包括：人才服务体系。建立专业化的人才培训基地和人力资源公司，制定鼓励科技人才创业的优惠政策，改善技术成果分享体制以及相关社会保障体制等，鼓励各种专业人才去创业。融资服务体系。可通过提供各种金融服务与非金融服务，包括银行信贷、设立产业发展基金和风险投资基金等，扶持中小企业创业与成长。信息与技术服务体系（包括产业研究机构、市场调查公司、广告公司等）和物流仓储服务体系。此外，政府应做好集群的区域规划，通过改善工业园区和城镇的软环境，完善社区服务功能，吸引中小企业向园区集聚，切实改善投资环境，等等。

二是注重集群企业家创业精神的培育。企业家是一种稀缺资源。熊彼特认为，"创新"是"企业家的本质特征"，"企业家"的职责就是"创新"。企业集群发展充满活力的一个重要原因，就在于那些致力于"创业"、"创新"的企业家在不断地涌现。硅谷高科技集群成功的经验之一就是硅谷内独特的创业精神：几乎人人都有勇于冒险、不断进取的创业精神，人人都努力创办新公司，都想成为百万富翁，否则就被视为异类，集群的创新文化非常明显。在企业家的培育和形成中，政府应该有意识地在企业乃至整个社会环境塑造一种创业文化，政府可以通过"俱乐部"、"协会"、"论坛"等多种形式，加强集群内企业高层领导之间的正式和非正式交流。

三是建立产业集群技术创新机制。①建立畅通的信息交流渠道，完善信息交流手段。畅通的信息交流渠道的确立是企业集群技术创新机制运转的必要前提。政府不仅应通过自身的情报系统获取外部信息，而且应以地方产业总代表的身份与大学、科研机构以及集群外企业等建立信息渠道。在集群内，政府则应出面建立行业协会，召开洽谈会，设立常设机构等实现信息的内部扩散。信息交流的手段不仅体现在会议、电话、互联网等手段，政府应有意识地创造各种正式的和非正式的面对面的交流活动，使空气中弥漫着产业的气息。②促进产学研合作。政府应促成产业集群与大学、研究机构的合作。合作内容包括为企业提供咨询服务、解决技术难题、培训技术人才；技术转让；鼓励科技人员以技术入股或直接创办科技企业；委托开发等。合作中应采用多种组织制度，如星期日工程师、厂内研究所、企业研发中心，或与大专院校、科研院所结成战略联盟，形成虚拟研发中心等。政府要贯彻知识和技术参与分配的原则，充分利用市场机制和专门机构正确评估创新成果及研究开发成果的价值，保障创新者在企业中的利益。明确高等院校、科研机构和科技人员向企业转让技术成果的责任及相应的激励机制，促进科研成果向企业转移。

四是致力于集群的品牌营销。企业集群的品牌是众多企业品牌精华的浓缩和提炼，集群品牌更具有广泛的、持续的品牌效应，群内企业均可以从集群品牌中受益。但由于集群品牌营销所需的投入很大且存在着"搭便车"的机会，因此，政府应该积极联络中小企业，形成区域营销的公共政策，帮助企业发掘商品的地域文化内涵，推广地方品牌并改善商品交易市场设施，提升集群基于特殊能力和专业性的集群专业形象。

（二）企业集群发展的外在制度

外在制度是由政府制定的规则，这些规则包括法律、政策、规定等。相对于内在制度来说，外在制度的执行具有刚性，使人们对自己的行为具有更稳定的预期。对企业集群来说，外在制度也就是一个国家（地区）的有关企业集群发展的法律、政策和规定。企业集群发展依赖于企业对财富的不懈追求，依赖于企业之间的激烈竞争，依赖于良好的创业和企业生存条件，这一切都和政府建立的外在制度相关。从国内外企业集群发展实践来看，对企业集群发展具有重要功能的外在制度主要有私人财产保护制度、市场公平竞争制度和自由创业制度。

1. 私人财产保护制度

财产所有权是财富增长的先决条件，财产权和财富增长是密不可分的。财产所有权是一种有效的激励机制，没有财产的所有权就不会有人的积极性，也就没有财富的累积和增长。对财富的追求和积累是人类的天性，没有对财富追求的强烈冲动，社会就失去了活力。在财产所有权不明晰的情况下，人们的努力就没有稳定的预期，绝大多数人就会丧失继续创造财富的动力。D. 诺斯和R. 托马斯在《西方世界的兴起》一书中指出，18 世纪以后西欧之所以出现经济迅速发展、人均收入迅速增长的局面，是由于这些国家具有更有效率的经济组织和保障个人财产安全的法律体系。美国政府在硅谷建立三年前就制定了一套严密的法律、法规和政策，使硅谷有相对完善的游戏规则，这套游戏规则有利于硅谷建立创新、创业的"生态"环境。虽然硅谷员工对企业的忠诚度很低，是世界"跳槽率"最高的地区，但由于有比较完善的知识产权保护法律，"侵权手铐"的使用使得员工流动有序，"跳槽"虽多，但很少带来对企业知识产权的侵害。

企业集群主体企业形态是独资企业和合伙企业，很多企业为家庭或家族所有，企业经营与家庭生存和发展存在很高的关联性。这种企业形态在私人产权得到有效保护的情况下，是一种具有高激励的企业形态，而在缺乏有效的私人财产保护制度的情况下，这种企业形态就要承受极大的风险，很难聚集成群。因此，企业集群生存和发展，首先需要建立行之有效的私人财产保护制度。

2. 市场公平竞争制度

公平竞争是企业参与市场活动的基本准则。在企业集群中，不同的市场主体之间存在着错综复杂的利益关系，公平竞争制度的确立是维护群内各方利益、促进企业集群发展的一个基本要件。企业集群公平竞争制度主要包括：①限制垄断的制度。在分工发达的企业集群中，中小企业一般是主导企业的分包商或零部件的供应者，由于资产专用性高，这些企业有可能会受到主导企业的排挤和盘剥，成为主导企业转移危机的对象，中小企业的利益因而极易受到损害。我国学者仇保兴认为，在"分包企业集群"中，主导企业的优势地位造成了不平等的交易关系，严重挫伤了中小企业的自主创新精神。因此，必须建立一套维护自由竞争、限制垄断的法律法规，来保护中小企业的利益。②维护劳动者利益的制度。在企业集群内，为了转嫁来自于大企业盘剥造成的损失、或为了扩大企业自身的利益，中小企业可能会采取一些措施来降低与劳动力相关的成本。例如，提高劳动强度，提供低劣的劳动条件，降低工资水平，忽视人力资源培训等，这不仅会损害劳动者的利益和积极性，同时也不利于企业集群的长期发展。2004年以来，我国一些地区企业集群出现了"民工荒"，导致这种现象的主要原因是劳动力的报酬过低，从而造成了熟练劳动力的缺乏，企业发展受困。因此，维护劳动者的利益是保证企业集群长期发展的必要条件。③限制不正当竞争的制度。企业之间的激烈竞争既是企业集群的重要特征，也是企业集群的活力所在。需要注意的是，企业集群发展中可能会出现两种具有严重危害性的不正当竞争行为：一是企业间的恶性竞争。企业间恶性竞争就是企业不顾成本、竞相降价以占领市场，从而导致企业集群整体利益受损、发展受阻。二是"柠檬市场"。柠檬市场是由于群内少数企业机会主义行为导致了企业集群整体产品质量下降，柠檬市场对企业集群发展往往具有灾难性影响。因此，防范不正当竞争行为发生，使群内企业竞争建立在健康有序的基础之上，就需要建立一套限制不正当竞争的制度。

3. 自由创业制度

创业是创业者在一定的社会环境条件下从事创业行为的结果。这一定的社会环境条件就是创业环境，它是指社会环境中与创业行为有关的所有主客观条件的总和，社会的制度安排是其中主导的部分。而创业投资对制度环境因素相当敏感，各国企业发展和聚集的历程也证明了，自由创业制度的建立健全是保证中小企业诞生和涌现的基础。企业集群的形成和发展依赖于一套相对完善的自由创业制度，自由的创业制度主要包括：①准入标准较低的注册制度。企业集群存在大量中小企业、乃至微型企业的生存空间，特别是高度分工的企业集群，市场对企业起始资本规模限制很低，企业有很少量的资本也可进行生产经营。低门槛的注册制度既有利于企业集群吸收大量的社会资源和分工专业化的进行，也可使企业集群市场缝隙得到及时填补，有效地满足市场需求。②自由的进出制度。自由的进出制度能提升企业集群对环境变化的适应能力，防止企业集群出现僵化和群内企业间过度竞争现象的发生。因此，必须建立自由的进出制度，设置较低制度壁垒，以保证企业能够比较自由地进入和退出集群。③良好的创业支撑制度。创业支撑制度是企业扩大再生产，进行可持续发展的制度保障，主要包括有融资支持制度、社会保障制度、信用管理制度等。其中融资支持是对中小企业贷款提供担保、促进金融机构向中小企业提供信贷及对中小企业技术创新实施金融协助的支撑制度。社会保障制度是为了减轻中小企业倒闭带来的社会问题，对员工提供社会保障，保证企业集群健康发展的制度。而有效的信用管理制度是现代市场经济运行的重要基础，它能够降低交易双方信息不对称的程度，通过对诚信者和失信者的正、负强化来规范市场秩序。从发达市场经济国家的经验来看，有效的信用管理制度，通常具有信用管理机构专门化、征信体系化、系统网络化、信息数据化、评价标准化、咨询社会化等特征。①

（三）企业集群发展的社会资本

---

① 参考李亦亮《企业集群发展的框架分析》，中国经济出版社 2006 年版，第 233～237 页。

1. 社会资本

在社会经济发展的资本依赖方面，经济学在很长的一段时间里更多地研究物资资本和人力资本，而忽略了社会资本对经济发展的作用。网络组织理论则在承认物资和人力资本重要性的基础上，引入了社会资本概念。布迪厄认为，社会资本是"实际的或潜在的资源的集合体，那些资源是同对某种持久性的网络的占有密不可分的，这一网络是大家熟悉的，得到公认的，而且是一种体制化关系的网络"①。在布迪厄看来，社会资本就是一种社会网络，而且"特定行动者占有的社会资本的数量，依赖于行动者可以有效加以运用的联系网络的规模的大小，依赖于和它有联系的每个人以自己的权力所占有的（经济的、文化的、象征的）资本数量的多少"②。而这种社会关系网络必须被转化成体制性的关系，才能真正成为社会资本。

詹姆斯·S. 科尔曼（James Coleman）1988 年在《美国社会学学刊》发表的《作为人力资本发展条件的社会资本》一文，在美国社会学界第一次明确使用了社会资本这一概念，科尔曼坚信，社会资本产生于持续存在的社会关系，而这种社会关系的形成是资源交换的结果："行动者为了实现各自利益，相互进行各种交换，甚至单方转让对资源的控制，其结果是，形成了持续存在的社会关系。"③ 他认为，与人力资本和物质资本一样，社会资本也具有生产性。与其他的资本不同的是，社会资本的产生并不总是有目的的。"在一般情况下，社会资本是人们因别的目的从事活动的副产品"。只有在特定情况下，"社会资本是行动者投资的直接产物，这些行动者期望取得投资效果"④。科尔曼的理论被看做是社会资本理论的主导性解释模型。

自布迪厄和科尔曼以来，比较有代表性的社会资本概念，指的是个人通过社会联系摄取稀缺资源并由此获益的能力。这里指的稀缺资源包括权力、地位、财富、资金、学识、机会、信息等。当这些资源在特定的社会环境中变得稀缺时，行为者可以通过两种社会联系摄取：第一种社会联系是个人作为社会团体或组织的一员与这些团体和组织所建立起来的稳定的联系，个人可以通过

① 〔法〕布迪厄著，包亚明译：《文化资本与社会炼金术》，上海人民出版社 1997 年版，第 202 页。
② 同上。
③ 〔美〕詹姆斯·S. 科尔曼：《社会理论的基础（上）》，社会科学文献出版社 1999 年版，第 351 页。
④ 同上书，第 366 页。

这种稳定的联系从社会团体和组织摄取稀缺资源；第二种社会联系是人际社会网络。与社会成员关系不同，进入人际社会网络没有成员资格问题，无须任何正式的团体或组织仪式，它是由于人们之间的接触、交流、交往、交换等互动过程而发生和发展的。

2. 典型企业集群的社会资本

普特南（Putnan，1993）通过对意大利南方与北方长达 20 年的实证研究发现，北方在总体经济与地方政府绩效水平上大大高于南方，其根本原因在于两个地区之间的公民参与程度差异。北方公民社群历史源远流长，存在广泛的社群组织，而南方"缺乏公民精神"。按照他的解释，第三意大利的崛起主要归因于在意大利东北部广泛的社会和政治平行网络提供的强大社会资本。

美国硅谷蕴涵着丰富的社会资本。20 世纪 60 年代，几乎每个硅谷工程师都曾为仙童半导体公司效过力，时至今日硅谷许多公司仍挂着仙童公司的家谱图，它表明当地的半导体公司有着共同祖先，提醒工程师们不要忘记人际关系。硅谷的许多经理，或在斯坦福大学上学时就相互认识，或在商业活动、政治活动中结识对方；硅谷存在商业协会、工程师协会和各种俱乐部组织。硅谷发达的社会和人际网络及"准家族式"关系为企业创业、企业发展提供了有力的社会资本支撑。

我国温州地区有自己独特的社会网络。温州人注重血缘关系、地缘关系的传统表现在日常交往中，就是平常亲戚、朋友之间频繁的人情往来。"重人情，爱面子"是温州人与很多其他地区的人不同的地方。在温州，凡有联姻关系或祭拜关系的，平时往来十分密切，不仅婚嫁、丧葬、建房这些大事有往来，就是平时"时交月节"也都相互串门，"亲帮亲"、"邻帮邻"是情理中事。在长期的社会活动中，温州还出现了一些非正式组织、或称民间组织，如"会"组织。温州还有大量的海外华侨，这些华侨使得温州社会网络延伸到世界各地。据不完全统计，侨居海外及港澳地区的温州籍人士多达 40 万人。非本地化网络为温州企业集群提供了一定的原始资本，促进了企业集群海外市场的开拓，使企业集群能迅速获得海外技术创新信息。

3. 企业集群社会资本的作用

社会资本对企业集群发展的影响越来越受到人们的重视，发达的企业集群通常具有丰富的社会资本。社会资本作为一种重要的资源，对企业集群发展的作用大体可归为以下几个方面：①社会资本有利于企业集群社会分工的深化。影响分工的一个重要因素是交易成本，社会资本是一种有效节约交易成本的机制。因为社会资本有利于个体知识的传播,通过重复交易建立信任和声誉机制,可放大个人值得信任的信息、减少机会主义行为。这种节约不仅表现在它可以节约企业的信息搜寻费用,并减少或避免企业理性的无知,还表现在它有利于成员间的合作与彼此信任,从而节省协议谈判、拟定和执行的时间、精力与费用。②社会资本有利于企业集群吸纳和广泛利用社会资源。一方面,社会资本可以降低企业集群创业门槛,吸纳更多的企业人群。例如,在一个机械加工业集群,只要投资者掌握某一生产环节或某一专业加工技术,就可以自行设厂,并通过社会网络获得各种生产要素支持,并不需要太多的资本就可以创业。另一方面社会资本可以使企业集群广泛利用社会资源。意大利和我国温州都曾有大量居民移居海外,使得企业集群社会网络在地理空间上得以延伸。这些社会网络为当地企业集群的发展,在资本、技术、信息及市场等资源提供方面都发挥了非常重要的作用。③社会资本有利于促进和维护企业集群内部的各种合作。社会资本具有生产性,正如社会学家詹姆斯·科尔曼所说:"像其他形式的资本一样,社会资本是生产性的,使某些减少它就无法实现的目的的完成成为了可能……在一个务农的社群中……在那里农妇彼此相互帮着打干草,农具也借来借去,因为社会资本的存在使得农妇可以用更少的物质资本(体现为工具和设备)来完成自己的工作。"社会资本既然具有生产性,那么对于参加合作的企业与个人来讲,就不能轻易发生机会主义行为,否则就会痛失社会资本,被抛出社会关系网络。另一方面,社会资本因对非合作行为具有威慑作用。社会资本促成的企业间合作范围十分广泛,如企业的创建、融资、生产、技术、人才培养、原料采购、营销、要素利用、权益保护等,可以涉及生产经营的每一个环节。社会资本还具有重要的信任价值,信任则能降低合作中对各种监督的需求。对主体行为和交易进行监督往往意味着不仅付出巨大的直接监督成本,而且还会造成各主体之间的不信任,损害进一步的合作。④社会资本有利于促进人力资本的提高。社会资本存量高的社会关系网络有利于人力资本产权的界定。因为社会资本存量高的组织内,人与人之间更加了解,人力资本的信息更加充分,有利于准确评价人力资本市场价格,降低了人力资本使用者在签订劳动合约时所遭遇的道德风险;同时,人力资本所有者通过社会关系网络,能够获得充分的有关自己人力资本价值的信息,流向最能实现自己人力资本价值的企业,这从另一个方面促进了人力资本产权合理界定。完整的人力资本产权界定能够激励人力资本的有效供给,促进企业绩效提升,推动企业集群发展。⑤社会资本有利于促进技术创新扩散和企业集群资源重组。一个社会资本发达的企业集群必然存在各种各样的社会网络，这些社会网络为技术创新扩散和企业集群资源重组提供了良好的通道。温州企业集群技术创新扩散基本上是沿着血缘、亲缘、地缘和朋友关系路径进行的，与自己有血缘和亲缘关系的人就成为成本最低的最可靠的信息来源，同时也是最直接的模仿对象。企业集群资源重组是企业集群的资源优化组合，企业集群各种社会网络便捷了人力资本、物质资本和金融资本在企业集群内的流动，有利于防止这些资本的停滞和低效使用，并可以在一定程度上解决企业集群发展中的矛盾，促进企业集群资源使用效率的提高。

4. 企业集群的社会资本培育

社会资本是个人通过社会联系摄取稀缺资源并由此获益的能力，培育社会资本就需要增进人与人之间各种社会联系。增进社会联系的基础是提高个人的社会信任度。一个缺乏社会信任的人，是不可能有人长期和他打交道的，因而不可能培育社会资本。社会资本具有自我积累的倾向，一次成功的合作就会建立起联系和信任，这些社会资本有利于完成其他不相关的任务时的合作。提高企业集群个人社会信任度需要一个富有效率的企业集群信息系统和对合作中机会主义行为者强有力的惩罚机制。

增进社会联系的基本渠道有两条：第一条是个人参加企业集群各种社团组织。如公民组织、协会、俱乐部等。个人作为社团组织的成员参加经常性的共同活动，可以增加对其他成员的了解、加强彼此沟通，建立起一系列社会关系网络。第二条渠道是个人参加各种社会活动，通过非组织途径与其他人交往、交流。企业集群的社会资本培育因而与企业集群内的"公民精神"、集群内部人员之间、群内人员和群外人员的互动程度是紧密相连的。对于地方政府来说，培养企业集群社会资本关键在于为企业集群企业间和人员间关系互动搭建厚实平台。

（四）企业集群的制度文化基础

在对待经济与社会文化的关系上，主流经济学长期以来把社会文化的因素排除在外，对人类经济行为和整体社会经济运行，更多地是从纯经济意义的角度去观察。而现代企业集群理论尤其是网络组织理论，汲取了经济社会学中"根植性"、社会资本及由此衍生的信任度等合理内核，将经济行为和模型分析嵌入特定的制度文化背景之中来考察。

新经济社会学家格兰诺维特（Mark Granovetter）认为，行动者既不可能脱离社会背景采取行动、作出决策，也不可能是规则的奴隶，变成社会的编码，相反，行动者在具体的动态的社会关系制度中追求目标的实现。据此，他提出了"嵌入性"（也称"根植性"）的概念。这种辨证地介于经济行为于社会文化之中的观点，便是企业集群理论确立的立足点。

在企业集群发展的资本依赖方面，网络组织理论在承认物资和人力资本重要性的基础上，引入了社会资本概念。该理论认为，企业本质上是一种群体活动，大多数成功的企业关系的核心在于基础价值观，如可靠、信守承诺等。除了市场依赖和技术依赖外，企业间还需要有立足于分工基础之上的互补性活动，尤其是当经济生活中存在较多的不确定性或机会主义，以及制度安排不完善时，基于社会资本依赖之上的企业间信任和多样化契约关系或许是获取资源的最佳方式。这表明，竞争并不代表一切，竞争和效率也并不一定成正比关系，有些时候，那种"鼓励持久交易的社会结构"下的协作型竞争也许更具效率。比较组织理论在研究亚洲经济的过程中发现，原本就存在于东亚社会的、以东方文化为背景的中间经济组织形态更具有企业集群的网络型特征。研究结果还直接或间接地表明，华人企业的网络关系特征是中国社会长期形成的特定制度文化背景的产物。

比较制度文化的研究指出，在不同的经济条件下存在着有明显差异的信任结构。而信任又是与合作紧密相连的。一般认为，即使目前中国正在实行市场化改革，但体制转轨，必然要经过一个从无序逐步走向有序的过程，因此与市场经济发达国家以很强的制度基础如法律等为保证的高信任社会相比，中国无论从历史传统还是从现实的方位分析，都被归类为低信任度社会，或者称为私人信任体系社会。同样，这种信任度的区别也可以用不同的信息特征来表述。美国文化人类学家爱德华·霍尔认为，高信任社会经济社会交流的信息具有既清晰且又非人格化的特征；与之相反，在低信任度的社会中，含糊、间接及人情化的信息交流是其特征。因此，在制度模糊，或者说社会信任制度短缺或失灵的情况下，人们更愿意遵守有别于社会一般规范的所谓"真实规范"，也就是说，在一个群体或共同体内，多数成员持有一种态度或共识，既认为某一特定行为是正确的（或错误的），并且多数成员的行为与那一态度或共识相符；而且包括经济组织关系在内的社会经济关系更容易呈现出一种相对独立的，以私人信任为核心，并由此向外不断扩展形成一个个带有集群体系特征的合作演进结构状态。

从历史的角度来看，中国传统社会建立在宗族观念和人伦意识基础之上，这种文化特质在现实经济中若隐若现，潜移默化地作用于人际交往与社会经济生活中，使中国社会经济结构呈现出亲缘、准亲缘关系与业缘关系重叠的网络特点。中国的这种社会结构决定了社会资源（除去国家掌握的部分外）的配置更多地是通过关系网络来实现的，企业扩大规模也只有两个途径：要么由政府动用国家资源培育发展大规模的企业集团；要么在具有相同的地缘和人缘，以私人或家族关系为核心的企业间建立必要的网络，实现具有企业集群性质的合作。

（五）社会中介组织体系

经济学原理表明，信息充分、资源透明度高是交易市场良性运转的重要保障。在信息不对称的情况下，为了使经营者能及时获取所需要的信息，中介组织便应运而生。中介组织是保证市场经济顺利运转的润滑剂，是中小企业集群正常运作的支持系统；而集群经济竞争优势的发挥在一定程度上也依赖于包括商会、行业（专业）协会和一些准公共性组织在内的中介组织的积极参与和中介服务的社会化。美国新奇士（Sunkist）橘农销售合作社就是中介组织积极参与并提升集群整体竞争力的一个典范。1893 年以前，加利福尼亚的橘农分散经营，承担所有风险，时时面临亏损。为了抵御市场风险，南加利福尼亚的橘农联合起来于 1893 年 8 月 29 日成立南加利福尼亚水果销售合作社（Southern California Fruit Exchange）。合作社成立后的第一件事就是对柑橘制定分级标准，控制产品质量，为成员提供运销服务。1908 年合作社注册了 Sunkist 商标，全体成员共享。目前 Sunkist 的成员已有 6 500 户，年销售 11 亿美元的 Sunkist 牌的柑橘等产品，并创造了超过 70 亿美元的品牌价值。值得一提的是，我国张江高科技园区在发挥中介组织在集群发展中的作用方面也堪称典范。该园区不仅为入园企业提供咨询、评估、专利、律师、会计、审计等中介服务，引进风险投资公司，提供融资联络，组织沙龙帮助开发市场；而且重视园区的科学规划，不断完善园区基础设施和生活服务中心功能，加强园区的绿化建设，塑造了园区优美的生态环境和景观，营造公平竞争的生态环境，促进了园区的快速发展。可见，规范高效的中介服务组织体系，是中小企业集群提升整体创新能力并促进集群发展的重要基础。

目前，我国市场经济转型成本很低，但是交易成本却很高，除了制度不健全、规则不透明、诚信状况差等原因之外，中小企业集群内普遍缺乏中介服务机构，中介组织的营运环境不好也是其重要因素。如金融机构、民间风险投资机构不足，使企业融资发生困难；中间商缺乏，使企业集群的生产和销售受到制约；注册会计师事务所、律师事务所短缺，影响到集群产业市场的正常秩序；人才市场落后，不能适应企业发展的需要：产权交易市场跟不上需要，造成资源配置效率低下。目前中介组织建设严重滞后，中介组织严重不足，已造成了中小企业集群效率不高，结构竞争力难以提升。而现有的中介机构，多数也是作为行政机关的附属机构建立起来的，因而在专业技能和运作方式等方面存在许多缺陷，不仅在业务上相当不熟练、相关技术缺乏，而且受到政府行政行为的影响很大，不能按市场经济的要求进行会计、金融、法律等方面的高效服务。而且由于利益驱动和竞争激烈，导致各中介服务组织相互之间压价竞争，处于一种竞争无序的状态，甚至出现违法经营的状况；中介组织在发展模式、功能定位、业务专长方面还处于不断探索和创新阶段，难以适应技术产权交易市场的新发展；良好的信誉是中介组织生存发展的基础。但由于缺乏一套科学完整的信誉评价体系，致使许多客户一方面迫切需要中介服务，另一方面又感到风险太大，态度谨慎，这种矛盾心理一定程度上制约着中介组织业务量、规模的发展。

因而，必须加快我国企业集群内中小企业的培育，积极引导和推动企业建立行业自律性社团组织，为中小企业发展提供便利和保障。在发展中介组织的过程中，必须按市场经济的要求，在加强政府监管的条件下，政府监督与行业自律并举，共同规范市场秩序，制止无序竞争，积极为中介组织营造透明的法制环境，使其在自由竞争的环境中锻炼成长。为了更好地促进中介组织发展，一是要取消对中小企业的歧视政策；二是要在加强政府监管的条件下，积极为中小企业营造透明的法制环境；三是要大力培养、培训各类人才，通过考试制度、选拔制度不断促进中介服务人员自身素质和业务水平的提高。考虑到我国中介组织发展的现状，我国中介组织的培育，应以自发建立为主，同时可在企业自愿的前提下，由政府协助建立。在组建初期，政府可适当赋予中介组织一定的行政职能，然后逐步改造成真正独立于政府之外，并与政府保持合作关系的第三方主体。

在社会中介服务机构快速发展的同时，应积极引导行业自律性组织健康成长。同业协会和同业商会最主要的职能是自律监督和组织服务。同时，应主动为集群内企业交流提供论坛，促进企业的了解、互信和合作，帮助企业解决共同面临的困难。另外，同业协会或商会也可以对集群内企业进行公正客观的信誉评级，向集群内外公布，对信誉良好的企业大力推介，对信誉差的则给予警示。对危及集群整体的败德行为应用法律或行政手段加以干预。

### 三　地域文化与企业集群发展——浙豫两省企业集群发展的对比分析及启示

　　浙江省和河南省一个处于东南沿海，一个处于中原腹地，无论是自然条件，还是风俗民情，都可以说是典型意义的南方与北方省份。浙江省是我国改革开放以来发展最快的省份，经济总量从20世纪70年代的全国第12位一跃而成为全国第4位，其民营经济的发展，特别是温州、台州和环杭州湾等地的中小企业集群的发展异军突起，引起了海内外的关注。浙江省委政研室的一份调查报告表明：2002年，浙江省已有销售产值1亿元以上的企业集群519个，分布在全省86个县（市）的85个，总产值约6 000亿元，直接从业人员超过380万，其中1亿～10亿元的372个，10亿～50亿元的118个，50亿～100亿元的26个，100亿元以上的已有3个。就全国的情况来看，浙江企业集群的产品档次较高，品牌效应强，主要集中在服装、针织、灯具、家具、皮革、小五金、办公文具、低压电器和专业设备制造等领域，并且有三分之一的集群有FDI背景。据国家统计局对全国532种产品的调查，浙江省有56种特色产品产量居全国第一，居前10位的产品有336种，占总数的63%，从某种意义上说，浙江省的经济就是建立在企业集群上的经济。目前，该省已做出有关规划，分别将98个和300多个集群作为省级和市级特色工业园区进行高标准建设，力争企业集群发展更上一个新台阶。

　　河南省是全国第一人口大省，多年来也一直保持较快的发展态势，经济总量曾连续8年仅次于浙江而居全国第五位，连续10年居中西部第一。近年来，河南省的企业集群也从无到有，迅速发展，涌现出像长垣的卫生材料和起重机械、淮阳的玻璃制品、荥阳的阀门与建筑机械、新密的耐火材料、长葛的金属制品、许昌的挡发和制鞋、郸城的食品加工、孟州的毛皮加工、虞城的钢卷尺和固始的柳编等一些苗子。初步调查，目前河南全省已有成规模的企业集群三四十个，达到10亿元规模的也有十几家，在建的省级工业园区有6个，相当一部分集群的产品在全国同行业中处于领先地位，如长垣县的起重机械几乎垄断了全国50吨以下的全部市场；荥阳、上街的阀门和郾师的办公家具等占了全国市场份额的一半；许昌的挡发、孟州的皮毛加工在全国同类产品出口中位居前列。

　　对比河南和浙江的企业集群，可以直观地从规模、产业类型和发展水平上看出差别。浙豫两省的集群发展之所以形成如此差异，一般分析认为主要是河南的对外开放环境、市场化程度和接受大城市的辐射条件不如沿海地区，市场微观主体特别是民营企业的活力比不上浙江。但是，如果从"根植性"和人文环境方面来分析，两省企业集群差异从很大程度上讲是区域文化和创新能力的差异。

第一，河南是一个自然资源和人力资源都比较丰富的内陆省份，具有进行能源开发和原材料加工的良好条件，长期以来形成了一种倚重于资源加工和初级劳动密集型的工业发展模式，其产业发展的导向多以面向国内市场的生产资料和初级产品为主，要素资源多集中在能源、原材料产业上。而浙江是一个自然资源特别是能矿资源贫乏的沿海省份，无法依赖自然资源，反过来只能依靠地处沿海和毗邻上海等大城市的区位条件，面向国内外市场寻找机遇，尽量利用信息和人力、技术等要素资源组织生产，因此形成了以市场流行的轻型产品为主的产业导向。这两种迥异的产业结构不仅导致了企业集群成长条件的差异，同时也构成了两省不同的物质文化基础，潜移默化地影响着两省的精神文化和制度取向。

第二，从文化渊源上看，河南省是华夏文明的主要发祥地之一，历史上农业开发条件好，适宜于人类生息繁衍，受农耕文化和传统儒家文化主导，中庸和求"稳"的思想比较重，加上地处中原，相对封闭，长期以来习惯于以自我为中心，所以在文化性格上厚重有余、进取意识和冒险意识不足；而浙江省在长期的农业文明社会时期地处东南一隅，是中原文化的边缘区和农业文明的后开发区，较少受到传统儒家文化的羁绊，对海外的交往却比较早，所以文化取向中的开放性和实用性强，敢于离乡离土，这种文化渊源上的差异在市场经济条件下很快就表现为商品意识和经济活力的差异，这对当地企业集群的产生和外部发展环境造成很大影响。

第三，从文化的最基本内核——价值观念来看，历史上的中原人重名轻利，仗义疏财，对人的判断标准往往以"德"为主，其内涵又是偏重于被当地社区普遍认同的个人修养和人际关系，不喜欢锋芒毕露和个性张扬，主张平均主义；而历史上的江浙文化却普遍偏重于义利并重，崇尚创新，对人的判断标准往往以"能"为主，推崇那些有技能、有才气、有本事带来财富的人，这些价值观方面的差异直接导致了个人创造潜力的差异。具体到企业集群的发展，直接关系到能否成长出高效的微观经济主体，能否造就和认同有才能的企业家，直接关系到"干中学"机制发挥的好坏。

第四，从社会文化构成的基本单元——家庭文化来看，大多数北方人的家庭观念远远重于南方人，"恋家"可以说是中原家庭文化的一个缩略语。北方大平原上独门大院的家庭格局，以及长期以来"父权"、"夫权"在家庭中的主导地位，使中原地区的家庭内敛性非常强烈，讲究家自为战，特别是在家庭的财务处理上尽量不举债，也不轻易借给别人钱。我们认为，这种强烈的家庭内敛性是历史上塞北游牧民族多次侵略和进占中原后又多次被中原文化所同化的重要原因之一。显然，内敛性强的家庭文化对产品经济时期的家庭和生产稳定是有好处的，但对商品经济的发展却是不利的，具体到企业集群，不利于家庭以外的信任协作和形成开放性的经济网络，也不利于资源共享和降低家庭以外的信息搜寻成本。

第五，在公共文化取向上，大部分北方地区对政府的倚重也长期强于南方，民众对"清官"的期望值一向很高，在危机和困顿时期，要么自扫门前雪，要么希望有领袖人物站出来替他们担待责任，个人理性和个人责任相悖。同时，政府的控制力也比较强。这样的文化取向常常导致社区活动在初始阶段活性较强，但后来很快递减。在这方面，河南不仅有类似于刘庄、南街等很多社区性案例，而且还有不少反映在戏剧、故事中的地方文化产品如"包青天"等可以佐证。相对而言，江浙一带长期以来官文化就比较淡漠，在利益面前个人理性和个人责任相对统一，平等参与，不太讲究谁是领袖，政府的寻租倾向也比较小，在当代中国较早出现了"小政府、大社会"的格局，而这一点恰恰与企业集群成长中需要大量平等的、理性参与的微观主体，以及政府的合理介入密切相关。[①]

上述浙豫两省企业集群的发展状况及原因分析业已表明，文化作为一种内生性因素与企业集群的成长过程形影相伴，地域文化的差异直接或间接地导致了企业集群形态的差异，经济活动始终植根于地方社会文化人际关系的网络中。当然，由于各地企业集群的地域条件、成长机理和发展方向各不相同，所以不能简单地评说哪个地方文化孰优孰劣，哪一种文化天生地完全适合于集群的发展。判别地方文化在本地企业集群的发展中能否起到好的作用，关键要看两点：一是地方文化的历史取向和内涵中是否包含有利于企业集群生长的那些最基本因素，比如开放性、包容性、参与性和价值判断的效率取向等，但它们不是集群生长的充分条件；二是地方文化在演进过程中能否融入有利于集群发

---

① 李政新、李二玲：《区域文化差异对企业集群的影响——以河南省和浙江省为例》，《河南师范大学学报》（哲学社会科学版）2004 年第 6 期。

展的时代内容，如与合作、网络关系和减少不确定性有关的信任、协作精神，与创新和效率有关的学习和共享风尚，强烈的市场开拓意识和交易的灵活性等。也就是说，在区域经济发展中，文化的历史和积淀是重要的，但文化的演进、提升和适应更为重要。随着媒体传播方式的不断革新，现在世界上各类文化的渗透和交融越来越多，文化的整合和创新已经成为经济和社会发展中的一个重要组成部分。事实上，作为一种当今经济全球化和一体化大背景下的产物，世界各地的企业集群及与之休戚相关的地域文化无一不是在激荡的演进中发展：没有20世纪初的意大利社会主义运动及其随之而来的合作化气氛，没有当地长期形成并不断发展的弹性专精技术传统这种"集体的企业家精神"，就没有"北方意大利"这一企业集群的典型；没有依靠当地"血亲"和"家族"而结成的生产和经营网络，没有长期形成的"既能做老板，又能睡地板"的奋斗学习精神和敏锐的市场眼光，也就没有建立在企业集群基础上的温州"经济奇迹"；即使在农耕文化长期占主导地位的内陆腹地河南省，同样也有像长垣和孟州那样摆脱传统思想的束缚，走出家门，并依托长期的技术和工艺传统，相互学习，自主创新，在区位优势并不明显的黄河边建成了中国最大的卫生材料、起重机械和皮毛出口加工集群。所以，在开放的市场经济条件下，无论区位如何，要推动区域经济发展，都必须在发掘和发扬当地传统文化积极成分的基础上，不断吸收和借鉴外来的、时代的各种文化中有益的成分，结合当地的实际情况，兼容并蓄，整合创新，唯有如此，才能发挥本地文化在区域经济和社会发展中的能动作用，营造文化和经济相互促进、共同进步的新格局。

# 第三节　中小企业的集群文化

## 一　企业集群文化的含义及特点

### （一）企业集群文化的含义

企业集群是由一定区域内彼此临近的不同企业在相互竞合中形成的企业网络，这种企业网络的形成与发展，与一定的基于地缘接近的共同文化背景紧密相关，而企业集群一经形成，群内企业频繁的交易活动也必然积累了一定的社会资本，导致群内企业之间的彼此信任。这样，集群内企业在长期的发展中便形成了普遍信守的文化元素。从硅谷的创新文化到汉正街的市民文化，物以类聚，足以说明集群文化的普遍存在。

发展和集聚是企业集群在其发展中积淀下来的较为稳定的特征，它们成为独特的文化，并随着文化的传承逐渐进入集群和群内成员的"灵魂深处"凝结成一种"集体潜意识"。这种带有明显文化特征的"集体潜意识"，无形之中"约定"着集群成员的思维认识、价值观念、取向以及生活和行为方式等，也在行为中体现出这种"约定"。企业集群文化是企业集群在形成演进过程中，由于群内企业的长期合作和频繁互动形成的一种独特的不成文的约束，这种约束内含着价值标准的判断，如进取性、守势、灵活性，即确定活动、意见和行动模式的价值观。

企业集群文化，是在一定的社会历史背景下，通过长期的生产经营实践逐步形成的，企业集群文化不是人为创造出来的，也不是由某一成员的企业文化决定的，是所有成员相互影响而形成的。企业集群文化的来源非常复杂，集群共同体内每一具体行为、活动都影响着它的形成，都是产生集群文化的"基因"。集群内所有成员的行为都对集群文化作出贡献。时代背景以及集群所含有的行业文化、企业文化、地理文化也都影响着集群文化。

一个集群的组成部分的行为举止在很大程度上是可以预料的。这种可预料性就是集群文化的外在表现。人类文化学家所说过的实践是文化的程序，也是这个意思。集群文化来源于集群实践，集群成员在互动中，在时代背景下，表现着这种可以预料的行为实践。集群文化的表现与来源也就出自于这种实践。连接集群文化与企业集群的是集群的实践行为。法国社会学家布迪厄的"文化实践"提供了这样一个范式。借助布迪厄的"文化实践"概念，可以进一步认清企业集群文化的特质。

"文化实践"是指文化通过潜移默化形塑无反思的、潜意识的心智图式，将客观条件、社会划分加诸行动者，产生相应的界限感、位置感，使行动者自动地、自觉自愿地依照这种被形塑的心智图式呈现世界表象，作出反应。"文化实践"从来不会隔绝于社会的政治经济权力运作以及社会变迁和历史转型之外，文化从来不只是这些历史过程的被动记录，它是生产和再生产社会等级结构的重要力量。认知图式与社会结构是对应的，它以隐蔽、变形的方式流露在文化实践中。布迪厄写道："在社会结构与心智结构之间，在对社会世界的各种客观划分——尤其是各种场域里划分成支配的和被支配的——与行动者适用于社会世界的看法及划分的原则之间，都存在着某种对应关系。"也就是说，文化总是以实践来表达，在历史与结构、时间与空间两个维度共同作用于社会成员，潜意识地规范人们的行为，规定实践的形式。集群的历史演进与文化演变息息相关，同时，集群结构的不同层面也蕴涵着集群文化的片段。从这个意义上说，集群既是文化的产物，也是文化的创造者。不能把文化的形成看做是为了共同利益而强加于集群成员的限制，而更应该把它看做是集群活动的整体要素和作为发展和实现集群成员的潜力的手段。

基于此，我们可以将集群文化定义为：企业集群文化是指在集群所在地传统文化及区域特有文化的影响下，其内部的成员通过一定时期的互相影响、积淀、整合而形成的风俗习惯、成员共有的价值体系，并能对集群内企业的企业文化及企业行为起支配作用的一种行为方式和共同理念。一个优良的集群文化使群内成员相互竞争、相互合作、相互启发、促进创新，将集群的竞争优势发挥得淋漓尽致，从而有利于各主体的发展和集群的可持续发展，形成良性循环。

（二）企业集群文化的特征

企业集群文化是在发展企业集群的环境中形成的一种特殊文化，它既具有文化概念的一切特征，也具有自身鲜明的个性特征。企业集群文化具有以下本质特征：

1. 时代性。企业集群文化是在特定的时代背景下产生的，不能不受到当时政治、经济和社会环境的影响。在不同的历史时期、政治制度、经济体制、社会条件下所形成的企业集群文化都不可避免地烙上了时代的印记，成为时代精神的反映。

2. 民族性。企业集群的生产经营活动都是在某一特定的民族区域内进行的，不同的传统文化、民族精神和价值观念，会形成不同的企业集群文化。因此，企业集群文化在某些方面会体现出所在区域民族文化的特质。

3. 整合性。企业集群文化所处的复杂环境，决定了它是通过不同文化的交流、碰撞和理解所融合而成的，优秀的企业集群文化既整合了传统文化、地域文化和国外文化的精髓，又整合着集群内各企业的文化精华，使其成为"一体多元"型文化。

4. 积淀性。企业集群文化从产生、发展到最终形成，需要经历一段较长的时间，这是一个动态的不断修正、补充和完善的过程，是一个慢慢沉淀的过程。作为历史积淀的产物，它具有连续性、继承性的特点，一旦形成就很难改变。

5. 创新性。在短期内，企业集群文化应保持相对稳定，但在企业集群发展的不同阶段，企业集群文化要进行不断的完善、调整，甚至是完全彻底的变革，以适应社会环境的变化。所以，从长期来看，集群必须要与时俱进，不断创新，才能使企业集群长兴不衰。

6. 独特性。企业集群文化的影响因素众多，这使得每个企业集群的文化都不可能一模一样，它在文化特质上具有其独特的、鲜明的、强烈的个性，正是这种独特性使得企业集群文化又具有了多样性。企业集群文化为企业集群提供了强大的精神动力、思想保证和理想信念，是企业集群无法估量的无形资产。谁拥有了企业集群文化优势，谁就拥有了竞争优势、效益优势和发展优势。

## 二　集群文化与集群发展

### （一）集群文化的功能

企业集群是以彼此的共通性和互补性相联结而构成的企业群体。文化是一种"黏合剂"，集群企业因为集群文化所体现的共同的价值观、信仰、经营哲学、管理制度和道德准则而凝聚在一起。集群文化的导向和影响作用虽然是间接的，但是更持久、更深远、更加根深蒂固。集群文化能涵盖各方利益，减少组织成员间的矛盾和冲突，强化成员企业行为的连续性，保护相互间的信任受到最小的干扰和破坏，从而成为维护组织稳定的基础。集群品牌的影响力可以增强企业竞争力。集群文化是一种难以模仿的、持续的竞争力，这种文化一旦成型就会作为企业间关系的黏合剂发挥重要作用。无论是人与人之间、组织与组织之间还是国家与国家之间，经济利益的驱动固然可以促成某种暂时性的关系，但是要构建牢固的长期合作关系，就必须借助文化的黏合。这种黏合构成了互信的基础，使得集群内企业不仅可以以非契约的形式开展交易，而且能在一种相互信赖的气氛中交流和分享创新资源。

强有力的集群文化使企业集群成为具有凝聚力的带有"宗派性"色彩的集团，在市场竞争中发挥着资金、物资等无法相比的巨大作用。良好的集群文化是企业集群久盛不衰的重要原因。优秀的集群文化使企业在长期的合作实践中建立并升华为共享价值观、经营哲学、集群形象、人际关系等的统一体，不会因为集群组织和结构的变化而衰落，能持续而稳定地发挥作用。集群文化具有很强的凝聚作用，它改善了集群企业之间的信息沟通和人际关系，共同的价值观和经营理念成为集群企业合作的坚实基础，也是企业之间相互默契的"共同语言"，起着很大的协调作用。良好的集群文化形成了合理的企业集群生产经营机制。集群的发展和企业的发展目的一致，企业集群的生产经营活动协同一致，共同应对市场变化，从而形成合力。企业的竞争力和产业集群的竞争力是相互依存的、互相促进的。良好的集群文化加强了对集群企业的激励和控制。文化管理是管理的最高境界。优秀的集群文化意味着良好的企业运作氛围，集群企业自觉遵守共享价值观和行为规范，形成共同创新、风险共担、利益共享的有效的激励机制。同时，良好的氛围和协作关系，减少了许多的监督和协调工作，为产业集群高效率配置资源发挥了巨大的作用。

具体而言，集群文化对集群发展的作用可以从以下几个方面展开：

1. 集群共同的社会文化背景和经营理念，可降低集群供应链的综合费用，实现企业集群的竞争优势。集群企业在共同的文化背景下具有相同的经营道德，遵守共同的交易理念，同时强调合作和非冲突，能增进集群内部各主体间的默契，减少机会主义行为、交易的不确定性和交易成本。从集群供应链产品的成本结构来看，集群供应链产品成本包括生产费用、管理费用和交易费用，生产费用由生产技术决定，随着集群的技术创新、工艺的改进而降低，管理费用和交易费用则在集群专业化分工下此消彼长。一方面，企业集群的经济活动根植于集群文化之中，企业与企业、人与人的合作基于共同的社会文化背景、共同的价值观和相互信任的基础，从而使集群企业的供需双方容易达成交易和履行合约，节省了企业搜索信息的时间和费用，降低了监督成本和机会成本，从而从总体上降低了交易成本，使集群供应链综合费用降低，实现企业报酬递增。另一方面，集群文化是集群内部由行业、职业和专业方面的知识而构成的共同价值观念、行为规范与期望的系统，这些知识在集群企业之间指导交易活动进而创立典型的行为模式。集群文化在以下三个方面加强集群内部企业之间的协调：一是通过社会化形成期望聚合，使集群内部企业之间的交易具有可预期性；二是用特质语言综合复杂程序与信息，并且这种特质的语言含有大量的意会知识，是集群内部的专用性资源，难以被集群外企业模仿；三是为意外情况下的适当行为制定了共同规则。由于集群内部企业之间基本行为规则的存在，使得它们不必为每一次交易再进行重复性工作，从而简化了交易过程，提高了交易效率，降低了交易费用。

2. 集群崇尚创新的制度环境，使集群的技术进步及其扩散速度加速。集群的竞争优势建立在用户价值不断提升的基础上。国家创新系统理论指出，技术创新和传播需要大量相关部门和制度的支持，在创新和学习中除了正式的机构和制度外，各种非正式的习俗、惯例和社会文化也在影响着知识的积累和传承。在企业集群发展中，集群文化中专业化生产方式和忠诚、信任与合作的理念，使集群企业之间、企业员工之间进行频繁的正式和非正式的相互交流和相互学习，使信息、知识流动和溢出产生创新效益，使集群企业在长期、不断的生产合作中相互作用、相互影响，建立起协同的技术系统，产生协同效应和系统效应，使技术作为一种生产要素在产业集群中产生竞争优势。对于高新技术产业来说，产业集群的创新能力强、技术进步速度快，则产品的技术性能、生产工艺改进快，这是保持产品竞争力的关键；而对于传统产业来说，产品性能和生产工艺保持相对稳定，那么吸收新技术对原产业进行技术升级和改造，提高质量、降低成本，保持较高的产品性价比，从而取得竞争优势。

　　3. 集群文化加强了集群企业行为的协同性和对集群整体的认同感，从而在感知和应变市场变化时步调一致、快速灵活。产业集群中核心企业具有很强的市场敏感性，对市场反应快，应变速度快，但企业集群对市场的应变应是集群整体的应变，通过集群企业的联动才能得以实现。集群文化的凝聚力和影响使集群中小企业与核心企业协同一致，密切配合，共同感知和应变市场变化。集群供应链每个节点企业的物流、信息流、资金流相互配合，使集群整体快速、高效、准时地适应市场变化。集群文化的凝聚力使企业集群低成本、高效率地响应市场变化，从而形成集群品牌和产品的竞争优势。

　　4. 集群基于信任的合作竞争理念，使集群企业获得更多的期望收益。同时，作为集群整体也提升了市场竞争的位势。产业集群内部企业之间是一种分工和交易关系，如果没有起码的信任就不可能发生交易关系，即使有交易关系，也会把大量宝贵的资源用于防范风险。作为集群整体，集群内部企业拥有共同的集群文化，遵守共同的行为规则，相互之间很容易达成无形串谋，在全球供应链中，或者说在国际国内市场范围内本来就占有很大市场份额的企业集群拥有强大的市场力量，这种强大的市场力量，使企业集群无论作为产品市场的供给者，还是作为要素市场的需求者，都具有很强的谈判能力，从而获得竞争优势。在硅谷维尔山有一家"马车轮酒吧"在当地颇受欢迎，工程师们经常在这里相互交换意见、传播思想。许多企业与当地生产商之间存在着无处不在的广泛合作和信息共享，对话、项目和交易积累使它们之间逐渐建立了密切的联系，这种丰富而有建设性的关系转变成为巨大的财富，酒吧由此被誉为"半导体工业的源泉"。可见，良好的企业集群文化可以为各种人才的成长创造宽松的环境，为企业的科技交流提供平台，这样的集群文化能够极大地激发人们的创新和奋斗精神，从而为企业注入强大的活力和创造力。①

5. 集群文化作为一种非正式规则系统，有效地补充着正式制度的缺陷。集群文化作为集体价值观和行为准则的集合体，在组织中能发挥一种控制功能。集群文化作为一种弥补正式合约失败的一种替代机制，为企业提供行为的框架、准则和价值体系，引导和约束成员的行为，减少企业面临不确定的时空范围。集群文化对群内企业的行为控制不是基于激励和监督，而是基于企业对集群这个生存环境的依附。所以当正式监督、契约和制度控制失灵时，企业集群文化将引导、控制和规范内部成员的行为，甚至有时某种文化，比如说企业之间的非正式交流和合作、宽松的制度环境等，成为他们的行为习惯和思维方式，比正式的制度控制更为有效。此外，在集群中营造鼓励诚信的人文环境，使群内企业采取非正当竞争策略的社会成本大大增加，一旦企业被发现存在"败德行为"，就会被集群文化抛弃，使之难以在集群中立足。可见，集群文化作为一种非正式制度安排，有效地补充了正式制度的缺陷，使集群成员的行为遵守基于文化认知的"约定"。

6. 集群文化促进着群内企业的合作效率。企业集群文化，特别是高科技企业集群文化在促进提高合作效率中，有两个重要形式：一是风险投资基金的运作。高科技企业集群在得到关键起飞阶段的支持后，风险投资资本家、一些富有的企业主对具有前景的初创公司进行大力的资本扶持。二是集群内行为主体的合作精神。大学、研究所、企业之间、员工之间形成的合作网络，产生出创造性的协同作用，使商业化竞争的推动力转化为通过合作进行技术创新的愿望。良好的高科技企业集群文化以超企业的网络合作，形成完善的区域创新系统，维持集群持续的产业创新能力，构成最有竞争力的区域竞争。例如，硅谷地区和128公路地区同时起步于第二次世界大战期间，到20世纪80年代，它们都成为美国电子工业的主要创新基地，并以技术活力、创业精神和非凡的经济增长而闻名于世。两地几乎同期经历了20世纪80年代的衰退，硅谷现已成为美国计算机软硬件、互联网系统的创新中心，而128公路地区的名声则稍逊一筹。据估计，近几年全美高科技风险投资，波士顿占到20%，而硅谷占60%。按投入产出比来看，目前两地区的效益虽然相当，但硅谷总产值则是128公路地区的3倍。处于同样的起跑线，具有相同的发展经历，甚至在客观条件（地

① 邹国胜：《集群文化与产业集群竞争力》，《现代企业》2006年第8期。

理环境和科研院校等）优于硅谷的128公路为何落后呢？根据对两地的发展历史和实际情况比较发现，著名学府和充足资金并不是造就硅谷的充分条件。集群文化的差异被一致认为是两个地区经济发展不同命运的根本原因。硅谷开放的氛围，畅通的信息交流及鼓励冒险、对失败宽容的集群文化与128公路地区的僵化、墨守成规、独立、保守的文化形成了鲜明对比。这两个地区的比较被一致认为是集群文化不同造成的绩效不同的典型案例。

（二）集群文化与集群竞争力

集群文化是区域上集中的企业在长期发展中逐渐形成的共同信念及由此表现出的企业共同风范和精神。集群文化是一种勇于冒险、积极创新、相互协作、奋发向上的文化。在这种文化氛围中，懒惰、不求上进等会受到指责。这种集群文化与单个的、零散的企业文化相比，更具有持久的影响力，是众多企业文化灵魂和精髓的融合与体现，因而更具有竞争力。

1. 集群文化的适度根植性有利于集群竞争力的培育

根植性（Embeddedness）的概念来源于社会学理论，可以追溯到格兰诺维特（Granovetter）的社会关系思想，它是指企业的经济行为根植于其已有的社会、经济关系之中，经济活动总是依赖于已有的社会网络、人际关系网络而展开的。企业集群不仅使企业的经济活动根植于地方社会网络，而且有助于形成共同的价值观念和产业文化，有利于企业间的合作与信任，促使交易双方很快达成并履行合约，还节省企业搜寻市场信息的时间和成本。

由于集群成员的经济活动和活动结果不仅与集群的结构相关，同时还不断地受到笼罩在整个集群内的人文氛围的影响，有活力的社会文化环境保证了经济活动和创新的持续发展。集群的这种根植性可分为"结构根植"和"文化根植"。"文化根植"一般包括两个部分：一是由集群所在地的地域文化——表现为风土人情、宗教习俗甚至方言系统等构成的文化基，它在集群成员中自始至终发挥着潜移默化的作用；二是在文化基之上随着集群的发展而积淀下来的产业文化，它体现了文化的专业特色和经济内容，并随着日渐成熟而融合进当地的区域文化。

如果集群内的多数企业、机构较为依赖已有的社会关系，则集群的整体行为具有较强根植性，群内的经济活动具有可靠性和可预见性，与不熟悉的企业、机构的交往频度不高，从而会减少与群外企业、机构之间的知识交流与资源交换，对群外的市场、技术变化缺乏了解，会降低产生根本性创新的可能性，不利于集群保持竞争力。如果集群的根植性较弱，群内企业更倾向于与群外企业、机构联系，将会造成对外部资源的严重依赖，从而削弱集群的自主创新能力。因此，集群成员要注意群内外关系的协调，形成适度根植，保持集群的整体竞争力。

2. 集群文化与集群创新系统

企业集群创新系统与其集群文化相互依赖、相互影响、相互作用，形成了文化对技术创新系统既有促进又有约束的作用机制。积极的集群文化环境促使创新系统向更协调、更完善的方向进化，给系统功能的发挥创造良好的条件。而消极的集群文化环境会抑制创新系统功能的发挥，使系统进化缓慢甚至转向退化。例如，文化环境中主流意识对科研人员的价值取向、创新动力的影响，对企业家精神、企业家行为的影响等，都无不体现了文化环境对系统各要素的作用。同时，技术创新系统的演化过程对文化环境不断提出新的目标，潜移默化地影响着文化环境的特征和存在方式，推动文化环境的变革与发展。文化环境与技术创新系统处于不断地调整、适应的发展过程中。在特定条件下技术创新系统可以不拘泥于文化环境的约束，自动选择和创造新的文化模式、文化制度，旧的文化模式、文化制度被逐渐破坏，有时甚至引起突变性的文化变迁。

3. 集群创新文化与集群竞争力

当一定数量的中小企业在某一区域聚集，并与当地的社会、文化历史相融合，成为具有共同历史观和价值观的企业集群时，群内企业之间的隐性知识就会通过非正式交流形式进行传播，形成区域性的隐性知识。由于这种隐性知识根植于区域内共同的社会和文化背景，集群外的企业不能轻易模仿，因此它成为企业集群的核心竞争力。一旦这种隐性知识与当地的企业家精神和制度环境有机融合，就形成了一种创新文化。如大唐袜业的发展就是不断创新的结果。大唐的一些文化素质不高的农民有能力完成高难度的技术创新，与马歇尔式或意大利式产业区一样，这种技术创新来源于创新的氛围或创新的产业文化。在这里，各种信息、知识和创意通过人脉网络得到传播和交流，使每一种创新都能迅速推广，并不断得到完善；任何人都不会将自己的技术对外保密，同类别、同层次企业之间往往愿意相互公开自己的技术发明。区域内的人们都认为，对技术创新的最大尊重不是把它垄断起来，而是把它推广开来，使它产生最大的效益。正是这种创新文化形成了大唐袜业独特的竞争优势。

4. 集群学习文化与集群竞争力

集群学习是指集群中的企业和机构，基于共享的社会文化氛围和制度环境，在解决共同面对的问题时，协调行动而产生的知识积累的社会化过程，集群学习的结果表现为集群整体知识基础的拓展和竞争能力的改善和可预见性的增强。集群学习可以保证知识传递的连贯一致性和动态协同性。已有研究者发现：竞争力强的企业集群内各行为主体之间，通过相互联系形成了有效的学习网络从而加快了创新。集群创新能力的一个重要来源就是集体学习，如集群内的企业、机构之间通过交流与合作形成了内部学习网络，在缺乏知识中心的情况下，也能通过知识积累产生渐进性创新。另外，集群内的劳动力在工作中获得了专有知识，积累了经验，是学习的主体。因此，群内应保持劳动力市场的适度稳定性，以保证集群学习能力的连贯性。若企业集群能开发、利用、保持集体学习的能力，则能形成地区创新环境，形成该地区的长期竞争优势。否则，集群只能形成短暂的竞争优势，当该集群创新能力衰竭时，或别的相似集群崛起时，该集群必然走向失败或消亡。

5. 集群制度文化与集群竞争力

良好的制度文化有利于企业集群竞争力的提高。企业集群在制度设计上应鼓励尝试并允许失败，勇于接受新事物，激发企业人员的合作精神、创业精神和对自我价值的追求，并逐渐对所处区域文化产生影响，形成区域的竞争力。然而，许多政府无意间制定的一些规则，使得新企业难以建立，更难以形成企业集群。例如，20 世纪 90 年代日本政府规定，如果一个企业没有连续数年的盈利记录就不能在东京证券交易所上市；如果一个企业的一项研究项目是政府资助的，该项目研究成果的知识产权归政府所有，企业无权取得等项规定，结果使日本没有形成真正的风险投资公司。一些欧洲国家也有类似障碍，这些国家都认为，政府应制定规则使人们避免进行有风险的投资。而在美国人们认为政府的作用应是保持公平的竞争环境和透明的法律制度，使投资者能充分了解风险并作出正确决断。一般而言，判断企业集群成功与否的标准是市场力量而非政府意志。政府应在保持宏观经济政策的稳定、制定鼓励创新的规则、减少对竞争的限制并鼓励公平竞争、提高劳动力素质和基础设施水平等方面下工夫，以形成良好的制度环境，吸引更多新企业到本地发展，从而改善企业集群的组成结构，增强企业集群的竞争力。

（三）企业集群文化与竞争力关系的实证分析

1. 硅谷高科技产业集群——不断创新的合作文化

位于美国加利福尼亚中部的硅谷原是盛产水果的农业区，在 20 世纪 60 年代后获得了迅速发展，大体经历了半导体、IC 和 PC 时代、软件时代和互联网时代四个阶段，目前已成为美国微电子产业的发源地和世界创新浪潮的核心。

在短短三十多年中，硅谷之所以能从一个传统的农业区迅速发展成为世界上最具竞争力和发展潜力的高科技产业集聚区，其中一个主要的原因就是得益于当地良好的创新文化氛围。萨克森宁在《地区优势》一书中对美国硅谷和128公路地区的发展进行了比较，认为两者业绩不同的主要原因在于组织和文化的重大差异，这种差异将继续使两个地区面临不同的机遇，《地区优势》的副标题就是《硅谷和128公路地区的文化与竞争》。钱颖一认为硅谷奇迹得益于其创业文化，并指出了硅谷创业文化的七要素：即生产结构开放性、人才流动性、失败容忍性、工作狂热性、移民性以及资本易筹性。张景安、亨利·罗文认为硅谷文化就是一种创新的文化，硅谷创新文化蕴涵于硅谷的企业组织、独特的非正式社会组织关系及移民社会中，硅谷的创新文化最为重要的就是鼓励尝试、挑战风险和对失败者的宽容，创新文化的缺失也是世界大部分地区仿造硅谷所面临的最大障碍。著名经济记者约翰·米克史威特（John Micklethwait），在一篇论文里归纳出硅谷最成功的十条"文化簇集"：能者在上的公司信仰，对失败的极度宽容，对"背叛"的宽容，合作，嗜好风险，赚钱以后不做守财奴，再投资到创业环境中，热衷改变，对产品而不是对金钱的痴迷，机会的慷慨分布以及分享财富的强烈倾向。

可以看出，硅谷文化有以下几个特征：首先，区内的大多数人都具有勇于冒险、不断进取的独特思维方式。不管是新入区的创业者，还是区域内的老居民，都努力创办新公司，否则就被视为异类；无论是高级工程师还是一般技术人员，如果在某一个公司工作时间超过三年，就会被看做保守者或者是无能。其次，区内的人们都能善待失败，对失败者给予积极的帮助和支持。最后，区内各行为主体之间存在着非常强的合作文化和精神。硅谷发展的真理是：竞争要求持续创新，从而要求公司间的合作。区域内的合作文化既包括老企业给予新企业的鼓励、建议甚至金融支持，也包括各公司工程师之间非正式的交流与合作，以及公司内部各层次人员间所保持着的非正式但经常的联系与合作。区域内这种独特的合作氛围和创业文化，使人们在生产过程中能自发地进行合作，自我组织，为无休止衍生的公司提供了动力，从而提高了硅谷持久创新的能力。

2."第三意大利"产业集群——根植于本地的产业文化

意大利企业集群主要集中于意大利中部和东北地区，这些地区与其他地区相比有其特殊的亚文化，中部具有共产主义与社会主义传统（重视联合与合作），而东北地区深受天主教亚文化（关注联合与志愿）影响，这些文化信念促进了中小企业集群发展。而第三意大利是指以制衣、皮革、玩具等传统的劳动密集型行业为主的意大利东北部及中部地区。20世纪70年代以来，当多数欧洲国家都由于经济危机的影响而面临衰退时，第三意大利却表现出强劲的区域竞争力和旺盛的增长势头。这与其根植于本地的区域产业文化密不可分。在第三意大利的产业群内，大多数企业都是由本地原来的家庭作坊转化而来的，拥有共同的历史文化背景，而且企业之间地域接近、彼此熟悉、生产相互联系，经常进行面对面的交流，从而在长期的交流与合作中，逐渐形成了根植于本地的区域产业文化，这种产业文化的核心内容就是诚实与信任。这对促进创新、降低交易成本、深化专业分工与合作，遏制各种机会主义和败德行为都起到了积极作用，从而推动了区域产业群的生成和发展。

王缉慈认为意大利企业集群的成功是由于其共同的文化基础，意大利人崇尚冒险，喜欢拥有自己的企业，他们不怕失败，企业间具有高度信任，意大利杂志大力宣传很多成功企业家的经验也有助于企业集群的成功。孙凤英等认为意大利每一个企业集群都有良好的文化基础，这种文化的核心内容之一就是诚实、信任与合作，偷工减料、投机行为为多数企业所不齿；这种文化的另一个核心就是敬业与创新，许多中小企业主热爱自己的行业，具有丰富的经验，并极富钻研精神和创新精神。丹东尼奥认为在意大利的小企业专业区，存在经济人之间的诚信关系、企业主之间的诚信关系以及企业主与雇员之间的诚信关系。这种诚信关系，再加上各种非正式的合作关系，以及约定俗成的规制和集体价值观念，共同构成了促进经济发展的无形要素。

3. 台湾外向型产业集群——以家庭关系为基础的社区文化

自20世纪60年代以来，外资的大量注入为台湾发展外向型产业群创造了前所未有的良好机遇。由于当时的台湾已具备了一定的生产基础和较高的人力资本，再加上当地政府积极的引导和扶持，使台湾外向型产业群迅速成长起来，并在市场竞争中表现出强大的竞争力。其中台湾以家庭关系为基础的社区文化功不可没。地域社区的基础元素是家庭，台湾有很强的家庭意识，构筑了以家庭为基础的地域社区文化。台湾企业间的相互联系往往是从"圈内人"开始的，所谓"圈内人"，是指有血亲、姻亲的纽带，或略为扩大到有同乡、同窗或师生之谊的小团体。这种以家庭关系为基础的产业群往往带有内部等级制的烙印，外来企业进入或退出的"人情"成本较高，整个企业关系链发展缓慢。而一旦成为产业群的一部分，企业的任何决策，都必须考虑其他相关企业的反应，使产业群内保持了高度的内部协同性和对外一致性，在长期的合作与交流中形成了相互高度信任、合作同谋、共担风险的产业文化。这种产业文化的形成对于降低群内企业的交易成本、促进企业间专业化分工与协作起到了积极的促进作用，从而提高了产业群整体的竞争力。

4. 温州中小企业集群——"扎堆"文化

我国温州地区企业集群所取得的显著成就与温州地区独特文化有着密切联系。在温州的历史上，有一种惯常的做法，叫"扎堆"。做买卖的人找一个地点，同行同业扎在一起，能便利客户。温州桥头以纽扣为主导的服装辅料产品市场，正是温州一对兄弟在桥头以摆纽扣地摊开始的，继而有大量的人在桥头扎堆卖纽扣，形成了最初的纽扣市场，后来才出现大量的依靠纽扣市场的批量生产纽扣的企业，这些企业在纽扣市场旁集群而生存发展。这些中小企业没有固定的销售渠道，若依靠企业本身开拓市场，则成本费用会大幅度增加，产品的竞争能力将大大降低。这种以"扎堆"形式形成的市场为中小企业提供了良好的固定的销售渠道，在市场旁形成的中小企业集群和市场相互促进，共同发展，形成了独特深厚的区域经济文化，构筑了不可抗拒的集群核心竞争力。

此外，温州人素有重商观念，重功利，务实际，恋家不守土，能随时调整自己，最大限度地去主动适应、顺应环境而求生存，以最有效的方法去追求利益和发展。在思维方式、价值观念、生活方式和行为方式上，温州有自己的特色，形成了具有地方特色的区域文化：受永嘉事功学说的影响，温州人有较为独立的主体意识；受市民阶层价值观、消费观的影响，温州形成了一种讲究排场的奢侈民俗；受手工业、商业经营方式的影响，温州人勤劳不怕吃苦，相信"民勤于力而以力胜"，有竞争意识，心灵手巧，讲信誉，对新事物有浓厚的兴趣，模仿、接受能力强；从事手工业、小商品生产经营的温州人还有较强的"宁为鸡首，不为牛后"的自主意识。从文化史的角度看，温州人文精神还带有世俗化倾向。另外，温州人还有诸如强者的心理结构、对宗族文化的崇尚、对生活的人道主义态度等。温州人不安于现状，不墨守成规，不甘于贫困。为了追求财富，追求更富裕的生活，他们不辞艰辛，善于学习，敢于冒险，勇于进取，无论走到哪里都能扎根、生存、发展。可以看出，温州人具有冒险与进取精神、重商主义精神等企业集群发展的文化要素。

资源是会枯竭的，唯有文化才能生生不息。很多学者的研究也表明，文化对企业集群的产生与发展具有根源性的促进作用，文化通过对企业集群行为主体的心理和行为习惯发生作用，从而影响不同文化地域企业集群的发展，形成地区企业集群独特的竞争力。因此，发展企业集群要高度重视集群文化的构建，以适应当今世界激烈的竞争环境。毕竟，未来的国际竞争，归根到底是以文化力为底蕴的综合国力的竞争。

### 三 企业集群文化的典范

企业集群文化是一种亚文化，从文化影响行为，行为决定结果这一范式来看，文化对企业集群发展有基础性作用，文化是企业集群发展的人文基础。硅谷人往往都没有意识到硅谷那种合作与竞争的不寻常组合连同其他因素共同构成的制度环境给他们带来的成就。其实，硅谷的这种地区优势是使硅谷企业迅猛发展的重要因素。美国硅谷的成功，归根结底是文化的成功。而意大利企业集群发展中社会与文化因素已经并将继续发挥着核心作用。从广义上看，任何经济现象和行为都可以认为是某种相对应的文化沉淀的结果，企业集群的存在和发展受人文环境的影响和约束，只是这个结论的一个新解。

根据一些比较成功的企业集群的发展实践和有关文化问题研究可知，一个有利于企业集群发展的文化应有以下基本内容：

（一）对企业家的尊重

企业集群发展需要大批企业家，在一个对企业家不尊重的文化条件下，企业家难以成群出现。毕海德认为：社会对企业家的认可和奖赏程度会以不同的方式影响个人创办有前途的企业的意愿；在不尊重企业家的社会里，新企业的创办者主要是一些离经叛道或者主流社会的局外人；相反，在给予企业家很高地位的社会里，主流人士也会为声望和精神奖励的影响所吸引而投身到这个职业。对企业家的尊重首先意味着社会对个人利益的尊重。追求个人利益是企业家动力之源，一个对个人利益不尊重的社会是不可能产生大量企业家的；其次意味着社会对创新精神的推崇。熊彼特认为企业家的本质就是创新，没有创新就没有企业家。创新提高的是企业集群素质，因此创新是企业集群发展之本；最后意味着社会对失败的宽容。创新是一种对未知世界的探索，创新的结果之一就是失败。对失败的宽容本质上就是对创新的支持、对企业家的尊重。

（二）对合作的崇尚

对合作的崇尚，也就是说，文化要有助于推动和实现企业集群企业之间的潜在或显性的合作。对合作的崇尚首先是推动企业集群分工专业化的需要。发达的企业集群具有发达的分工结构。对合作的崇尚则意味着企业集群存在较低交易成本，而较低的交易成本是分工深化的前提条件；其次对合作的崇尚是获得集体效率的必要条件。集体效率既表现为企业集群整体成本的降低，也表现为企业集群创新能力的增强；再次对合作的崇尚是企业集群联合集体之力解决企业集群面临的各种危机，实现企业集群协调发展的内在基础。发达国家和发展中国家的实证研究表明，在获得良好成长前景的企业集群中，还存在着一个主动的集体效率，它只能通过旨在产生合作和结网这些有目的的活动才能实现，主动的集体效率可以使企业集群中的企业更好地应付外界市场环境的变化，是企业集群生存和消亡的重要决定因素之一。

（三）具有开放的胸怀

开放是与封闭相对的，封闭的文化只能导致僵化，不利于企业集群这种具有开放性的组织成长。企业集群文化的开放性体现在两个方面：一方面，企业集群发展要面向世界。企业集群一般具有庞大的生产力，在某个或某些专业市场占有很高的市场份额，这需要广阔的外部市场来支撑，需要企业集群面向世界开拓市场。企业集群观念的开放性和积极地寻找外部市场是企业集群成功的关键。企业集群庞大的生产力也意味着企业集群如果不适应外部环境的变化，没有对外部技术和市场的快速反应能力，企业集群的失败就可能具有灾难性，封闭、僵化的企业集群是没有发展前景的。另一方面，企业集群发展应兼收并蓄。这体现在两个层面：一是企业集群整体层面。企业集群的发展需要从集群外部吸纳各种资源，这些资源包括有形资源和无形资源。具体地说，应积极地吸纳外部企业人群、外部人才人群及外部技术等资源人群，通过这些资源人群来提高企业集群整体素质，而一个排外的文化显然是不利于企业集群对外部资源的兼收并蓄的。二是企业层面。群内的企业应富有开放精神，善于利用其他企业的资源，不断向其他企业学习，才能更好地发展自己。一个不具有开放文化的地方，企业只能是小而全的，不可能有企业集群这种组织方式存在的基础。而有利于集群文化保持开放创新的文化因素则包括以下三个方面：①以信任为核心内容的社会文化。这种文化能够加强企业之间的交流与合作，使企业之间建立起紧密的合作关系。这种紧密联系可以使企业易于获取所需要的各种资源支持，提高企业的生存与发展能力，进而促进企业集群的形成。比如在这种人文环境下，企业之间能在资金上相互赊欠和延迟付款，在工艺技术上可以相互模仿，在合同订单上互借互助，这一切使得企业集群系统内部的交易成本变得更低。②企业集群内特有的交流模式。硅谷内没有森严的等级制度，下班后，无论是总裁、经理还是一般职员，都进同一家餐厅就餐，在同一家俱乐部娱乐。在这些公共场所，不同公司、企业之间的职员，上下级之间都可以互相对话，彼此请教难题，没有秘密可言。正是这种开放的交流模式，使集群内企业发展非常迅速。③创新的氛围。创新是企业集群内最基本和最重要的机制之一。在同一区域里，由于企业在空间上彼此接近，企业家在平时的商业协作和交流中，通过直接观察就可以掌握其他企业的新的生产经营思路和其他创新形式，这样，可以导致企业之间的模仿和竞争，形成企业集群内良好的创新环境。一方面，企业管理者受益于这种经营管理信息、技巧和知识的外溢效益；另一方面，他们也用自己的经验不断丰富和完善经营理念。这样，企业家们之间这种默契的思想交流很容易在区域内营造一个创新环境。

（四）存在一定的文化共性

文化共性是指企业集群不同主体的文化存在一致性。文化共性能润滑不同经济主体之间的社会关系，增强雇主与雇员认识的一致性和集体忠诚感，使得制度违规者受到社会排斥，提供加快信息交流的一种共同语言，建立非功利主义的合作基础。这里文化共性主要是针对制度层面的文化而言，这种共性能节约人们的有限理性，不仅具有弥补外在制度不足的功能，而且还具有外在制度所无法具有的功能。作为内在制度的文化具有演进性特征，企业集群不同主体文化共性的形成嵌入在当地的人文环境中。在农村和小城镇地区，由于人们一直生活在一起，人口流动性低，形成了地方习惯、伦理、规范、习俗和传统等内在制度（文化），这些内在制度对人们的行为具有共同的引导和约束作用，这为企业集群形成和发展提供了良好的文化共性条件。从文化共性这一角度来讲，相对于人口流动性大的现代城市而言，在农村和小城镇地区更易出现企业集群。现实当中，企业集群主要发端和发展于农村和小城镇，应该说与地方文化共性具有较强关联关系。而精神价值层面的文化共性对企业集群的形成和发展也起着极其重要的作用，主要有：

一是共同价值观。企业集群成员的价值观念越接近，其思维和行为模式的一致性就越高，就越能强化成员企业行为的连续性，维护组织的稳定性。在硅谷，人们普遍认同创新活动，认同成功的企业，也理解失败的企业或个人，人们从不非难失败，而是相互鼓励继续尝试。企业集群的形成是经济发展的大趋势，是世界经济全球化的必然产物。共同的产业文化和价值观，有利于企业间建立以合作与信任为基础的社会网络，有效地降低交易成本。在形成集群社会文化的同时，需要注意一些问题：对于本地企业来说，不能只注重与外国企业建立网络关系而忽视与本地企业建立密切联系，因为只注重与外国企业的关系容易削弱本地企业的整体技术创新能力，并导致对国外的严重依赖。同时，外来的企业必须根据当地的社会文化环境特点来调整自己，包括与当地的供应商取得联系，就近获得零部件，聘用当地廉价的劳动力以及面对当地市场等，只有树立起融入本地的意识，实行本地化，才能使企业牢牢立足于当地。

二是共同的历史传统。如浙江宁波依托"奉帮裁缝"的传统技艺，大力发展服装产业，形成了服装业企业集群。东莞作为著名侨乡，与台商在历史、文化上具有亲和性，亲缘、乡缘等社会关系网络为台商在大陆投资以及台商企业家与大陆企业家的交流奠定了文化基础，使之成为全球最大的电脑资讯产品生产基地和我国最大的国际性对外加工基地。

# 第四节　多维交汇的企业集群文化

企业集群文化是一种社会文化的亚文化，它介于个体文化与民族、社会文化之间，属于社会文化框架中的一个中观层次。一方面，企业集群文化的发展与社会政治、经济、文化发展融为一体，它的形成离不开外部环境的影响；另一方面，由于企业集群是由许多相关企业集聚在一起而形成的，所以集群内企业的企业文化是集群文化最重要的组成部分。在此，我们将通过多层次、多视角的分析，来研究集群文化的根植来源、基本内容与影响因素，揭示集群文化与传统文化、地域文化、产业文化以及企业文化的相互关系，说明集群文化的体系结构。

## 一　传统文化与集群文化

企业集群的发展根植于社会文化的沃土中，因此，企业集群文化的形成离不开本国传统文化和本民族传统文化的传承和支撑。不同的国度和民族，不同的历史背景、文化制度、价值观念和思维方式等因素，决定了该国度和民族企业集群文化的主体方向，因而，企业集群文化无不带有本国或本民族文化的色彩或痕迹。一种优秀的企业集群文化，必定融合了民族文化和历史人文精神的精华，必定注重汲取传统文化的营养来充实、丰富、发展自己。而中国传统文化可以说是典型的"家文化"，家庭成员间有着非常高的信任度。而且，中国文化还可以算是一种"关系文化"，表现为泛家族倾向，中国人往往会对宗族亲戚、邻里乡党、同学朋友等与自己有关系的人有较高信任度，而对陌生人则信任度很低。中国社会的这种"关系文化"对企业的形成会产生一定的影响。按照科斯（Coase）和威廉姆森（Williamson）关于交易费用概念的论述，中小企业群的劣势在于企业的增加会导致企业间信息不对称，从而增加企业间交易费用。但是，如果将中国传统文化引入到有关中小企业集群交易费用的解释中就会发现，通过与自己关系密切的人进行交易能有效降低交易费用。中国中小企业集群内部企业主之间往往有上述血缘、亲缘、地缘等各种关系，相互间存在较高信任度，能有效降低企业间的信息不对称，从而使中小企业群具备较强竞争优势。

（一）传统文化是中小企业集群生成的基因

中小企业集群的文化底蕴，具有鲜明的区域根植性和独特的文化核心竞争力，是该企业生存发展的灵魂和纽带，是其他企业最难复制或移植的。如山西杏花村酒的文化品牌来源于唐代诗人杜牧"借问酒家何处有，牧童遥指杏花村"的千古名句；贵州茅台酒的出名，是因为工农红军在那里播下了革命的火种；甘肃汉武御酒的文化意蕴渊源于民族英雄霍去病的抗击匈奴故事。由此可见，历史文化是企业尤其是中小企业集群形成的根脉和象征。这些历史文化资源，应该与区域经济的规划、建设和发展有机地结合起来，形成独具特色的企业和产品，在知识经济大潮和市场运作中成为一棵常青树，魅力常在，永不衰退。由摩梭青年慈仁多吉和打史品初筹资建成的"摩梭民俗博物馆"就是文化与经济相结合的典范，它可以通过旅游经济的开发和利用，带动相关企业在附近地区落户，迅速形成小企业集群，吸纳更多的农村富余劳动力，增加农民收入，以"滚雪球"的方式积累资本，产生"扎堆"效应，推进城镇化和工业化。

（二）传统文化是塑造中小企业集群精神的灵魂

伟大的事业需要并造就崇高的精神。中小企业集群的形成和发展需要一种维系员工和做大做强企业的精神支柱。企业精神是企业文化建设的产物，是体现企业全体员工价值观念和行为规范的群体意识和群体行为准则，是企业已经取得和始终追求的一切物质和精神成果的总和，是企业的经营和管理的模式和风格。《孙子兵法》文化、《周易》易经文化成为日本、韩国企业经营管理的方式和手段，成效显著，而他们营建的这种企业管理理念之根却在中国，他们的企业文化借助了中国的元典精神。企业精神是无形的资产，却有无价的效力。

（三）传统文化是培养中小企业集群优秀企业家的动力

中小企业的创办者及其员工大多是本地人，有的则是随招商引资而来，一般都有深厚的地缘、亲缘、学缘、业缘、情缘等关系，具有浓厚的"乡土情结"和历史文化关联，区域历史文化成了他们"筚路蓝缕，以启山林"的驱动力，特定的生态环境和伟大的时代精神陶冶了他们的情操，杰出的历史名人成为他们创业的楷模。优秀企业家一般都具有艰苦奋斗、开拓进取、奉献敬业、勇于创新的创业精神，这些优秀品质的形成都可以从传统文化宝库中汲取丰富营养。

因此，要注意培育企业集群创新的文化氛围，并且从政策上运用各种手段建立风险投资、技术共享、信息交流等支撑体系。也有学者认为，知识是区域经济创新的重要元素，在知识经济时代，地区的知识和技能将是区域经济创新能力和企业竞争优势的关键。受知识溢出的影响，集群内企业对区域内知识创新的模仿和应用可能会挫伤创新企业的积极性，因此，政府对这类问题应进行政策干预，并建立创新补偿机制。大多数学者认为，应该建立畅通的信息交流渠道，完善信息交流手段，促进产、学、研结合等。

当然，以上所说的历史传统文化是指我国优秀的传统文化和有时代价值的时代精神，至于那些封建迷信思想和低级落后的文化，却是应坚决摒弃的。企业的生存和发展，虽然需要依靠生产技术、科学管理和市场营销，但历史文化也是不可忽视的重要因素，企业和企业家在任何时候都应该重视、传承和开发利用历史文化资源，这是中小企业发展壮大并走向世界的文化内驱力。因此，在中小企业集群文化建设中，应当注重开发利用民族历史文化资源，要用历史眼光、寻根热忱、务实精神、开放心态、全球观念、超前意识和创新胆略，推动历史文化的"与时俱进"，充分挖掘历史传统文化中的瑰宝。

## 二 地域文化与集群文化

任何经济现象、经济模式的生成背后总有某些历史、文化的因素在起作用。今天的区域经济就是昨天的区域文化。可见，文化对经济尤其是地方经济的发展有着很好的诠释。事实上，地方的发展与地方文化的发展是辩证统一的，地方的发展首先需要有地方文化的推动，而发展起来的地方又需要有与之相适应的地方文化。对中小企业集群这种经济现象与经济组织来说也一样：特定的地域文化是中小企业集群形成与发展的摇篮，也构筑了集群文化的底蕴；而该地区中小企业集群之集群文化的发展也必定会融入其地域文化之中，成为其地域文化的重要组成部分。

企业集群是地域性的，并非所有地方都有，只有那些具有某种特殊的资源禀赋、区位条件的地方，通过历史积累或偶然历史性事件才发展起来的。这正体现了具有鲜明地域特色的区域文化，对当地企业集群发展是至关重要的。区域文化会潜移默化地影响企业集群的发展，反过来，企业集群文化也是区域文化不可分割的组成部分，优秀的企业集群文化将会带动区域经济的增长。因此，企业集群文化与区域文化是相互交融、相互制约、共同繁荣的互动关系。

这里的"地域文化"，是指特定地方的人们在长期的共同生活和生产实践过程中所逐渐形成的不同类型的文化要素的组合，这些相互融汇、相互作用的文化要素既包括反映地方特色的显性的语言、宗教信仰、风俗习惯、建筑风格、文学艺术等，也包括在长期历史积淀中形成的隐含在人们的"集体无意识"之中的地方性社会意识、价值观念、道德观念、思维方式和行为方式。地域文化反映了一个地区特定的人文历史境遇，也构成了这个地区基本的人文特色。由于地域文化缓慢的渗透性，其始终潜移默化地影响着地方发展主体（包括政府、企业等各类组织以及民众），并通过发展主体的组织整合功能，影响社会经济发展的各个环节，构成了区域发展的底色和背景，自然也就构成了中小企业集群文化的底蕴。

（一）地域文化影响中小企业集群内人们的认知模式、思想观念与行为倾向

地域文化的力量，就在于它成为了人们心理结构的主要成分，千百年来对整个地方社会的思想情感、价值取向、行为活动一直起着制约作用，并由意识进入无意识，形成人们的思维方式、价值取向，影响人们的认知模式、思想观念与行为倾向。这在中小企业集群内可以具体为：地域文化影响集群内人们认识世界、审视环境的方法与途径；信息获取与传播的渠道与方式；资源开发与利用的手段；对冒险与失败所持的态度；创业的主动性、积极性；创新的动力与压力以及人们的市场观念、法制观念、效益观念、社会责任观念和变革意识、机遇意识、开放意识等。

（二）地域文化影响中小企业集群内企业的制度文化、运行机制及企业之间的关系

首先，地域的风俗习惯及血缘、地缘关系影响着企业的产权制度及其变迁的轨迹，而且在一些地域中，家族文化曾一度占有极为重要的地位。我国民营经济产权制度的变迁过程就能说明这一问题，从最初比较模糊的集体所有制或家族合办制逐渐发展成产权趋于清晰的各种形式的合伙制、股份制的过程中，

家族企业文化就对民营企业的创业和成长起了极为重要的作用。但随着中小企业的不断发展，特别是进入向大企业发展的关键阶段，家庭文化的狭隘性，诸如重用亲信，排斥外来人才，信息渠道不灵就成了中小企业改进效率，拓展事业的障碍，还可能在关键时刻因信息不灵、决策失误，毁掉企业，妨碍企业集群的发展。因此，改善家族文化势在必行。为此，应通过宣传教育提高民营企业家的开明、开放的现代企业经营意识和人才意识。同时，积极改善现存不健全的企业制度。建立新的先进企业制度，绝不是全盘否定家族企业文化的合理性，而是去除其弊端，更好地发扬其优点，并吸收和借鉴现代优秀企业的成功经验，在家族企业文化与现代企业文化间寻找一个契合点。如果西部中小企业都能认真改进家族文化并能以一种宽阔的胸怀接纳任何有益于提高自身竞争力的文化，则集群的效率和竞争力必将上升到一个新的平台。

其次，地域文化中的传统价值观念，将会影响集群内企业的运行机制，包括它们的管理体制与模式、用人特点以及分配制度等。例如，由于地区内敛性和强烈的利益排他性，以及出于解决当地就业的考虑和"肥水不流外人田"思想的影响，我国一些地方的企业曾只吸收当地居民群体就业，而排斥外来劳动力，导致生产要素流动的壁垒效应。又如，受传统价值观念的影响，我国一些地方的企业在管理上重伦理、重感情，轻制度、轻规则；在用人制度上，重德行、重亲缘，轻才华、轻能力；在管理方式上，家族色彩浓厚。

此外，这些文化因素在区域内的广泛存在与传播，必然会影响企业与企业之间的相互关系，尤其是它们对待竞争与合作的心态与行为：是包容竞争者，还是予以排斥；是相互之间进行分工协作来共同开拓市场，还是局限于仅有的市场份额进行恶性竞争；是着眼于长期的发展，还是看重短期的利益；是通过联合行动来创造区域的整体优势，还是各自为战；等等。

（三）地域文化影响地方政府对中小企业集群的制度供给

地域文化影响人们的认知模式、思想观念与行为倾向，势必也会影响地方政府对中小企业集群的制度构建。具体来说，地域文化影响地方政府对中小企业集群的制度构建包括以下三个方面：

首先，地域文化影响着地方政府的发展意识和政府对中小企业集群发展的决策导向。体现在：地方政府对中小企业集群的优惠政策与制度支持。比如，土地的优惠使用、进入门槛的降低以及进入领域的放宽来获取生产经营过程中交易费用的节约等；政府对中小企业集群的市场定位与发展规划。开放、开明的地方政府会从全球竞争的角度对本地的中小企业集群进行定位，并以实现全球范围内资源的优化配置来制定企业集群的发展规划，而保守、短视的政府对中小企业集群的市场定位与发展规划则不是着眼于全球竞争，而是着眼于地方利益、短期利益甚至是个人的利益。

其次，地域文化影响着地方政府的规制意识和政府对中小企业集群发展的行为导向。中小企业集群的形成与发展是一种市场行为，但在规模经济、产品差别以及进入壁垒等因素存在不完全竞争的世界中，政府的规制对中小企业集群及其集群文化的发展有着积极影响。然而在现实当中，那些思想不解放、观念比较落后的地方，政府往往不是管得过多过死，就是对当地中小企业集群发展中的问题（比如说无序竞争、假冒伪劣等）视而不见，两者当然都不利于中小企业集群及其文化的发展；而在那些思想比较解放、观念比较先进的地方，政府常常是务实地"有所为而有所不为"，即该由市场调节的政府不再插手，而该由政府管理时，一定要及时、有效地管理。

再次，地域文化影响着政府的服务意识和政府对中小企业集群发展的服务功能。随着政治民主化进程和公共行政范式的转变，公共服务已经成为政府的核心职能之一。国内外政府的实践与经验都表明，政府的服务对于中小企业集群的形成与发展至关重要。然而，受传统观念以及一些历史因素的影响，许多地方政府还没有树立起现代公共服务意识，还不能提供有效的公共服务和产品来促进企业集群的发展。

（四）地域文化影响企业集群文化与外来文化的交流

地域文化的形成往往具有一定的稳定性，这就是所谓的"文化定式"，地域文化在与外来文化的自然接触中，并不会真正地将外来文化全部吸收与融入，而是根据自身的价值标准进行判断，对于符合传统文化的部分予以吸收，对不相符的部分则给予修改或完全摒弃，按照自身的文化模式提供的框架去理解和评价外来文化是文化甄别中一个不可避免的过程，从而形成一种地域固有文化对外来文化的选择性吸收现象。

对于企业集群文化的发展来说，在与外来文化的交流与吸收上，中小企业集群往往首先会按照自身传统文化对外来文化进行价值判断，并以此为基准，决定对外来文化的吸收与舍弃，从而使外来文化在被吸收的过程中，经过了地域文化的过滤，由"对象的真实"变成了"理解的真实"。这在现实中极有可能会造成中小企业集群对国外先进经验的借鉴仅仅停留在物质文明（如引进先进的生产设备以及科学技术）的引进，而对于国外先进的精神文明（如创新、开拓、求实的精神以及先进的管理模式等）的学习则可能长期停滞不前。

综上所述，地域文化构成了集群文化的文化底蕴，地域文化影响着人们、企业、政府的观念与行为，也影响着这些行为主体对外来文化的态度，其所发挥的综合效应就使得地方中小企业集群文化打上了地域文化的烙印，构成了中小企业集群文化的底蕴。另一方面，逐渐形成的集群文化势必也会融入到地域文化当中，成为地域文化的一个重要内容。这就要求我们不能孤立地来识别集群文化，而是要与地域文化的内涵与特征有机地联系起来。地域文化对集群文化的影响是一把双刃剑，既可以形成集群文化的鲜明特色，但其中一些历史遗留的价值观念、评估标准与行为准则也会影响企业集群与外界经济系统、组织及企业的经济活动，进而影响集群文化对外来文化的交流与吸收，由此影响集群文化的时代发展。

（五）案例："珠三角"的地域文化及其对当地中小企业集群文化的影响

"珠三角"在历史上远离封建王朝的统治中心，是传统社会主体文化的边缘地区和辐射地区，其地理位置使这一地区更多地受到外来文化的影响。宋元以来，广东与福建沿海地区就是中外经济和文化交流首开风气的领头羊，到中国封建社会末期，又受到西方新文化的影响。这一地区历史上海外交通非常便利，外来商人、旅行家、传教士和外出异地谋生求发展的华人促进了"珠三角"与海外的经济交流和文化交往。在这种与海外互动的潮流中，最有影响力的还是走出国门闯世界的海外游子。在"珠三角"地区，"西化"、"欧化"之风所到之处，远比广东内陆地区更快、更大。特别是我国改革开放二十多年来，"珠三角"地区由于毗邻港澳台，在价值观念和生活方式上越来越有别于内地。中西文化在这里得以空前的、广泛深入的交融，形成了"珠三角"开放进取的文化特质、兼容性的文化品格、敢为天下先的超前意识以及明显的重商重利观念，也使得"珠三角"地区的经济活动及其中小企业集群文化充满了生机和活力。这种人文特征对于中小企业集群文化的影响主要表现在三个方面：企业间的相互协作、自觉配套以及思想交流。例如，毗邻港澳的著名侨乡开平市，华侨遍布世界 67 个国家和地区，他们当中有很多人从事服装行业。开平华侨特有的开放兼容的文化精神使他们大胆引进西方的思维方式和文化时尚，促进了开平化纤纺织服装业的飞速发展。服装在款式、色泽、流行时尚等方面与国际保持同步，并形成了以牛仔服装为主的开放、宽松、务实的服饰文化特征，充分满足了消费者个性化、多元化的追求，成为广东乃至全国服装业的"风向标"。至 2002 年，该市已有纺织企业 263 家、牛仔服装厂 162 家，年产牛仔服装 3 310 万件，年生产规模超百亿元，出口值超过 10 亿元，牛仔服装出口量占广东全省的三分之一，形成了从单一服装到原料生产、纺纱、织布、整染、服装一条龙生产，成为生产规模较大、生产能力较强、集中度较高的全国五个牛仔服装专业生产基地之一。

此外，地区文化传统也深刻地影响着当地企业集群的文化。"珠三角"作为古代海上丝绸之路的起点，"珠三角"人自古就有一种重商的传统；而经商的主要目的就是求利、求富。当"珠三角"人在商品经济大潮中经过多年牟利求富的大拼搏，享受着求利、创利给自己带来的满足时，自然而然就形成了重视利益、财富、金钱的价值观。"珠三角"地区以血缘和地缘关系为基础、以宗法的伦理规范和亲情为交往主导原则的文化传统比较深厚，这种文化传统注重亲缘群体的利益及内部人际关系的协调，交往往往是以人格信誉代替契约合同，功利服从亲情，且交往范围表现出狭隘的地域性。这种文化传统促使同宗、同姓、同乡，甚至同学、同道、同好等关系紧密联结，在许多由大小不等的民营企业所组成的中小企业集群当中形成了一种有系统的合作关系，从原材料采购、接单到为他人代工，甚至在销售渠道上和市场上，均由层层纵横交错的人际网络所构成。而这种特有的网络关系，不仅降低了外购交易行为的成本，而且使企业在作经营决策时，信息顺畅流通，面对市场的变化能很快作出有效率的应变，掌握商机、降低风险；同时在经营困难时也较能同舟共济，渡过难关。维系这种网络关系的当然是建立在"义"、"利"之上，覆盖整个企业集群的诚信文化。企业主之间的这种建立在"义"、"利"之上的诚信，不仅使集群文化具有了鲜明的地域特色，也强化了企业集群的稳定性。在一个对人们相互之间的背景和历史都清晰明了的现代经济社会中，企业集群当中的信任与承诺所形成的人情信用往往比签字画押的现代契约合同更为可靠。因为，现代契约往往意味着违约双方的补偿和赔偿是有界限的，而在企业集群当中，如果某个企业违背承诺，就意味着面对整个集群全体企业主的违诺，这种"不义"行为所带来的损失是难以用财富来衡量的，而且还会殃及自己的亲属和后代。

## 三　产业文化与集群文化

中小企业集群是一群既独立自主又彼此依赖，既具有专业分工、资源互补现象，又维持着一种长期的、不存在特定契约关系的中小企业在一定地域范围内的集聚，因而这些中小企业通常都属于某一特定领域，以一个主导产业为核心，再前伸后延至相关的辅助产业、服务产业等。所以，这些企业在长期的生产经营过程中所形成的集群文化,其核心就是一种产业内的文化氛围。如前所述,这种产业文化打上了地域文化的烙印,同时也具有企业集群糅合与挤压的痕迹。具体而言,中小企业集群内的产业文化包含以下几个方面的内容:

(一)产业内的竞争与合作

竞争与合作是集群内企业与企业之间最基本的相互关系,竞争筑就了企业集群活力的源泉,而合作则使企业集群形成合力与整体优势。这对矛盾之所以能在企业集群内部对立统一,原因就在于企业集群当中的这种竞争,通常不是你死我活的竞争,竞争对手不是敌人,而是伙伴,竞争并不排斥合作,合作也没有否定竞争,二者相互依存,从而形成了中小企业集群内特有的竞争与合作文化。

1. 专业化与差异化策略

一般来说,中小企业集群内集聚了某一领域内众多的中小企业,这些企业在共享企业集群这块"市场蛋糕"的同时,必然会发生激烈的竞争。然而,在大多数情况下,这种激烈的竞争并没有导致过度竞争的出现,其原因就在于,企业集群内的企业采取了专业化和差异化的竞争策略。

企业集群中核心产业内的这种专业化包括两种类型:一是产品生产的专业化,即集群内的企业生产相同门类的专业产品;二是生产工艺的专业化,即特定的生产工艺分离,形成专门从事某种工艺加工的"中间产品"专业企业。经由这两种形式的专业化,在中小企业集群内形成了系统的劳动分工体系,有利于企业集群核心能力的提高。例如,在我国最大的低压电器生产和出口基地、被誉为"中国低压电器之都"的温州柳市,其电器分工体系由大型企业集团(如正泰、德力西等核心企业集团)和众多供应原材料和零配件的中小企业构成,其中专业化分工明确,下属中小企业分别为起动器、熔断器、电阻器、断路器、调压器、互感器、配电箱等众多生产配件厂商,由大型企业集团完成总装。又如,温州鹿城的鞋业集群内也形成了企业之间的高度专业化分工体系,从鞋底、鞋跟、鞋楦、内衬、制鞋、鞋盒等都是分别由专门生产加工工厂(户)生产。

差异化是指产品的差异化,包括水平方向和垂直方向的产品差异化。水平方向的差异化是指品种、规格、款式、造型、色彩、所用原材料、品牌等方面的不同;垂直方向的差异化是指同种产品在质量方面的不同。通常来说,集群产品差异化的潜力主要体现在水平方向上,即主要发生在产品外观形态方面,而不是在产品的实质功能和效率方面。

**2. 以企业主间的信任和承诺为核心的协作精神**

有学者认为，以企业主之间的信任和承诺为主要内容的协作精神是企业集群运作的前提条件。这种协作精神，一方面源于行为主体之间的"信用网络"——密切的私人联系、广泛的人脉网络以及信任的积累；另一方面源于行为主体间共同利益的意识以及对重要利益的期待。与此同时，企业集聚区有利地促进他人行为的监控环境（地理上的接近等），对行为主体之间的协作也起到了重要的推动作用。

企业集群中这种基于信任的协作精神有三个特征：集群内企业乐意进行合作和合资，没有机会主义的顾虑；企业乐意再组织他们之间的各种联系，包括空间联系和功能联系；在支持相互受益的目标方面，企业乐意作为群体而发挥作用。在实践中，这种协作精神既可以体现为企业间的专业分工与协作，也可体现为企业间的配套与互补的市场意识，更关键的是体现为企业集群的市场化联动。例如：在审视政治环境、法律环境、技术环境、文化环境、消费者需求动态、行业发展状态，以及集群外竞争对手的情况方面进行广泛的交流与信息共享，借此来共同研究市场；经由集群内资源的优化配置和风险共担来进行共同技术开发和产品研制；共建和共享分销渠道；共同促销和公关等。

**3. 协作与互补的市场意识**

配套与互补的市场意识的形成，一方面源于在企业集群当中，人们更容易发现产品和服务的缺口，另一方面也源于人们想把"蛋糕"做大的强烈欲望。正是这种配套与互补的市场意识，使得企业集群的"生态系统"日趋完善，也使企业集群在特定领域的声誉得以持续提高。例如，吴江市横扇镇是全国闻名的羊毛衫生产基地，年产1亿件羊毛衫，这里人们配套与互补的市场意识非常强烈，全镇羊毛衫生产经营户基本做到足不出户便能完成从生产到销售的全部环节，订单、商贸、包装、运输等一系列服务性企业配套完备。全镇除3 500户羊毛衫生产企业外，还有600户在全国各地做销售、500户进行配套经营、400户专门从事原辅料生产、200户搞运输、100户从事设备维修，形成了一个功能耦合的社会化企业集群。同时，企业集群发展所集聚的人流、物流、资金流以及信息流，带动了运输、仓储、电信、餐饮、旅馆、娱乐、教育、卫生、中介服务、金融保险、房地产等行业的发展。

**（二）产业内的学习与创新精神**

学界对企业集群所进行的研究，越来越关注其中的学习与创新精神，有些学者又将企业集群（产业集群）称为"地方学习中心"、"区域创新系统"

等——从中我们至少可以获悉两点：第一，企业集群构筑了有利的学习与创新的环境；第二，学习与创新是企业集群获取、保持竞争优势的主要途径，产业内的学习与创新文化也就成为先进集群文化的主要标志。

1. 企业集群内的地方化学习

第一，企业集群构筑了有利的地方化学习的环境。企业集群所孕育的马歇尔式的产业氛围有利于技术、信息、诀窍和新思想在集群内企业之间的传播与应用。第二，企业集群地缘上的接近性和企业间员工高频率的流动性有利于隐性知识的传播与扩散，从而有助于推动一种集体学习过程。知识分为显性知识和隐性知识，显性知识易于传播，其共享与扩散往往能以格式化的方式在远距离内实现；而隐性知识不能有效实现格式化，因此不易传播，尤其是新的隐性知识变化迅速，其共享与扩散只能在近距离内通过非正式交流和面对面的接触来实现。第三，企业集群内企业之间的密切合作，不仅可以实现企业间资源的优化配置与优势互补，也是实现知识共享与集体学习的有效途径。第四，企业集群中由大学、科研单位、教育与培训机构等所组成的知识中心的存在，也为人们的学习提供了便利的条件。此外，企业集群与外界经济系统及组织的联系，以及企业集群对外来人才的吸引，这些不可避免地都会带来新的信息、技术和知识，从而拓展了企业集群学习的领域与空间；企业集群内人们的工作压力、竞争压力，也为人们的学习提供了动力源泉。

2. 企业集群中集体努力释放的创新精神

企业集群之所以被称为"地域创新系统"，成为"地方创新中心"，归根结底源于一种社会集体努力所释放出来的创新精神。波特认为，以下五个方面的因素，使得集群有利于提高集群内企业的持续创新能力：（1）老练理性的商品购买者通常也是集群的一部分，所以集群内的企业与独立的公司相比，能更好地了解市场状况；（2）在集群内，与其他实体保持持续的关系，有助于公司及时地了解到演进中的技术、零部件和机械的可用性，现场参观和频繁的面对面接触使上述学习变得更为容易；（3）集群做得更多的是为创新提供可见度更高的机会，同时它还具有快速反应的能力和灵活性。集群内的公司经常能够寻找到他们所需要的投入要素，能够以较低的成本进行实验，以促进创新更快实现；（4）当地供应商和合作伙伴能够并且确实紧密地参与创新过程，进一步确保与客户需求一致；（5）集群中的竞争性压力、同行之间的压力、持续不断的比照压力，使得创新成为集群内部的一种绝对性压力。企业集群内的这种社会集体努力，既包括上述已论述的广大社会群体（雇员、供应商、消费者、技术协会、培训机构等）的地方化学习和地方知识积累，也包括相关行为主体在相同价值观念驱动下的互动与协作，同时还包含政府及相关组织完善的制度支持与促进，这种社会集体努力，大大激发了企业集群内的创新精神。研究指出：企业集群的创新是立体的、全方位的，覆盖了观念创新、制度创新和技术创新全部的内容和形式。

（三）产业整体的区域品牌文化

区域品牌是某地域的企业集体行为的综合体现，并在较大范围内形成了该地域某行业或某产品较高的知名度和美誉度。与单个企业品牌相比，区域品牌的形象更直接、品牌效应也更广泛与持久。例如，在世界范围内，提起高新技术，人们就会想到美国的硅谷；提起时装，就会想到意大利；提起香水，就会想到法国；提起钟表，就会想到瑞士。而在中国，只要提起薄形丝绸里料、面料，人们就会想到吴江的盛泽镇；提起内衣，人们就会想到海南盐步；说到灯饰，我们就会将它与中山古镇画上等号。

由于单个中小企业创建品牌的难度大、时间长、成功率低，故而利用群体效应来创建区域品牌就成为中小企业集群最佳的选择和追寻的目标，在此基础上所建立和发展起来的区域品牌文化也就成为集群内产业文化的高端构成。具体而言，中小企业集群内的区域品牌文化包含以下内容：

1. 区域品牌塑造的共同意识与行为

中小企业集群内明确的专业化分工使得每个中小企业都专注于核心能力的培养和成本潜力的挖掘，企业之间密切的协作集成富有竞争力的产业链，从而使中小企业集群"通过单个企业的专和整个区域的全，通过单个企业的小和整个区域的大"来赢得自身的产品优势和市场优势，为打造区域品牌奠定基础。同时，中小企业集群通过致力于规范品质标准、认可专项技术、推广共同商标、统一对外促销，利用群体效应来构建区域品牌。中小企业集群内那些规模较大的企业（龙头企业）可以在利用区域品牌的外部效应的同时，凭借其较强大的实力，率先来打造自己的全国或世界品牌；中小企业集群，特别是那些较有实力的企业也要通过不断创新打造新品牌。例如，在"中国鞋都——温州"，目前有4 000多家制鞋企业在此集聚，形成了皮革、皮鞋、皮件三个主体产业和皮革化工、鞋用材料等配套的较完善的鞋革产业链。在长期的交流与协作中，许多企业的协调互补逐渐形成，形成权变的、发展的、无形的动态柔性协同优势，创造了难以确认和无法模仿的竞争优势。而且，在营销方面，温州鞋业一改以往企业单打独斗的做法，创新营销，密切协作，为打造"中国鞋都"

这块区域品牌群策群力。

2. 区域品牌形象的自觉维护

基于区域品牌追求的企业集群内各企业、组织和机构会自觉地致力于维护区域品牌的良好形象，并且企业集群内业已建立的机制也为区域品牌的维护提供了保障：一是行业内的自律和同业竞争的规范，避免了只顾短期利益的机会主义行为的发生，切实保证着产品或服务的质量；二是在企业集群内加速推广新的科学技术和管理经验，并组合、派生、裂变出更多的创新，进一步提高企业集群的竞争力，从而动态地维护着区域品牌的良好形象；三是运用法律手段来维护区域品牌的形象。这包括对地域品牌的各项构成及集群内的专利、专有技术的及时申报，也包含对外积极开展联合维权行动，对那些假冒伪劣等侵权行为进行有效的打击，以维护区域品牌的良好形象。此外，群内企业广泛参与公益活动与环保行动，树立起了企业集群注重环保、对社会负责的良好形象。

## 四　企业文化与集群文化

集群文化最终体现为集群中的企业及企业中的人们所共有与共同遵守的价值观与行为准则，反映企业及其员工理想信念、价值观念和行为准则的企业文化是集群文化的微观体现与支撑。与任何整体与个体的关系一样，集群文化与企业文化亦是辩证统一的，二者相互影响、相互作用，在融合中共同发展。

（一）企业文化是集群文化的微观基础

企业文化是集群文化的微观构成，企业文化，尤其是群内龙头企业的文化，对集群文化的塑造和形成产生着极其重要的影响。从长期与整体来看，企业文化的发展与变迁也是集群文化发展与变迁的推动力。

在中小企业集群内部，长期的竞争合作通常会形成龙头企业与配套企业。龙头企业在集群内具有特殊的地位与势力，它的价值观、行为准则等往往会对其配套企业的价值观与行为准则产生深刻的影响，进而影响整个企业集群的集群文化。集群内的企业在与外界企业、组织及经济系统的交往过程中，对其外来文化的优秀成果往往会进行有选择性的吸收。吸收了外来文化优秀成果的企业在与群内其他企业的互动过程中，会把自身革新了的文化元素"传递"给他们，这样反复的循环与作用，为集群文化注入了"新的血液"。此外，群内企业在发展过程中吸纳的群外人才，聘用的高层管理人员，也必然会带来他们的新的经营理念、管理思维和价值取向，并经过长期积累沉淀为企业文化，推动着企业文化的创新和发展。在群内企业的经济活动和互动过程中，创新和发展了的企业文化，经过整合和交汇，从整体上，成为集群中的人们所共享与共有的文化因素，形成了集群文化的组成部分。

在特定时期，始于企业文化的"环境变异"会造成整个集群文化的"环境变迁"。企业所面临的经营环境是不断变化的，有些变化是渐进的，有些则是革命性的。面对经营环境的剧烈变化，企业首先要对其价值观、经营理念和行为准则作出战略调整与转变，这种调整与转变势必会影响、辐射到整个集群，从而使集群文化进行相应的"环境变迁"。在国内，随着市场经济体制的逐步建立与完善，企业的竞争环境发生了革命性的变化。在这种情况下，一些企业集群内的企业首先对其企业文化进行了调整与转变，从而带来了整个企业集群文化的变迁。最具典型意义的有温州鹿城的制鞋企业集群和柳市的低压电器企业集群。众所周知，由于一些特殊的原因，温州这两个中小企业集群的发展也是走了一段弯路。曾几何时，生产假冒伪劣的温州低压电器行业成为国家有关部门打击的重点；温州鞋业也因质量问题遭受重创，先后有武汉等十多个城市禁止销售温州鞋。在这种情况下，质量与品牌得到了集群内企业的高度重视并成为其行动的指南，由此推动了整个集群文化的发展。在此基础上，崛起了康奈、正泰、德力西等一大批行业知名企业，使温州再次成为中国知名的中高档皮鞋生产基地，使柳市获得了"中国电器之都"的美誉。

（二）集群文化对企业文化的影响

1. 集群文化所包含的竞争与合作的文化、协作的精神、自组织及自律文化、地方化学习与创新精神等，必然会对群内企业主的经营理念、管理思维、价值观念、行为意识等产生深刻的影响，而对中小企业来说，企业主的价值取向及其经验感悟又是企业文化的重要来源。因此，集群文化可以通过对企业主的教化、约束而对群内的企业文化带来深刻的影响。

首先，集群文化可以促进企业家精神的形成和成长。这里的企业家精神包含了两方面的内容：其一是"内企业家"的成长和创业精神。"内企业家"是企业或组织中富有想象力、有胆识、敢冒个人风险来促成新事物出现的管理者。集群文化可以提供内企业家发挥自身才能的空间和普遍支持创新的氛围，形成对内企业家的创业精神和愿景的激励。其二是缘于模仿的企业家能力的提升。集聚区优良的环境氛围——"学有同行，比有同门"，使人们有压力、有动力，也有条件去通过不断学习和模仿，提升自身素质、提高管理水平。此外，集聚区历史沉淀的文化底蕴以及先前的创业经历也是影响人们创业活动的两个重要变量。集聚区沉淀的商业文化传统，影响着人们对风险的偏好，而先前的创业经历则成为对未来商业行为的最好预报器。

其次，集群文化有利于发展企业主之间的信用与信任，形成讲信用、讲道德、守承诺的"诚信"精神与理念。信用作为一种经济行为规则、秩序是市场经济规范有序运行的重要基础，信用的建立是一个重复博弈的过程，它的形成和系统建设，需要一个长期的过程，需要社会各个层面配套进行，标本兼治。中小企业间信用与信任主要来自三个方面：一是企业自身的成长与发展，这是基础；二是来自企业间的互相借助，这是一种补充；三是依靠信用担保机构的提升，这是导向。信用是经济主体之间信守承诺，到时履约的行为，信用问题的表现之一是履约能力不足，表现之二是履约意愿缺失。而集群文化可以通过对企业家的道德约束，形成企业的信用意识，促进企业自身的成熟，以确保企业的履约意愿，从而降低企业间的交易成本。

在企业内部，讲道德、守承诺的"诚信"精神与理念可以促使员工、上下级之间以诚相待，通过和企业的外部股东、顾客、生意伙伴的信任和合作，形成企业发展的根本核心。例如，广东科龙集团就倡导"诚信经营"，形成了"诚信、合作、学习、创新"的企业精神，这一精神与科龙"员工满意、顾客满意、经销商满意、合作伙伴满意、股东满意、社会满意"的经营理念一道构成了科龙倡导的"诚信经营"的核心内容。这体现在科龙为员工创造"科龙大家庭"环境，为商业伙伴提出了"心贴心伙伴关系计划"，此外，这种影响也表现在企业内形成尊重知识、爱人惜才的良好风气，因为中小企业集群对外、对内所面临的激烈竞争，归根结底还是人才的竞争。

2. 集群文化对非正式交流与地方化学习的肯定与认同，不仅可以使人们获取宝贵的知识与信息，也能够给人们带来更好的激励和衡量标准，这种效应可以给单个的企业文化带来多层次的综合影响：非正式交流的行为与意识必然会渗透到企业的价值观念、行为准则与企业传统之中，从而在企业内部上下级、各部门、各团体之间形成一种平等、友好、开放的交流氛围；更好的激励和衡量标准将激发人们积极向上的企业精神，地方化学习将促进企业内人们学习的积极性、主动性，两者协同"挤压"整个企业的创新精神（指由于一部分集群企业的创新活动及其成果的出现，会带动相关企业进行创新，以应付由此带来的竞争压力）。例如在中关村，企业及企业员工之间进行频繁的正式与非正式的相互交流和相互学习，非常有利于信息与知识的传播、运用和创造。中关村区域内的企业及企业员工以多种方式广泛地分享着见解和经验，这种分享超出了直接工作的小组，涉及企业内外的朋友、现在与以前的同事，甚至是偶然结识的人。集群的学习氛围及创新的"挤压效应"，使得创新成为中关村企业生存和发展的主要推动力，以创新立足的科技型企业因此而不断涌现并强劲成长。如北大新技术公司、华讯通讯技术公司、隆源电子有限公司、中科院电气公司、华科通信公司等。

3. 中小企业集群产业整体的区域品牌文化，要求集群内的企业来共同维护区域的整体形象，也要求集群内的企业建立起自己的企业品牌梯队来支撑区域品牌，最终落脚点就是要求企业塑造自身良好的企业形象、创建自己的企业品牌，也就是要求集群内的企业逐步建立起自己的品牌文化。这种集群内企业的品牌文化，一方面要求与集群产业整体的品牌文化保持协同和统一，另一方面也是对集群产业品牌文化的支撑。例如，被誉为"中国休闲服装之都"的中山沙溪镇，在休闲服装产业界素有"中国十大休闲服装品牌八个源自沙溪"之说。这里聚集了 600 多家以生产休闲服装为主的企业，年产各种休闲服装 1 900 多万打，产值 60 多亿元，形成了纺织、整染、洗水、制衣、销售、科研相配套的企业集群。在长期的贴牌生产过程中，该企业集群逐渐认识到：创建品牌势在必行。在这种集群理念的指引下，在省、市科技部门支持下，沙溪建立了服装设计开发技术中心，中心设备先进、管理严密，运用 QR、CAD 等系统，为企业设计新产品、新工艺，为集群内的企业创建名牌产品服务；吸引了张肇达、刘家强、赵彦伦等华裔服装设计师来沙溪，力求改变以生产 OEM 产品为他人作嫁衣的局面。现在沙溪已拥有马克·张、鳄鱼恤、剑龙、海獭等 60 多个在国内有一定知名度的产品，并在全国各地开设了 3 000 多家专卖店。可以说，沙溪休闲服装在一定程度上代表了中国休闲服装的水平。

企业文化是集群文化的微观构成，企业文化的创新与发展必然会推动集群文化发展与变迁；而优秀的企业集群文化渗透到集群内的企业中，会促使集群内的企业形成并维系一种健康的竞合关系，从而保证集群内企业进行公平、公正的有效竞争。可见，企业文化与集群文化是具有协同效应的相互依存、相互制约的互动关系，而正是在这种相互交融、相互影响的过程当中促进了企业文化与集群文化的共同发展。

# 第六章 地域文化背景下的中小企业发展

## ——以甘肃为例

任何一种区域文化都是在地理与社会因素的相互作用下经长期积淀而形成的最终产物，是体现本地区社会成员特征的综合体系，它全方位作用于社会生活的各个方面。中小企业作为社会系统中的微观个体，其决策、行为、文化发展也受到地域文化的影响和作用。就甘肃而言，长期以来，甘肃中小企业发展的滞后绝不单纯是一种自然现象，更主要是一种社会现象。它不仅与自然生态有关，而且与人文生态有着更为密切的关系。要实现区域经济文化的协调发展，使传统文化心态成为经济发展的推动力，就必须对甘肃地域文化进行全面反思。本章正是通过对甘肃地域文化与中小企业及其文化发展内在联系的探索，来挖掘影响中小企业发展的更为深层次的原因。

## 第一节 甘肃地域文化透析

### 一 甘肃地域文化的缘起及历史演进

在漫长的历史进程中，甘肃地区相对封闭的地理环境和发展路径以及由此形成的生产方式、生活方式，在漫长的历史进程中必然会通过各种方式作用于人们的心理意识，进而形成各种地域性的风俗习惯、社会意识、社会心理、行为规范、交往礼俗等富于地域特色的文化形态。

甘肃在地理上处于三大高原的交接处，居地理版图的中心位置，与戈壁荒漠形成了一个半环状封闭态势，它不但是一个内陆省份，更是一个被地理因素所间隔的内陆省份。从今天的情况来看，即使有重要的交通线贯通全省，也仍不能打破闭塞的总格局。而中国接受近现代文明的冲击和影响恰恰是从沿海开始的，这意味着近现代文明从沿海起步在向内陆递减渗透的过程中，甘肃始终处于边缘状态。而地理环境是一个文化形成的前提因素，而且人类社会越接近原始阶段，这种影响所占的比重就越大。这种相对闭塞的地理单元就决定了甘肃文化的相对封闭性，即使对今天的甘肃而言，这种地理上的封闭性也成为甘肃地域文化与异域文化之间交流、融合的地理阻隔，异域文化进入量小，最终表现为一种文化上的惰性，交流与演进的速度缓慢，文化上的封闭性占到绝对的支配地位。这是甘肃地域文化得以保持传统性的地理原因。此外甘肃是一个城市化进程较慢的地区，除了省城兰州和几个经济型的中小城市外，其他城镇还未从根本上脱离农业文明的本色，因此甘肃的地域文化其实就是一个传统农业文明为基调的汪洋大海，以城市为代表的工业文明及其文化形态仅仅是这个汪洋大海中的孤岛而已。

文化形态是多种原因造成的，虽然我们不能忽视自然环境对文化铸造的意义，但也不能用文化现象的自然地理空间决定论来取代文化在历史发展进程中所受到的社会环境的影响。就甘肃的历史发展进程来看，作为中华民族文化的发祥地之一，唐末以后，陆上丝绸之路日趋衰落，政治、经济重心东移，河陇逐渐沦为荒僻之地，甘肃的历史从此由辉煌走向衰败，由繁荣走向落后。甘肃的近代化过程肇始于洋务派的倡导和经营，然而整个近代化过程始终未脱离官办性质，对解放前甘肃那种纯粹的小农经济未能有实质性的改观。新中国成立后至改革开放前的计划经济时期，所进行的思想解放和经济集体化运动，也没有使人们的价值观念发生根本改变。由于当时的生产制度和社会制度（比如户籍制度）的双重作用，人们的生活空间狭小，社会接触面有限，尤其是人民公社将自己的控制能力推展到极端时，自然就使得近代以来刚刚开始松动的地缘关系重新趋向固化，地缘关系通过公社这个具有极强的地域性组织的结合而成为一种主导性的社会联系。整个农村向地缘组织的倾斜，以及由此建立的社会联系的狭隘使得农民的人格和社会心理再度趋于封闭。那种政社合一的体制对农民的影响还不仅表现在通过地缘组织控制他们的社会行为，而且还使农民们本来就已十分单调的精神世界进一步"整齐划一"，它抹杀了农民的人格和社会心理原本因为新生活的到来而丰富多彩的可能。

1978 年开始，甘肃在改革开放政策的推动下，城乡经济开始了以市场为取向的进程。如果把中国农村自改革开放以来的变迁分为启动和剧变两大阶段的话，前一阶段以联产承包责任制改革为主要内容，后一阶段则是以乡镇企业蓬勃发展为主要标志的农村工业化的兴起和发展（王汉生，1994），那么，可以看出，甘肃的农村变迁基本上还没有完全进入剧变阶段。从社会学角度来看，20世纪80年代初，随着富有中国特色的农村工业化的兴起和发展，乡镇企业开始迅速崛起，成为近代以来尤其是1978年改革开放后，在中国农村成长最为迅速、对农民群众的人格和社会心理转型影响最为深刻的现代性因素。由此可见，滞后的甘肃农村工业化正是甘肃地域文化未能由传统型向现代型转变的一个重要原因。另外，联产承包制尽管从它的实际运行情况来看，对农业生产率的提高和整个农村社会的变迁起到了积极的推动作用。但是，作为一次土地制度和农业经营方式的改革，联产承包制所产生的作用及对未来社会的影响还是有一定局限的。这种局限甚至从开始就存在。由于这场变革的最初动力是为了解决农村社会内部的生存需要，采取的土地使用权的分配方式又是经济匮乏状态下常见的均田形式，因此，它本身既不可能使农民的传统人格和社会心理发生根本性的改变，也不可能对地域文化转型提供新的契机。实际上，耕地的均匀零散分割使用，以及甘肃相对较高的人均耕地面积，加上甘肃普遍性的土地贫瘠等，诸多因素综合在一起强化了农民对土地的依附，使得具有小农经济特征的价值伦理、道德理念、社会心理、行为规范再次回归和固化，最终形成了传统的地域文化背景和小农生产特色的社会心理、价值伦理和行为规范之间相互强化的正反馈效应，奠定了甘肃地域文化的传统性。

## 二　多重文化形态中的甘肃地域文化

甘肃在自然地理和人文地理上都属于西部这个大系统的一个子块。几乎占中国人文地理区半壁河山的中国西部，在人文地理区域划分中包含了七大区域，它们分别是：晋陕人文地理区、甘宁人文地理区、巴蜀人文地理区、滇黔桂人文地理区、青藏人文地理区、新疆人文地理区以及内蒙古人文地理区（彭岚嘉，2001）。在这种宏观格局中，甘肃地域文化这个概念显然就不是一个纯粹的定义了，因为甘肃这个行政区划不仅意味着它属于甘宁人文地理区、晋陕人文地理区，还是巴蜀人文地理区、青藏人文地理区以及内蒙古人文地理区的边缘地带，因此甘肃地域文化中必然也会包含了多种文化成分。仅仅依据尚嫌粗疏的人文地理区域的划分来界定甘肃地域文化特征，显然是远远不够的，因而还须根据西部不同地域的文化形态，划定不同的文化板块，然后再划定不同的文化子块，进而通过把握甘肃地域在这双重视角下的文化坐标，使甘肃地域文化战略既有高屋建瓴的宏观把握，又有切实可行的微观观照。

从宏观视角来看，西部地区应该分为以下几个文化板块：秦陇文化板块、河套文化板块、内蒙文化板块、西域文化板块、雪域文化板块、巴蜀文化板块、滇黔桂文化板块。在主要由于地域原因和历史原因而形成的文化板块内，呈现出明显的具有共同性的文化特征，打上与其他板块既相互联系又特征鲜明的印记。甘肃作为西部一个地理单元，它所具有的地理独特性与相对封闭性，造就一方天地的文化品格；历史的连贯性与延续性，又使本区域的文化传统生生不息。从文化成分上来看，中观层面的甘肃地域文化显然是以秦陇文化板块为主体杂以不同程度的河套文化、巴蜀文化、雪域文化、西域文化等文化板块的多元结构。

从微观层面看，甘肃地域文化作为一个文化区划名称，显然还包含着各种文化板块在地域上的投影所形成的不同文化子块。尽管从不同角度出发存在不同划分和相应的各种名称，但只要从甘肃人口的分布特点及其历史流动这个根本条件出发，就会发现甘肃地域文化实质上是以中原传统农业文明为根本特征的、濡染着儒释道宗教特色的、包括了伊斯兰文化及雪域文化成分的地域文化。甘肃人口中汉族人占 91.7%，他们世代以农耕为安身立命之道，并在文化方面忠实地传承了中华民族的传统文明，儒家学说是中华文明无可争议的主流，同时甘肃也是道家学说发源地之一，佛学文化在这里也有着深厚的基础。因此，甘肃地域文化的主流必然应归属于以植根于农业文明的儒家为主干的儒释道文化。然而，甘肃同时又是一个多民族聚居的省份，尽管有四十多个少数民族遍及全省，但从文化版图划分上来说少数民族区还是以伊斯兰文化和藏文化为主体构成，同时尽管民族文化保留着自己的特色和风貌，但与汉文化相比始终处于边缘状态。

### 三　甘肃地域文化背景下的社会心理特征

从宗教背景来看，尽管新中国成立以后实行信仰自由，马克思主义、毛泽东思想和邓小平理论作为科学和执政党的指导思想日益深入人心，但中国传统的儒教、道教、佛教以及中庸主义仍然在甘肃地域文化中顽强地占有一席之地，甚至是一种强有力的文化潜流。这样，在传统文化背景、地理封闭性以及历史文化的特殊发展路径等方面相互强化的正反馈循环作用下，甘肃地域文化就呈现为以传统性为基调的现代性与保守性、开放性与封闭性、流动性与凝固性等特征错综结合的多重二元结构。在这样的文化环境中，社会心理特征也就必然表现为以传统性为主体的多重二元心理结构。具体可以概括为以下几个方面：

第一，平均主义倾向。前面我们已经总结了甘肃地域文化是一个传统的以农业文明为特征的汪洋大海，因此平均主义倾向除了计划经济时期对价值理念的强制性灌输之外，它主要根源于甘肃占统治地位的小农经济。从根本上看，平均主义的社会心理倾向植根于一家一户为单位的小农经济的土壤之中，或者说直接与"种地"这一经济活动密切相连。"种地"在甘肃尤其是一种低产出的经济活动，在这种生产力水平低下的情况下，农业的每一点进步，产量的每一点提高，都直接依赖对单位面积劳动量投入的增加。这一切决定了在农村聚集、扩大财富是十分困难的，使人们形成了牢固的"有限资源"的观念。如果从社会心态层面剖析平均主义的内涵的话，这种对"有限资源"的重视，不仅滋生了平均主义倾向，而且表现为两种形态——平均分配和对他人发财的嫉妒心理，在一个封闭的圈子里，他人发财常常意味着自己的损失，甘肃谚语中有句话"一家发财，千家倒灶"，在这种文化逻辑中，暴发户自然受到敌视和猜疑。对那些发了财的人家，一般人都怀有"赎富意向"，即觉得他应当有帮助同族或同乡的义务，因此，为了避免他人的嫉妒，甘肃传统的社会意识中常常会有"自贬意向"，既千方百计地掩饰自家的财产实情，当地谚语"财不露白"、"枪打出头鸟"等就是这种倾向的反映。

第二，保守主义的倾向。甘肃地域文化与农业文明之间千丝万缕的联系，使保守主义倾向成为社会心理的一个重要特色。从根本上讲，保守主义和"种地"这一经济行为直接相关。由于种地的产出极为有限，小农无法进行必要的积累，他们承担风险的能力弱，这必然导致人们因循守旧，害怕任何性质的社会变动，害怕尝试新的东西，因为每一种尝试和变动都会带来某种程度的风险和不确定性。加上乡土社会特有的对发财致富者的敌视和嫉恨，以及由于环境的闭塞导致的对外部世界的不了解，种种因素使人们悲观保守，凡事只会按老样子做，跟着大家干，不敢冒尖。尽管改革开放所带来的冲击在一定程度上使甘肃地域文化中的这种保守倾向开始有所松动，但只要自给自足的小农经营生产方式在甘肃经济结构中的地位没有发生根本性的改变，鲁迅先生所说的那种"不为戎首"、"不为祸始"，甚至于"不为富先"的保守社会心理特点就不会完全退出社会领域。

第三，狭隘的功利主义倾向。造成这种社会心理的因素是多重的，但主要根源在于占甘肃人口绝大多数的农民的谋生方式极其单一，在自然和社会力量面前普遍感到无法掌握自己的命运，具有十分强烈的乏力感。这使人们对未来不敢抱有太多、太高的奢望，也难以对未来作出大胆的战略性设计和规划，因此极其重视眼前的既得利益和短期利益。而且，这种精神上的乏力感和行为上的自主性的缺乏，还进一步导致了农民的宿命论，他们在人生态度上是消极的，认定有些事是人力所难及的。这种狭隘的和实际的功利主义倾向，即使在改革开放以后也还是以多种形式表现出来，普遍表现为人们在经济行为上的短期性和现实性以及企业家精神的缺失。

　　第四，内向压抑的封闭主义倾向。甘肃地域文化中浓厚的乡土主义使农民安土重迁，对大多数人而言平时也鲜有机会与外界打交道。囿于血缘和地缘的圈子使人们对家人、族人、乡人或熟人有特殊的信任和好感，对外人则心怀不安和警惕；平均主义、保守主义以及对家庭和家族的强调，也常常使人们压抑了群体内部的竞争和个人的创造性，这实际上会导致人们心胸狭隘，无法超脱日常利益的冲突和矛盾，因此往往从表面上看人际关系舒缓，实际上常常处于高度紧张的状态。改革后的联产承包也未能改变传统小农经济下人对地的依赖关系，由此滋生的封闭主义在人们的社会生活中打上了深刻的烙印。在狭小的人生半径中，人们完成了人生启蒙，形成了特殊的社会关系，也完成了对整个世界的不完善了解，形成了用以指导人们日常交往的基本规范。

　　第五，传统心理狭缝中的开放性、流动性倾向。首先，从历史角度来看，甘肃在长达一千余年的历史过程中始终作为边疆地区，是不同政治势力、不同文化势力、不同经济体制势力相互争斗、融会的地方，是一块既复杂又自由的变动不居的地方。这样的一种情势，必然注定这里居住的人民是敢于创新的人民，是开放的人民。虽然这种边疆效应已经是历史陈迹，但其所造就的人民心态却绝不会在朝夕之间就消失殆尽，一定会有许多成分沉淀下来，成为构成新的居民心态不可或缺的成分。正是这些遗留下来的成分，今天表现为区域文化中开放性的东西，只是这些东西在很大程度上被掩盖了。其次，在甘肃地区没有完全被操持农业的汉民族统治、控制之前，这里是常常有战乱的边陲，不同政治势力在此展开拉锯战，在不同的时期，地方的统治者常有变动。历史上，先后在甘肃境内建立政权的少数民族十分众多。这些少数民族的最大特点是，一般都不从事农业生产，而主要以游牧为生。游牧民族和农业民族有完全不同的文化特点，他们逐水草而居，最大的差异大概就是其文化中的流变性。伴随这种流变性，自然家族血缘的纽带十分松散，封建宗法也很薄弱。甘肃省内居民恰有这一特点：关系紧密的巨大家族较少，更多的是结构简单层次很少的小型家庭，即使在有大家庭居住的村庄里，同姓同乡之间的关系也没有传统的宗法大家庭那么牢靠，不可挣脱，因此在社会心理上就表现为一种凝固的血缘、地缘观念和外向型的流动性观念相混合的复杂结构。改革开放后，甘肃人也开始了外出打工、异地经商等多种方式的人口流动，同时随着城乡联系的不断加强以及广大农村以电视传媒为主渠道的信息系统的发展，社会心理结构中与现代性不相容的负面传统性受到冲击并开始出现松动，可以设想随甘肃经济的持续不断发展和对地域文化认识的不断深化，甘肃地域文化将在越来越多的交流中不断向开放性、流动性、自主性、独立性等现代化方向演进。

# 第二节　甘肃中小企业文化发展

## 一　甘肃中小企业发展概况

地理上的天然闭塞性与甘肃特殊的历史文化发展路径之间的交互作用，赋予甘肃区域在经济文化、思想意识、风土人情等多方面的地域特色。不容否认，甘肃至今在经济发展水平上仍处于落后水平，计划经济体制下，国家出于当时的战略考虑所大力进行的注入式投资曾经把甘肃推上工业大省的地位（1980 年甘肃人均 GDP 排名第 12 位），然而在以市场经济为导向的新一轮经济竞争中，甘肃再次成为经济上的落伍者（1992 年甘肃人均 GDP 排名第 26 位）。实际上，中小企业的发展缓慢是造成甘肃经济发展滞后、东西部地区发展差距扩大的主要原因之一。2004 年，甘肃省共有成长型中小企业 1 071 户，占全省具有一定规模中小型企业（年销售收入 50 万元以上）的 12.25％，大大低于全国 35.42％的平均水平。对于这一现实，单纯的经济学视角不乏见仁见智的诸多解释，诸如经济发展基点差距、区位因素、区域倾斜政策、政府与非政府援助等，但总是不能说明问题的全部。例如，对于"温州模式"的成功，在同样的产权制度背景下，仅仅用物质资本、技术和人力资本来解释是不够充分的。根据经济增长理论，资源禀赋、制度供给、科学技术、资本存量等因素是决定经济增长的内生变量，但具体到甘肃区域的经济实践，还不足以说明在同一个市场化的时代，甘肃作为资源富集区、科技人员高密区〔2001 年平均每万人拥有技术人员 148 人，高于全国 74.4 人的平均水平（杨俭英，2003）〕，与落后的经济发展水平之间的现实矛盾。

## 二　甘肃中小企业文化的特征

### （一）责任感和奉献精神

从甘肃中小企业总体来看，无论是领导层还是员工，对于本企业的责任感是非常强的，员工的忘我工作精神，勇于奉献已经成了许多企业的优良传统。企业上下的精神面貌逐渐得到改善，为企业服务、奉献的积极性进一步强化。中小企业中的员工绝大部分都是来自于甘肃境内，这种地缘联系让企业或多或少总要带上甘肃地方文化色彩，朴实的员工为了自己生存，也为了家乡的改变，默默地为企业奉献自己的青春甚至一生。一个企业要生存，离不开每一分子的努力和奋斗，管理层为了企业的综合效益能够最大化，提出科学管理的口号，并且积极进行企业文化的塑造和改进；普通的员工虽然"位卑"，却不敢忘企业，能够正确地协调个人利益与全局利益的关系，在企业面临困境时，能够群策群力，为了共同的目标努力，特别是在企业与外界市场联系时，营销人员的作用举足轻重，可见企业对于生产适销对路产品的渴望，同时也是对于生产效益回报的期盼。质量是企业的生命线，打击假冒伪劣产品成了企业上下一致的行动，对质量孜孜不倦的追求，是所有企业生存和发展的内在要求，在很多企业都是深深扎根的。在被调查的企业中，我们都可以看到这一点：身为企业的一员，不管处于何种地位，在市场上如果发现自己的产品被别人仿冒时，98％的人都会挺身而出，对这种有损企业利益和形象的行为进行自觉而大胆果敢的制止。甘肃扶正药业有限公司就告诫员工"质量就是企业的生命"，这种强烈的责任感是每个企业宝贵的精神财富，以主人翁姿态对待企业，对于任何企业发展的作用都是不可估量的。

### （二）勤俭节约和精打细算的品质

节俭是我们中华民族的优良传统，在一个企业中，节俭节约也是非常重要的。由于人口众多，自然资源相对短缺，经济发展水平不高，"勤俭办一切事"自然成为企业文化的重要组成部分。许多企业提倡"一厘钱精神"等精打细算的节约精神。在当今的市场竞争中，低成本成了经济效益提高的绝对优势，如何尽可能地降低成本，就是科学生产的关键。要建设和谐社会，要维持生态环境的平衡，要真正实现可持续发展，对于一个企业来说，改变高投入低产出的低效生产就非常重要。我们在大通河公司进行调查时发现，企业中很多文档都是在已用过纸张的背面打印的，据该企业一主管说，这样做是为了节约耗材，并认为"耗材虽小，节约不少"。企业能够从细微入手进行资源有效管理，这是非常可贵的精神。在资源短缺面前，企业能够做到开源节流，一来可以真正实现可持续发展，二来能够有效地降低生产成本。

（三）思想保守，缺少创新

因地理区位所形成的内陆文化使甘肃人的性格明显带有保守落后的色彩，创新的动力不足。员工普遍认为，身为企业的一员，能够为企业尽心尽力工作，但对创新考虑得较少，认为目前的产品能够适应市场的要求、满足消费者的需求就已不错了；创新需要投入大量的资本和时间，对于创新能够提高产品更高的价值认识不足，有的员工甚至会认为是可有可无的。企业发展处于一个相对闭塞的环境中，对于同行的了解比较少。对于创新，传统的观点认为只有在技术上进行革新才是真正的创新，而现在的创新不仅仅是技术，还有管理和制度上的创新。在这些中小企业中，能够真正进行制度创新的企业是非常少的，以扶正为例，该企业员工中只有28％的人认为制度需要创新，虽然现在的很多制度缺少科学性，但是出于种种原因，很多员工认为可以忍受，而没有提出相应的创新改革意见。在产品包装上很多都是沿用多年前的设计，对于市场的不断变化以及消费者多样化的需求，企业做得明显不够，这样直接导致了企业竞争力的下降。甘肃很多中小企业的保守还体现在：对于市场扩大的认识上，东部沿海很多中小企业都能把视野放宽到国内市场以上，甚至是将产品推销到国际市场上参与国际竞争，而甘肃的情况有所不同，很多企业都是在艰难的生存同时，主要将产品锁定在甘肃省内市场，或者是西北市场的扩展，较少考虑全国甚至国际市场。

# 第三节　甘肃地域文化对中小企业发展的制约

改革开放以来，东南沿海经济以超常规发展，中小企业蓬勃成长，经济实力迅速增强，东西差距持续扩大。甘肃曾经作为计划经济体制下的经济大省，在新一轮的市场经济角逐中成为经济上的落伍者。针对这一差距，学术界从资源条件、人才技术以及制度供给等方面均作出了有一定价值的研究，然而，这些显性因素还不足以充分揭示甘肃中小企业发展落后的原因。因此，在显性因素可比的条件下，研究人们经济行为背后的文化因素以及地域文化和中小企业发展的关系，自觉摒弃甘肃地域文化中与时代要求和经济发展不相适应的部分，发掘和倡导甘肃地域文化中有助于推动经济发展的因素，应是探索甘肃中小企业发展的重要课题。

甘肃的自然地理条件和历史文化传统决定了其地域文化特殊的传统性和封闭性。首先，甘肃处于我国三大自然区的交接处，地理版图的中心位置，与戈壁荒漠形成了一个半环状封闭状态，是一个被地理因素所间隔的内陆省份。地理封闭性使甘肃地区错过了近代西方文化的洗礼，使得地域文化中的传统成分得以较多地保留。这种地理上的闭塞格局即使对于今天的甘肃而言，也是异地文化进入量小，最终表现为一种文化上的惰性，交流与演进的速度缓慢，文化上的封闭性占绝对的统治地位。其次，甘肃也是汉民族文化的发祥地之一，境内汉族人口占全省总人口的 90.6%，他们的先民在远古就已经开创了大地湾文化，仰韶文明也曾在这里留下遗迹。汉民族文化是一种农业文化，这是以儒学为代表的中国大陆文明无可争议的主流。因此滋生于农业文明基础之上的儒家文化仍然未完全退出在甘肃地域文化中的主导地位。另外，甘肃地域文化中的主干——儒家学说的本身所具有的稳定性，导致了甘肃地区对自己文化习惯的坚守，这种意识反映到经济活动上，表现为对外来经济技术的迟钝和对传统经济生产方式的维护。甘肃地域文化中所蕴涵的封闭性、传统性和超稳定性不仅成为甘肃经济发展的文化阻滞力，而且弱化了人们对这种文化特质进行价值反思和价值批判的能力。这样地域文化中的传统性、封闭性和超稳定性互为前提、相互强化，使甘肃的地域文化似乎很难走出封闭、传统和超稳定的怪圈。显然，甘肃地域文化中的一些特质与现代市场经济的发展是不相容的，但任何文化都是人们对特定自然环境适应的产物，其中必然蕴含着有价值的文化因素。因此，对甘肃地域文化和中小企业发展的关系应该从地域文化对中小企业的阻滞作用和促动作用两方面出发进行辩证分析。

## 一　文化中消极因素对企业家的阻滞

（一）甘肃地域文化背景下贫困推动型企业家动机的缺乏

由于受到自然条件的限制，甘肃地区的农村生产力机制逾千年而不变，始终在低水平层次徘徊。人们在那样的自然环境条件下，为了追求生存机会最大化，总是力图不断扩大耕地垦殖来解决温饱问题。而这种不断的垦殖仅仅是原有生产力量的扩大，而不会引起分工分业的进一步发展，反而禁锢了农村生产力质的飞跃。这种以使用价值为终极目标的自然经济，由于其经济活动的动力主要来自于家庭的自给性消费需要，因此，它给人们发展经济提供的动力是有限度的，一旦实现了温饱目标，就会产生小富即安的思想，它不仅不能持久地、最大限度地调动农民的积极性，还会使人们缺乏进取精神，限制人们的视野，消解人们追求更大价值的欲望。甘肃作为高原干旱区尽管有着比较丰富的矿产资源，但农业耕作的自然条件很差，投入产出比相对较低，同时由于地广人稀，人均占有土地面积与全国相比较多。人们在这样的耕作条件下，只有通过耕作尽可能多的土地来保证生存条件不受自然灾害的威胁。因此人们不得不把全部时间和精力投入到这种粗放式的传统农业活动中以保证起码的生存条件，这样必然会产生两种结果：第一，强化了人们对土地的依附性，限制了人们的择业范围和发展视野，形成了一种逾千年不变的生产力机制和相应的求稳、怕变的社会心理。第二，自然条件限制下的高投入和低产出进而形成的生产剩余的匮乏，造成一种强烈的乏力感，在自然和社会力量面前普遍感到无法掌握自己的命运。这一切使人们在日常生活中不愿也不敢冒风险，他们相信眼前的、实在的东西，相信已经得到生活验证的事实，而不相信未来的、空幻的玄想，最终形成了一种与现代企业家精神格格不入的贫困文化，而这种文化贫困与物质贫困相比具有"隐性"、"不易根除性"和时效性差等特点。

甘肃在中国的版图上始终作为经济和文化上的洼地，这种物质和文化的双重贫困长期以来已经形成了一种自我封闭的恶性循环。文化贫困虽然是长期物质贫困的结果，是物质贫困的人文表现，但由于文化贫困与群体的精神风貌、思维方式、思维广度和深度以及人们的人生观、价值观直接相关，它直接影响了人们的思想观念和行为，禁锢了人们的思维，进而影响了人们主观能动性的发挥。它阻碍了个人、家庭，乃至地区的发展，阻碍生产力的进步与生活方式的变革。

何以在甘肃这个经济贫困地区始终没有产生像浙江温州或苏南那样的基于贫困推动下的企业家创业动机呢？这要归结于甘肃地区在特殊的自然地理和历史文化发展路径下的文化贫困现实。甘肃地区的这种文化贫困根植于传统的小农经济的土壤，是长期与外界隔离的产物。甘肃是一个城市化水平很低的地区，更为广大的地区是远离中心城市的偏僻山区、受自身发展条件（如资源匮乏、生态环境恶劣、交通通信条件差、信息闭塞、资本人才缺乏、人口素质低等因素）的限制，区域经济发展缓慢，工农业生产长期在低投入、低产出的状态下循环，低产出所导致的生活资料的相对不足，使得人们长期生活在贫苦之中，长期的贫困，长期为生产、生活资料所困扰、忧虑，使人们形成了乏志、无进取开拓精神、随遇而安、与世无争的性格，造就了一类唯命是从、谨小慎微、不敢轻易越"雷池"一步的群体。在这类群体中，"背离"传统思想、道德规范和价值标准的行为均被视为大逆不道，只有循规蹈矩，才为群体中的人所推崇。而且，在这种长期贫困的困扰和域内传统文化的影响下，人们极易产生自卑心理，长期的自卑心理往往又会使人们"逐渐衍生出一种心理平衡和保护机制，即自贱进而自足自乐，久而久之，便形成了抱残守缺、认命的固定心理习性"（穆光宗，1994），并反过来继续影响下一代，形成一种传递效应，使这种贫困文化成为"自我设限"的藩篱，扼杀了人们的欲望和潜能。

　　显然，贫困文化所形成的社会氛围中是不可能产生压力推动型企业家精神的。首先，贫困文化作为穷人谋生的手段和工具，是平衡理想和现实的调节器，是一种自我保护的心理平衡机制。在甘肃的自然历史条件下，人们长期处于较为封闭的环境中，物质的匮乏和精神的贫困造成沉重的心理负担，在提高社会地位无望、内心极度失意的情况下，为了排解这种心理压力，只好发展出贫困文化以寻求心理的解脱和生活的安宁。比如，由于意识到长远的富裕目标不可能实现或感到即使付出巨大的努力也不足以支撑中等以上水平的家庭生活，于是只图及时行乐和信奉一种知足常乐、不思进取的价值观念。其次，贫困文化也是穷人解决自身贫困问题的无奈选择。在预期自身贫困问题的内外部环境很难或根本不可能得到改善的情况下，解决自身贫困问题的唯一方法只能是降低所谓的贫困标准。于是就出现了"你认为我穷，但我自己不认为我穷"的主观不贫困现象，人们固执地过着自己认为有理由珍视的那种生活。通过这种贫困文化的调节，人们所面对的贫困境遇因贫困标准降低而得以改观，由贫困变为不贫困，自身的心理需求和做人的尊严也得到了所谓的满足。长期恶劣而又封闭的环境造就了特殊的生产生活方式，在甘肃许多贫困地区，由于小农经济观念根深蒂固，"种田为饱肚，养猪为过年，养牛为犁田，喂鸡喂鸭换油盐"仍然是他们经济活动的规范；为了维持简单的生产方式，家庭生产需要较多的劳动力投入，加上抚养子女成本低廉和缺乏最起码的社会保障，于是形成了他们早婚早育、多子多福的婚育观；严酷的环境和长期贫困的折磨，使生活于其中的人们产生强烈的宿命感，把自己的贫困归于老天的安排和命运注定，面对贫困，他们不是穷则思变，而是听天由命；几千年小农经济文明的积淀和闭塞的自然环境，使得他们对传统的地域文化和生活方式有着执著的偏爱和迷恋，认为"金窝银窝不如自家草窝"，而对外部世界、外部文化有着本能的隔阂和排斥，有时甚至为了维持目前的生活状态而饿死不离乡。显见，在甘肃这种地域文化氛围是与压力推动型的企业家精神背道而驰的。

（二）甘肃地域文化背景下机会拉动型企业家动机的贫乏

甘肃经济是典型的二元经济，分散的原子式传统农业与现代化的由国家以外部注资方式所形成的工业体系同时并存的格局，自建国后一直延续到改革开放。在这个二元经济格局中，广大的农业部门以传统的逾千年不变的生产力机制和中心城市现代化的大工业之间保持对立，现代工业部门和传统农业部门之间缺乏广泛的联系和对流，形成了各自封闭的两个循环体系。在改革开放初期，江浙一带的乡镇企业和城市集体企业风起云涌的时候，甘肃地区却对那个中小企业萌芽和发展机会的到来缺乏应有的敏感，致使错过了发展中小企业的黄金时期，探索其中深刻原因，机会拉动型企业家动机的缺乏不能不是一个关键因素。简单地说，机会拉动型企业精神意指企业家创业行为的动机出于个人抓住现有机会的强烈愿望，即通常意义上的创业动机。因此，机会拉动型企业家精神表现出的创业行为是积极主动的。机会拉动型企业家精神对商业机会具有高度的敏感，面对环境的不确定性，他会积极主动地将一系列独特的资源集中在一起从事开采机会的过程，其关注的焦点是机会而非目前所掌握资源的情况。这种精神的实质在于打破现状，寻求发展。

从历史路径来看，中国近代史的撰写是从 1840 年破题的。1840 年的鸦片战争用坚船利炮打开了中国这个古老帝国封闭的大门，在来自外部世界的生存挑战和现代化示范面前，中国被迫踏入了现代化的门槛，一个有着数千年历史的农业文明在向自己十分陌生但却充满生机的工业文明做出了让步之后，也开始了向后者的缓慢转变。沿海地带尤其是长江沿岸城市也从传统经济中剥离出来，开始了自己的现代化发展，并形成了一系列与内地相对立的特色：在物质和文化上都置于西方的示范效应之下；经济上以现代商业和现代工业为主轴；文化上向工商社会的价值观念转移。然而，由于历史和地理上的原因，中国的现代化步伐是从沿海开始向内陆次第转移、缓慢渗透的，甘肃深处中国内陆一隅，在整个现代文明的传递和渗透过程中始终处于边缘地带，使甘肃地域文化中的传统性和封闭性得以延续至今。

甘肃地处西北，经济落后，自古有"苦甲天下"之称。虽然近代以来，由于洋务派官僚左宗棠的倡导和经营，近代化过程开始得较早。19 世纪 70 年代创办兰州制造局和兰州机器织呢局，中经清末"新政"、北洋军阀时期创办实业到国民党时期（特别是抗战时期）的大后方工业，至 1949 年，历时七八十年，甘肃的近代工业从无到有，并有了一定程度的发展，使千百年来农业和手工业相结合的传统经济方式开始发生了变化。然而，该时期的甘肃实业所具有的浓厚官办性质以及在以兰州为中心高度集中的现实状况，并没有对整个甘肃的社会经济文化起到实质性的推动和改造作用。加上抗战之后，由于国民党政府的经济统治、繁重的捐税和通货膨胀，一度蓬勃发展的甘肃民族工业，复趋萧条和破产。使甘肃失去了一次本可以通过近代化来推动社会由传统走上现代的历史契机。因此，重义轻利的儒家伦理和崇尚自然秩序与世无争的道家思想，构成甘肃地域文化熏陶下的社会心理结构和价值取向的基础，这与企业家精神相去甚远。当江浙一带的小商小贩北上南下、游走四方，在全国各地经商、办企业、开拓市场时，体现市场经济精神的自由竞争意识、利润最大化观念在甘肃人的传统观念里仍处于休眠状态，甚至对游走于大街小巷、走村串户的小商贩——这种市场经济的萌芽表现出漠视和不屑。对在甘肃工作或经商的外地人的调查表明，他们对甘肃人最深刻的印象就是无欲无为、听天由命。不能否认，这种传统文化所造就的社会心态和社会价值观虽然在市场经济浪潮的冲击下逐渐退出主导地位，但仍可以在人们的意识观念和行为方式中找到根据，正是这种传统观念中的消极因素在一定程度上成为甘肃中小企业萌芽和发展的阻力。

## 二　中小企业要素组合的制度约束

甘肃在改革开放之前，经济运行中以垂直的指令服从关系为特征的正式社会关系一直渗透到控制相对薄弱的农村。改革以后，市场交易关系逐步纳入正式社会关系范围。企业与其他组织、个人间的契约关系成为正式社会关系的一部分，并具有日益扩展的趋势。但这种变化是逐渐发生的，同时还伴随着非正式社会关系的发展。在转变中，原指令计划经济体制对包括乡镇企业在内的新的发展力量的束缚仍或强或弱地存在。不论人们对非正式社会关系的利用作怎样的评价，一个事实是，它确实是乡镇企业穿越制度障碍的一种方式。实际上，社会关系网络无论其正式还是非正式，它们的功能没什么质的区别，即都为社会组织的正常运作构架一个信任结构以减少人们活动过程中的不确定性。在改革前的体制中，一度曾逐步形成了一个与垂直的正式社会关系网络吻合度相当高的社会信任结构。这种信任结构与市场经济所要求的信任结构是不相协调的。在制度转型和原有信任结构瓦解的条件下，非正式社会关系开始发挥重要的社会信任功能并在转变中的信任结构中占有重要地位。

甘肃地域文化中浓厚的乡土主义使农民安土重迁，改革之前，对大多数人而言平时也鲜有机会和外部打交道。因此，人们很难建立起超出狭小地域的社会关系。另外，甘肃地区分散的小农经济模式经久不衰，量子化的经济模式也阻滞了非正式社会关系的形成和发展。甘肃相对其他地区而言，地广人稀，人均耕地面积相对富余。在这样的旱田社会中，人们躬耕于属于自己的那份土地上，除了和土地发生那种千年不变的生产关系外，由于精力和时间几乎被全部消耗在广种薄收的土地上，所以人们之间社会交往频率和交往深度始终难以形成比较致密和牢固的社会关系网络。"甘肃省内居民恰有这一特点，关系紧密的巨大家族较少，更多的是结构简单、层次很少的小型家庭，即使在有大家庭居住的村庄里，同姓同乡之间的关系也没有传统的宗法大家庭那么牢靠，不可挣脱"（王晓兴、匡钊，1999）。而恰恰是这种基于地缘、血缘和业缘的乡土社会的非正式社会关系，作为一种社会资本在中国改革开放初期乡镇企业的萌芽和发展中扮演了不可或缺的重要作用。北京大学社会学人类学研究所和新加坡东亚政治经济研究所于1992年合作进行了一项关于中国乡镇企业发展历史与运行机制的研究。该项研究采用的是个案研究方法，涉及了山东省和江苏省的30个乡镇。从个案中可以看到，乡镇企业在其运行的许多环节上都运用过非正式社会关系。以江苏省的15个企业为例，在企业经营活动中起过作用的非正式社会关系包括：同乡、血亲、姻亲、朋友、同学以及因某种特殊经历和生活情节而建立的联系（如在某地开辟过某种事业、插过队）等。非正式社会关系参与作用的领域包括建厂、联营、转产、获得业务项目、购买原材料、产品销售、技术指导、人员培训等。从节省谈判、签约、执行和监督等交易费用的经济学原则出发，这种特殊人际关系模式能够在实际运行中节约组织创建、运转特别是监督成本。这种在特定传统社会中形成的关系模式，通过个人关系网络对人与人产生信任、建立期望以及确定和实施规范所产生的重要影响是使各行为主体牢固地依恋于群体和组织的媒介，在特殊人际关系存在的社会中，现有的人情关系对组织发展具有比较优势。

甘肃是严重量子化的小农经济占优势，人们在狭小的土地和孤立的点上分散地生产和生活，加上地域文化中对平均主义、保守主义以及对家庭和家族的强调，也常常使得人们压抑了群体内部的竞争和个人的创造性，这实际上会导致人们心胸狭隘，无法超脱日常利益的冲突和矛盾，因此往往从表面上看人际关系舒缓，实际上常常处于高度紧张的状态。改革后的联产承包也未能改变传统小农经济下人对地的依赖关系，由此产生的封闭主义在人们的社会生活中打上了深刻的烙印，因此难以培养起超出单一家庭范围的传统组织和社会关系模式，而恰恰正是这种非正式的社会关系资源在改革之初扮演了创建乡镇企业和集聚资源的情感性纽带。改革开放之初由于私营企业发展所需的自由流动资源相对短缺，大量社会资源仍处于国家行政权力和国有单位的控制之下，私人通过初步的原始积累以后形成的资本积累也处于个人的分散控制之下。在各种资源和要素市场还不成熟甚至还不存在的阶段，通过这种非正式社会关系牵动诸多资源的流动、疏导其流向、替代正式制度作为一种社会资源配置方式就是唯一的选择了。而正是甘肃那种安土重迁、保守封闭的社会生产生活方式导致了非正式社会关系的缺位，使中小企业在生成和发展过程中面临较高的交易成本和组织成本，甚至造成企业萌芽和发展所无法逾越的障碍。

### 三　地域文化中的官本位与人力资源错配

无论从自然地理还是从历史文化传统来看，甘肃的地域文化的传统性和封闭性始终是其最为显著的特点。地理环境的闭塞，一定程度上阻隔了文化信息的传播和对流，使甘肃地域文化的传统性得以延续至今。尽管解放后的工业化和农村集体化改造以及思想意识领域的破旧立新运动曾对传统性和封闭性的地域文化系统造成了一定的冲击和改造，但地域文化是一个经年迁延的超长期变量，加上甘肃在计划经济体制下所形成的高度集中、高度对立的二元社会结构，最终使地域文化中的官本位意识得以延续甚至强化。从历史角度来看，中国传统文化在很大程度上就是对人性的漠视、对个人尊严及权益的忽略、对人的创造力和自由精神的否定。中国历史上从未经历过欧洲文艺复兴这样伟大的人性解放运动，在我们民族文化的深层次以及民众心灵最深处，都尚未形成西方社会的那种强烈的人权观念和尊重个人意志的思想，整个社会的人文精神严重缺乏。而甘肃地域以传统性和封闭性为特征，这恰恰为官本位这种封建糟粕提供了延续的条件。尽管在改革开放后甘肃生产力有了很大的发展，但由于甘肃经济基础比较薄弱，科技水平与发达地区相比还存在着较大差距，市场机制还很不健全，给人们提供的发展空间也非常有限，通过市场求生存、求发展，比通过做官求生存、求发展要艰难得多。另外，新中国建立以来，甘肃长期实行单一的计划经济体制。经济体制的单一，使人们生存和发展的空间极其有限，从而使一些人把希望和幻想寄托到政治生活当中，企图通过参与政治角逐，取得领导地位，有效地解决生存问题，实现自身价值。而政治体制缺乏富有活力的用人机制，干部任免采用暗箱操作的方式，用人上存在一定的神秘色彩，使得官本位意识依然是社会意识中的潜在主流。

所谓官本位意识，就是以官为本，以官为尊，以官为贵，一切为了当官，把是否为官、官职大小、官阶高低为标尺，或参照官阶级别来衡量人们社会地位和人生价值的思维方式。作为封建文化的遗留，官本位意识与建立在我国几千年自然经济基础之上的封建皇权思想有关。在价值取向多元化的今天，"官本位"意识在相当一部分人的脑海中根深蒂固且久治不愈，有其深刻的社会历史根源。官本位意识本是一种封建糟粕，但甘肃地区文化的传统性和封闭性以及经济的自然性给这种落后的社会意识提供了生存空间。这样的评价体系和比较优势原则、价值规律等现代意义的价值体系是格格不入的。因此，在这样的社会文化氛围中，人们并不是按照比较优势原则，在更广阔的领域和空间追求效应最大化，即适合干什么就干什么，而是趋之若鹜地走仕途升迁之道，把做官作为始终不渝的追求，只有当官才能成正果，即使最擅长做企业人，或者企业做得再好的人都要皈依于仕途。弥漫于地域文化中的官本位意识严重影响到机会拉动型企业家精神存量的多寡，以官为终极目标的传统社会意识在许多企业家心里形成一种不自觉的"心理路径依赖"，这样，地域文化所内涵的价值评价体系中"官本位"取向就制约和影响着人们的思维方式和行为方式，这种"官本位"的价值取向作为一种非正式制度安排产生了人们选择行为的"路径依赖"。以至于一个有成就的企业家在事业发展的道路上，很可能产生反常的偏离而跻身于仕途。官本位意识在长期演变和发展过程中，内化为整个民族的深层心理，具有相对的独立性和巨大的反作用。它的主要危害有以下几个方面：

第一，官本位意识以做官为人生唯一价值取向，窒息了个体人格的多方向的全面发展。个体作为社会存在，始终是具有多方面发展可能的未完成物。但蕴涵于个体自身的多种发展潜能能否激发出来，并发展成为自由的人格，除了取决于特定社会历史条件所提供的可能以外，还取决于自身的人格理想，即以何种人格作为自身奋斗、成就的目标。传统政治文化的官贵民贱思想，使大部分人以做官为人生的首选目标，严重制约了人们价值体系的扩展和完善。

第二，官本位意识所反映的建立在人与人不平等基础之上的人身依附关系，不利于自由人格的形成。传统官本位意识强调官尊民卑，以官为君子、大人，视民为草民、群氓，民是官教化、训导、惩罚的对象，民和官在人格上和道德完善的可能上是不平等的，官民之间存在着人身依附关系。从官民之间的不平等出发，统治者往往采取愚民政策，由愚民而欺民甚而鱼肉百姓。官本位不仅不利于民的人格的发展，也不利于官自身人格的发展。大大小小的官在上级面前毫无个体的价值与尊严可言，在这样的文化理念支撑下，许多人只讲"官道"，不务正道；只体"政"情，不体"民"情；只有政治意识，没有人才观念；只有管制意识，没有服务意识。

第三，官本位意识把进入仕途看做获取财富的途径，弱化了人们认识自然、改造自然的决心和能力。自由人格的形成过程既是摆脱人对人的依赖关系的过程，也是摆脱人对物的依赖关系的过程。长期的官本位制度，给了做官的人、准备做官的人乃至从官场退出的人以种种经济上的利益。在社会的利益调整和利益分配中，官与民相比总是处于有利地位。甘肃长期处于小农生产为主的自然经济社会，生产力的落后使得人们不习惯于向自然索取财富，使人们进则求官道的飞黄腾达，退则安贫乐道、不思进取。

第四，官本位意识所导致的"权力真理论"，造成创新精神的缺乏，不利于自由人格的形成。自由人格的特征之一，就是有独立发表自己见解的能力，富于创造性，敢于怀疑前人、挑战权威。而官本位却与之相反，"上之所是，众必是之；上之所非，众必非之"，认为真理掌握在有权者手中，言出为法。官场中人或以"少说话、多磕头"为秘诀，或以"晚说、少说、不说"为座右铭，其实质就是强调居于等级制下层的人放弃自己的独立思考能力。

甘肃这种以服从为核心、以等级制为结构特征的伦理本位文化，造成了人们的人格等差意识，造成了人格平等、人格独立意识的淡漠。"低贱者"在"高贵者"面前形成了逆来顺受、唯命是从的习惯，一切唯上、缺少自信心和参与意识，所有人都把遵从上级作为自己的行动准则，对上级负责是最高的义务，也是万全之策，而不是对承受自己行为直接后果的对象负责，在这种情况下，人们缺少改变现实的勇气，甚至缺少改善现实的念头。独立思考能力的弱化导致权威主义、独断论的盛行，真正有个性的思想观点产生不了、传播不了，人们习惯于被动接受上级的观点，没有平等的交流和对话，个人的理性思维能力不能得到应有的发展，这种文化氛围培养出来的人只能是唯唯诺诺的听话机器，而不是具有自由意志和独立思维能力的现代人，这与企业发展所需要的人力资源素质显然大相径庭。

在改革开放过程中，社会活力不断释放、商业机会不断涌现、社会制度不断创新的时代条件下，甘肃人仍未能脱出官本位思想意识的窠臼，人们不是从比较优势出发谋求自身利益的最大化，而是寄全部希望于"官道"一条路，所谓的"千军万马奔官道"，造成社会人力资源的能量因人才结构不科学，长期处于单序结构，使人才能量的释放口单一而狭窄，严重地阻滞了总能量的释放，在现实中表现为中小企业发展的人力资源困境的持续性和从业向往度的畸形和扭曲。社会精英跻身官场，人力资源严重浪费。更为严重的是，这种官本位文化的危害通过人力资源的错配，使中小企业在发展过程中始终摆脱不了优质人力资源匮乏的困境，特别是企业家人才的缺乏和外流造成了中小企业发展的最关键的资源瓶颈。以官为终极目标的传统社会意识，在许多企业家心里形成一种不自觉的"心理路径依赖"，以至于当一个有成就的企业家在事业发展的道路上很可能产生反常的偏离而跻身官场。一些在发达地区求学返回的学子，一旦回到甘肃的文化氛围当中，也难免因受地域文化中官本位这种消极价值取向"俯就我范"的全方位侵蚀和改造，最终放弃技术开发和创新之路转而投奔仕途，对创业和到中小企业去实现人生价值往往持消极态度，或者即便无法实现跻身官场的理想，也要到大型国企中去谋职，以在某种程度上补偿自己对官本位价值理想的失落，更多的情况是，在官本位价值一元化的氛围中一旦仕途无望就意味着壮志难酬，因而大批的科技人员通过种种途径迁移到沿海那些多元化发展的环境去实现人生的价值（1981～1989 年甘肃专业人才净流失 4 719 人；1991～1994 年国有单位职工净流失达 11 761 人）。最具活力的经济形式如乡镇企业、私营企业和个体劳动者中人才奇缺，存量人才的大部分（84％）集聚在大型全民单位，特别是机关团体当中（夏绍宣，1994）。20 世纪 80 年代，甘肃一些地县曾有过一些创造了地方名牌（如通渭的"温泉"味精、"定西"飞天无纺地毯等）的乡镇企业家，然而这些企业却随着这些企业家的成功跻身政界而衰落甚至倒闭。

四　管制型文化下企业运行的外部费用

行政文化是社会文化在国家行政管理活动中表现出来的特殊文化形式，它是在社会文化的基础上，通过行政机关及其工作人员的各种行政活动所形成的一种精神文化形态，是社会文化在行政管理活动中表现出来的一种文化形式，是行政机关及其工作人员应具备和遵守的理想信念、价值观念、道德标准、行为模式、生活方式及人际关系等各种生活准则与行为规范的总称；是关于一切行政活动的行政意识观、行政价值观、行政道德观和心理倾向的总和。任何一个行政组织的结构、运转程序、决策过程以及行政人员的行为、作风、态度、价值观等，都直接或间接地受到行政文化的制约和影响。在农业社会，行政系统的存在主要是为了实现对国家的统治、对社会秩序的控制和对公众的管理。国家与社会之间总体上是控制与被控制、统治与被统治的关系。这种传统管制型行政文化的功能在于实现对社会的有效控制，建立起符合少数权势集团利益要求的社会秩序，在于实现以暴力镇压为主要特征的政治统治职能。而在现代民主社会里，社会公众主体地位的觉醒和民主权利的复归，公众对公共行政的总体价值认识越来越倾向于服务型行政文化。这就要求重大社会问题的决策、公共政策的制定与执行、公共权力的运用，都必须以人民福利的最大限度的获得与满足为目标。

甘肃长期小农耕作方式的自然经济和新中国成立后高度集中的计划经济模式，以及封闭的内陆环境与传统的地域文化互为条件，使传统文化中的一些负面因素通过种种渠道映射到行政文化当中。行政文化传统的滞留，严重地影响着现代行政。传统行政文化的一个重要方面是"官本位"，为官高人一等，"官"往往被看做是道德和智慧的化身，家长制、长官意志、"官念"为本、官级为准、官贵民贱等思想盛行。与"官本位"相应的是臣民文化，多强调依附和服从，忽视和轻视人的独立人格、自由、尊严和利益。这些消极的文化一定程度上残存在公共行政的管理体制中，造成官僚体制、特权思想、老爷作风，默认权大于法，居高临下地"牧民"、"治民"。这些传统的、顽固的负面文化，严重地影响着甘肃公共行政的职能模式、管理体制和权力结构，严重地阻碍了行政文化功能的发挥，在一定程度上制约了政府行政效率发挥和服务形象的树立。对中小企业的生存和发展来说，官本位浓厚的外部环境必然会在多方面造成企业高昂的外部运行成本。

企业作为市场经济的微观主体，其行为准则是以最小的成本获取最大的利润。在优胜劣汰的市场竞争中，企业竞争优势的获取主要是成本优势：生产费用越低，企业就越具有效率和竞争力，也就可以获取更多的利益。企业的总费用分为内部生产费用和外部运行费用两大方面。企业内部生产费用指企业在实际的生产过程中所耗费的各种生产要素成本，它包括劳动力成本、土地使用成本、资本使用成本、技术成本、管理成本、原材料成本等。内部生产费用的高低主要是由企业的生产技术水平决定的。技术水平越高，对生产要素和资源的使用越有效率,生产一定量产品所耗费的生产要素和资源就越少。再加上有效的管理,产品的内部生产费用就越低。在这方面还有一个突出的特点,内部生产费用的高低,完全是企业自主运行的结果。企业有降低内部生产费用的主动权,加上利益驱动及无情的优胜劣汰的市场竞争,其一般的趋势是降低的。在市场经济条件下,政府对企业内部生产费用的降低即使有作用空间,也是十分狭小的。

企业的外部运行费用指的是企业内部生产过程以外的活动所引起的成本。它可分为显性外部运行费用和隐性外部运行费用,其中显性外部运行费用,包括各种契约的谈判、签订、违约纠纷解决等交易费用、交通和通讯费用、水电供给费用、法律纠纷解决过程的费用、信息获取服务费用、税收费用、生态环境(包括生活环境)费用、融资费用、政府主管部门服务费用等。隐性外部运行费用既包括诸如拖延不办的费用(机会成本)和示意不明、制度规则不清、吃拿卡要和权钱交易等产生的费用,也包括使生产成本增加的行贿成本、地区封锁产生的成本等。

较之于生产费用,企业的外部运行费用是企业被动接受的,企业自身的主观努力不会使这部分费用降低。企业外部运行费用降低的途径有两条:

市场解决。企业外部运行费用过高,其实也就在相当程度上给一些市场主体指明了投资方向,投资于这方面必然收益可观,如信息提供、法律服务等。

政府解决。一些问题是市场不能也不愿去解决的,这时必须依靠政府来使这部分费用降低,比如政府职能部门办事效率的提高、基础设施的有效政府提供、政府主管部门行为的规范。也就是说,政府在企业外部运行费用降低中的作用空间比在企业内部生产费用降低中的作用空间要大很多。中小企业由于在整个企业生态中所处的弱势地位,它在与外部环境互动的过程中往往是被动的适应者,因此,对外部运行环境的质量、政府政策和政府效率有着更敏感的反应,过高的外部运行费用必然限制甚至扼杀中小企业的生命力。

甘肃中小企业的隐性外部运行费用突出表现在:

(1)部分政府主管部门办事效率低,决策拖延时间过长,手续烦琐,主管部门、行业归口、政府授权等前置专项审批繁多。在甘肃办一个中小企业常常需要通过十几个、甚至几十个部门的审批,才能最后正式开业运营,这既加大了企业开办成本又延误企业对市场机会的把握。

(2)主管部门行为不规范,吃拿卡要或等待企业送好处等都增大了企业的运行费用,一些地方与部门受利益驱使,有法不依,暗箱操作,权力寻租,各种严重侵犯与践踏民营经济投资权益的现象时有发生。常见的情况是各部门争相对中小企业收费，吃拿卡要，如修路、改造城市、公益活动等。一些地方的收费不仅多，而且不公开，不透明，成了企业不堪忍受的负担。乱收费、乱摊派、乱罚款是对私有产权的直接侵犯，也是政府权力的公开寻租。

（3）制度规则不清，执行过程中人为弹性太大，这使得企业无法准确估量自己的外部运行费用以及需耗用的机会成本的大小，以致不敢决策是否投资。资本的外流及甘肃民间投资缺乏活力都是出于对政府服务意识滞后、行政效率低下的理性选择。更为甚者，官本位的行政操作对中小企业的正当利益也带来侵害，使私营企业不得不面临极不确定的政治风险，还有些企业家看到社会环境比较差，企业家正当利益得不到保障，党政腐败有增无减，甚至出国培训都成了个别官员权力寻租的机会，企业经营机制扭曲，企业的这种官本位路线最终导致技术人员流失、生产经营归于失败。

# 第四节 甘肃中小企业的文化发展思路

甘肃中小企业的文化建设现状和社会文化环境决定了企业文化发展战略的全方位性。首先必须突破企业文化建设所依赖的"基础设施"的残缺格局，以重塑有利于文化战略实施的社会心理、群体心理，加强文化战略研究、建设。其次，中小企业应从自身特点出发，制定以"隐身冠军"和"网络组织"为导向的文化战略取向，实现企业文化和企业发展战略的良性互补。

## 一 挖掘地域文化中的积极因素

由于文化的传统性和地域的封闭性使甘肃地区的社会心理和价值观念里面，过多地保留了与现代市场经济发展不相容的因素，正是这些潜藏在人们意识深处的价值取向和心理定式决定了人们的动机和行为，使甘肃人在同样的经济机会面前无法顺势而为、抓住机遇、促成经济的发展，在现实中表现为中小企业的发展状况的滞后和低水平。然而，文化作为系统，是人们对特定自然环境适应的产物，甘肃地域文化不仅有封闭性和传统性的一面，也有其开放性和流变性的一面。甘肃曾作为边疆地区，在历史上是不同政治势力、不同文化实力、不同经济体制势力相互斗争、融会的地方，这种特殊的历史发展路径注定甘肃地域文化中天然地具有创新和开放的一面。而这种边疆效应所造就的开放心态作为一种社会文化基因，一定会有许多成分沉淀下来，成为构成新的居民心态不可或缺的成分。正是这些遗留下来的成分，今天表现为区域文化中开放性的东西。这种开放性的文化倾向往往为人们所忽视，因为它不是外显的，而是以一种类似于潜能的形式存在，并且只有当人们有意识地发掘时才会在人们的意识和行为中表现出来。地处甘青交界大山深处的大通河水泥股份有限公司，虽身处近乎绝对封闭的环境中，但就在这样的环境中却成长为一个发展迅速的现代化企业。研究该公司成功背后的原因，不难发现正是公司领导和员工面向未来、善于创新、勇于开拓的精神和心态。该公司不仅在技术的改造和制度的创新上始终没有停下探索的脚步，还成立专门的专家小组并积极地寻求与外部智力资源的联合，以保持企业在技术和制度上的领先地位。相应地，这种技术和制度上的领先确保了企业在市场竞争中的优势地位。因此，有意识地挖掘这种地域文化中潜在的开放性，摒弃制约企业生成和发展的封闭性应该是中小企业发展战略的一个重要课题。

甘肃地域文化的传统性在现代市场经济的条件下，仍不乏值得大力挖掘的积极因素。首先，地域文化中对"信"的主张和强调是有利于中小企业发展的传统文化资源。以诚信为核心的商业价值观在甘肃文化中最具特色。现代经济的发展已经表明，诚信是市场经济运行的关键因素之一，它不仅仅是一种市场经济所倡导的经济伦理，而且是从事经济活动的每一个经济主体所必须遵守的客观规律。在资本主义发展的初期阶段，一般都会出现诚信的失落和信用状况的恶化，但随着经济的发展和市场制度的完善，诚信会最终回到经济生活的主导地位，成为必须遵守的原则。然而，失信容易立信难，信用的重建是一个漫长而代价高昂的过程。浙江温州已经为自己在资本的原始积累时期所发生的信用缺失而付出了沉重的代价，打造信用温州是时下温州的一项战略举措。甘肃地域文化中的诚信观念经过千百年的传承和发扬，已经成为积淀在甘肃人心底不可逾越的道德底线，这为甘肃企业在全国乃至世界各地的诚信形象提供了文化保障。因此，甘肃地域文化对诚信的固守有可能使企业的发展历程可以避免重蹈资本积累时期信用沦丧而后重建的覆辙。

其次，传统文化中的"仁""义"观在甘肃地域文化中影响深广、独具特色。仁义注重自我道德的修养，并强调义重于利。从积极的意义上讲，仁义之道是一种利他主义和集体主义的价值取向。由科斯的企业理论可知，企业是一种对市场关系的替代，是用上下级的权威关系替代市场交换关系。企业内部的组织成本产生于上下级之间及部门之间相互协调的关系，如果企业内部的组织成本大到甚至超过了市场交易成本时，必然会导致企业的解体。因此，可以说，仁义是维护集体利益的调节剂，通过对仁义的高扬，突出整体利益的重要性和绝对至上性，从而使个体利益服从整体利益，以整体利益去调节和控制个体利益。由此可以看出，在一个尚仁重义的企业文化中，管理摩擦和管理成本必然会降低，从而使企业可以在较低组织成本的条件下运行，使企业有余力拓宽利润空间并有效地扩张规模。

最后，勤俭守业、自强不息是甘肃文化中又一独特品质，它既是对传统文化理念固守的结果，也是甘肃人民对恶劣的生产条件和生活环境适应的产物。在这个"物用了就扔"的消费主义时代，勤俭守业的价值观不仅符合经济可持续发展的要求，而且使企业在发展初期和发展的过程中具备了资本积累、规模优化的社会心理基础。同时，企业的发展不是一帆风顺的，这就需要企业领导和企业员工对困难进行态度上和心理上的超越，而这种超越能力源于地域文化观念中所蕴涵的对顽强奋斗精神的崇尚和固守。甘肃企业文化中这种顽强拼搏的精神和超常的生存欲望造就出一个个令人惊叹的企业神话，最典型的是甘肃中部干旱地区（定西市）的扶正制药有限公司。扶正公司地处一个年降雨量全国最低、生活水平最差的地区，却能发展为一个在西北乃至全国知名的制药企业，其成功的法则就在于那个苦甲天下的自然环境所造就出来的企业员工的顽强意志和强烈的求生欲望。该企业文化的主旨就是拼搏精神，它是沉淀在每个职工内心的一种长期形成的潜意识，正是这种精神促使员工在任何时候都能够保持一种乐观和自信，也正是这种精神使扶正公司历经波折而不衰，使企业始终以一种健康向上的精神和状态参与竞争、寻求发展。

## 二　加强对企业文化要素的甄选与凝合

文化管理作为先进管理手段随着世界经济一体化的发展而日益具有紧迫性，实施文化战略增强企业的文化竞争力已经成为企业制胜的武器，因此从主观上提高社会及企业对文化管理重要性的认识乃是企业文化战略的第一步。为此，应加强社会媒体、社会舆论对企业文化的多种方式的宣传和倡导，以期在全社会范围内造成有利于企业文化建设的声势和氛围，形成中小企业文化建设的外在文化压力。同时要在企业内部把企业文化的宣传和倡导工作作为一项文化战略的前期准备，逐渐创造出企业文化建设所需要的群体心理基础。其次，针对甘肃中小企业文化的现状，应对企业文化进行全方位的甄选，对符合现代企业文化建设内容的价值观、道德观、行为规范等潜在因素进行挖掘、提炼和改造，使之系统化、理论化，并通过制度化不断地引入到企业文化建设的内容当中，并随着经济的发展赋予新的内涵，使企业文化逐渐脱离分散化、紊乱化的初级状态，成为符合现代企业发展要求的由先进企业价值观统领的有机体系。

## 三　深化企业家队伍的建设

企业家不仅是现代企业经营管理的核心力量，还是企业文化建设的引导者、推动者、激励者和示范者，是企业形象最集中的代表。针对甘肃企业文化的超强路径依赖性，必须要有一个强有力的、能够在企业中全方位推动企业文化建设的权力中心。因此，企业文化建设的突破口理所当然应首先选择企业家。为此，必须首先要加强企业家队伍的建设和企业家素质的提高。企业家是一个素质概念，它代表活力、进取和创新精神，只有在市场经济中勇于开拓、敢于冒险、善于经营、精于管理并且具有战略眼光和敏锐洞察力的企业经营者，才称得上是企业家。由此看来，企业家只能来自激烈竞争的市场。因此，加强企业家队伍的建设就必须真正建立企业家产生和成长的竞争机制。甘肃中小企业的领导者仍然未能脱离由主管部门直接任免或是形式上的群众选举机制产生，大多数私营企业主仍然一身兼二任，既是所有者又是经营管理者，这种状况必然导致经营管理的低水平和低效率，也不可能将文化管理当做一项与企业生存和发展直接攸关的战略举措来贯彻。只有把企业家推向市场，才能真正把企业彻底推向市场，为此应转变在计划经济体制下所形成的企业领导形成机制，实现企业家供给机制的市场化。这样，企业文化才能有一个建设和贯彻的强有力保障，才能最终突破甘肃中小企业文化超强的路径依赖性，实现企业文化建设的路径超越，企业文化才能渗透到企业经营管理的全过程，发挥文化管理对企业发展的巨大推动作用。

## 四　发展企业文化建设的工作机构

甘肃企业文化建设的滞后性不仅表现在"软件"方面，还表现为企业文化工作机构等"硬件"的缺位和不成熟。因此，应积极倡导和提供条件建立从事研究、提供咨询和教育培训等功能的社会工作机构，从智力资源的供给机制上满足中小企业对现代企业文化的理论需求，并在企业文化建设过程中提供专业化指导。因为企业文化建设是一个长期过程，加上甘肃企业文化和地域文化之间存在着天然的"血缘"关系，因此企业文化工作机构的"本土化"也应该成为整个企业文化战略的重点之一。只有这样，才能使企业文化工作机构从甘肃地域文化和中小企业互动关系的实际出发来设计企业文化内涵及导入机制，提供长期低成本和优质的有关企业文化建设的智力资源，并通过长期跟踪研究不断修正文化战略方向，使中小企业文化战略的制定和实施有一个可靠的智力保障。另外，中小企业本身应该打破企业内部文化建设机构缺位的局面，从企业文化战略需要的高度对组织机构进行适度重组。企业可根据自身的实际情况设立专门的文化工作委员会，或者可以利用党群组织的思想工作优势进行企业文化建设，以保证企业内部企业文化建设的机构载体。

### 五 制定以隐形冠军和网络组织为导向的文化战略

甘肃中小企业在规模经济、人力资源、金融资源和市场资源等方面无法与大企业匹敌，因此使得它不具有全面的市场竞争优势，如将有限的资源集中于某一领域，将其做精做足、做大做强，做到别人无法替代、无法进入，这样就可以不战而胜，成为保持长久强势竞争力的"隐形冠军"。同时，随着信息技术的发展，网络组织已经成为中小企业参与竞争的新组织形态，中小企业通过相互渗透结成有机联合的虚拟组织以强化比较优势、凸显核心竞争力来赢得市场。隐身冠军和网络效应是互为条件的，甘肃中小企业文化的发展战略必然应以此双重战略为导向。为此，首先应着手"心理市场领先地位"战略的构建，树立追求世界最佳的目标，只有在这种精神的激励下，才能在日益激烈的市场竞争中无所畏惧、勇往直前，才能在不断的发展中领跑同行业，占领行业制高点，力争成为行业规则和标准的制定者。其次，实施专注战略，开发利基市场，避免盲目多元化而使企业走上机会型的发展道路。通过不断的市场焦点化，无限细分市场，然后选准最脆弱的盲点切入，迅速地建立市场份额，直至获得在地区、全国乃至全球的垄断地位。再次，持续创新，追求领先。创新是企业生命力的真正内涵，是企业核心竞争力得以长久保持和不断升级的动力源泉。为此，应切实在企业中营造学习和创新的文化氛围，构建学习型组织，培养世界视野和前瞻眼光。另外，应将合作文化、信任文化的培育作为一项长期发展战略，企业之间应建立合作的意愿和机制，互相提供成长环境、创造市场机会，以合作的精神引导企业走向虚拟化、有机化。这一切的实现要靠以人为本的企业文化作保证，通过强调团队精神使员工对公司产生强烈的感情偏爱，提高员工忠诚度，诱导员工的组织公民行为，这样才能吸引、挑选和留住一流人才，才能在激烈的竞争中保持动态优势，才能突破地域文化的各种制约性障碍并通过众多中小企业对地域文化的频密反哺来推动地域文化现代化，逐步启动地域文化、企业文化和企业发展之间相互反哺、相互激活的良性反馈循环，推动甘肃中小企业的跨越式发展。

# 第五节　结语

无论是经济体制由计划经济向市场经济的转变，还是经济增长方式由粗放型向集约型的转变，都不仅仅是一种经济现象，一种单纯的经济体制和增长方式的转变，而更主要是一种文化现象，是社会文化形态的转变，是乡村社会文化和农民的文化心理由落后向进步、由传统向现代的历史性转变。从地域文化角度探索甘肃中小企业发展滞后的原因，作为一种新的理论构思，虽然实际操作起来要比理论思辨复杂得多，但通过分析却深刻说明了这项工作的重要性。事实上，甘肃中小企业能否在新的历史条件下迎头赶上，保持持续、快速、健康的发展，经济现代化能否实现，关键在于特定地域文化生活中的人们的群体心理和社会意识的转型。只有从"深层建筑"（文化领域）方面夯实经济发展和现代化建设的根基，促进甘肃中小企业发展的战略目标才能实现。正如英格尔斯（1984）所说："当今任何一个国家，如果它的国民不经历这样一个心理上和人格上向现代性的转变，仅仅依赖于外部的援助、先进技术和民主制度的引进，都不能成功地使其从一个落后的国家跨入自身拥有持续发展动力和发展能力的现代国家的行列。"正是从这个意义上，我们认为，要实现甘肃中小企业的大发展，不能仅仅理解为市场调节和法规制约，更需要一种文化自觉、文化规范，也即需要一种"市场理性"。所谓

"市场理性"，说到底就是一种文化理性，用贝尔（1989）的观点看，也就是"禁欲苦行和贪婪攫取这一对冲动力被锁合在一起。这两种原始冲动的交织混合，形成现代理性概念"。也就是说，勤俭节约、公平竞争与积极进取、开拓创业形成了经济领域的文化理性精神。这种精神用现代文化哲学的观点来观照，它不仅体现为人对公正、平等、文明等伦理、法制、宗教境界的追求，也表现为人对自由、自主、自律的主体性的追求。如果没有这种文化理性，就不会有市场经济的健康发展。这也正如韦伯（1987）所分析的那样："如果这种理性行为的类型受到了精神障碍的妨害，那么，理性的经济行为的发展势必会遭到严重的、内在的阻滞。"

# 参考文献

[1]　〔美〕赫尔蒙·西蒙：《隐形冠军：谁是全球最优秀的公司》，新华出版社 2003 年版。

[2]　〔美〕彼德·德鲁克：《创新与企业家精神》，海南出版社 1985 年版。

[3]　〔美〕詹姆斯·A. 道等：《发展经济学的革命》，上海人民出版社 2000 年版。

[4]　〔美〕弗雷德·R. 戴维：《战略管理》，经济科学出版社 2001 年版。

[5]　〔奥地利〕约瑟夫·熊彼特：《经济发展理论》，商务印书馆 1990 年版。

[6]　〔美〕丹尼尔·A. 雷恩：《管理思想的演变》，中国社会科学出版社 2000 年版。

[7]　〔美〕英格尔斯：《人的现代化》，四川人民出版社 1984 年版。

[8]　·〔美〕道格拉斯·C. 诺斯：《经济史上的结构和变革》，商务印书馆 1992 年版。

[9]　〔美〕道格拉斯·诺斯、罗伯特·托马斯：《西方世界的兴起》，华夏出版社 1999 年版。

[10]　〔美〕冯·哈耶克：《哈耶克论文集》，首都经济贸易大学出版社 2001 年版。

[11]　〔德〕马克斯·韦伯：《新教伦理与资本主义精神》，生活·读书·新知三联书店 1992 年版。

[12]　〔德〕马克斯·韦伯：《马克斯·韦伯文选》，上海社会科学出版社 1997 年版。

[13]　〔德〕马克斯·韦伯：《经济与社会》下卷，商务印书馆 1997 年版。

[14]　〔德〕柯武刚、史漫飞：《制度经济学》，商务印书馆 2001 年版。

[15]　〔美〕斯蒂芬·P. 罗宾斯：《管理学》，中国人民大学出版社 2003 年版。

[16]　〔美〕丹尼尔·贝尔：《资本主义文化矛盾》，生活·读书·新知三联书店 1989 年版。

[17]　〔美〕马歇尔：《经济学原理》，商务印书馆 1990 年版。

[18]　席西民：《企业外部环境分析》，高等教育出版社 2001 年版。

[19]　陆道生、王慧敏：《中小企业的创新与发展》，上海人民出版社 2002 年版。

[20]　吕国胜：《中小企业研究》，上海财经大学出版社 2000 年版。

[21]　梁嘉骅等：《企业生态与企业发展：企业竞争对策》，科学出版社 2005 年版。

[22]　邓荣霖：《中小企业制度与市场经济》，中国人民大学出版社 1999 年版。

[23]　周立群：《中小企业改革与发展研究》，人民出版社 2001 年版。

[24]　汪丁丁：《经济发展与制度创新》，上海三联出版社 1995 年版。

[25]　金镛：《新经济条件下的生存环境与中华文化》，浙江大学出版社 2002 年版。

[26]　江华：《中国文化学》，石油大学出版社 2001 年版。

[27]　刘光明：《企业文化》，经济管理出版社 2001 年版。

[28]　卜卫进：《经济魂：企业文化与企业精神》，人民出版社 1996 年版。

[29]　陈春花：《企业文化管理》，华南理工大学出版社 2002 年版。

[30] 黄静：《以人为本的企业文化》，武汉大学出版社 2003 年版。

[31] 李建军：《企业文化与制度创新》，清华大学出版社 2004 年版。

[32] 何成轩、李更：《儒学与现代社会》，沈阳出版社 2001 年版。

[33] 邹进文、赵玉勤：《儒商法典》，湖北人民出版社 1999 年版。

[34] 王丽娟：《文化解码中小企业成长》，科学出版社 2005 年版。

[35] 马云志、李少惠：《企业文化概论》，兰州大学出版社 1998 年版。

[36] 仇保兴：《小企业集群研究》，复旦大学出版社 1999 年版。

[37] 锁箭：《中小企业发展的国际比较》，中国社会科学出版社 2001 年版。

[38] 王丽娟：《文化解码中小企业成长》，科学出版社 2005 年版。

[39] 王缉慈：《创新的空间：企业集群与区域发展》，北京大学出版社 2001 年版。

[40] 司马云杰：《文化社会学》，中国社会科学出版社 2001 年版。

[41] 陈筮泉、李景源：《新世纪文化走向——论市场经济与文化、伦理建设》，社会科学文献出版社 1999 年版。

[42] 费孝通：《乡土中国》，生活·读书·新知三联书店 1985 年版。

[43] 马克思：《经济学手稿》，《马克思恩格斯全集》第 47 卷，第 427 页。

[44] 《毛泽东选集》第 2 卷，人民出版社 1991 年版。

[45] 马戎、王汉生：《中国乡镇企业的发展历史与运行机制》，北京大学出版社 1994 年版。

[46] 李勤德：《中国区域文化》，山西高校联合出版社 1995 年版。

[47] 李泽厚：《中国古代思想史论》，安徽教育出版社 1994 年版。

[48] 李宗桂：《中国文化概论》，中山大学出版社 1988 年版。

[49] 蔡俊生、陈荷清、韩林德：《文化论》，人民出版社 2003 年版。

[50] 李小娟：《文化的反思与重建——跨世纪的文化哲学思考》，黑龙江人民出版社 2000 年版。

[51] 赵洪恩、李宝席：《中国传统文化通论》，人民出版社 2003 年版。

[52] 蔡昉：《制度趋同于人文发展——区域发展和西部开发战略思考》，中国人民大学出版社 2002 年版。

[53] 陈吉元、何梦笔：《当代中国的村庄经济与村落文化》，山西经济出版社 1996 年版。

[54] 方克立：《走向二十一世纪的中国文化》，山西教育出版社 1999 年版。

[55] 司马云杰：《文化价值论——关于文化建构价值意识的学说》，陕西人民出版社 2003 年版。

[56] 林语堂：《中国人》，学林出版社 2002 年版。

[57] 李桂香、王玉英：《现代文化管理》，中国审计出版社 1992 年版。

[58] 曹世潮：《文化战略——一项成为世界一流或第一的竞争战略》，上海文化出版社 2001 年版。

[59] 童恩正：《文化人类学》，上海人民出版社 1989 年版。

[60] 樊浩：《伦理精神的价值生态》，中国社会科学出版社 2001 年版。

[61] 张应杭、蔡海榕：《中国传统文化概论》，上海人民出版社 2000 年版。

[62] 周浩然、李荣启：《文化国力论》，辽宁人民出版社 2000 年版。

[63] 朱成全：《企业文化概论》，东北财经大学出版社 2005 年版。

[64] 周鸿：《生态学的归宿——人类生态学》，安徽科学技术出版社 1989 年版。

[65]　揭筱纹：《西部地区中小企业发展研究》，西南财经大学出版社 2001 年版。

[66]　赵惠强、洪增林：《西部人文资源开发研究》，甘肃人民出版社 2002 年版。

[67]　张景安、亨利·罗文：《创业精神与创新集群——硅谷的启示》，复旦大学出版社 2002 年版。

[68]　贾应生、王宗礼：《中国西北地区社会现代化的困惑与出路》，甘肃人民出版社 1998 年版。

[69]　谢俊春、马克林：《西部人文环境优化研究》，甘肃人民出版社 2002 年版。

[70]　李亦亮：《企业集群发展的框架分析》，中国经济出版社 2006 年版。

[71]　倪国良：《中国西北地区现代化中的经济与文化关系》，甘肃人民出版社 1998 年版。

[72]　林汉川：《中国中小企业发展机制研究》，商务印书馆 2003 年版。

[73]　陈幼其：《现代企业战略管理》，华东师范大学出版社 1997 年版。

[74]　叶远西：《中小企业创新》，广东经济出版社 2004 年版。

[75]　陈雪梅：《中小企业集群的理论与实践》，经济科学出版社 2003 年版。

[76]　庄锡昌、孙志民：《文化人类学的理论构架》，浙江人民出版社 1988 年版。

[77]　金其铭、黄新、陆玉麟：《中国人文地理学》，陕西人民出版社 1990 年版。

[78]　陈正祥：《中国文化地理》，生活·读书·新知三联书店 1983 年版。

[79]　张云初、王清、陈静：《让企业文化起来》，海天出版社 2003 年版。

[80]　谭伟东：《西方企业文化纵横——当代企业管理思想》，北京大学出版社 2001 年版。

[81]　高波、张志鹏：《文化资本：经济增长源泉的一种解释》，《南京大学学报》2004 年第 5 期。

[82]　朱伟珏：《"资本"的一种非经济学解读——布迪厄"文化资本"概念》，《社会科学》2005 年第 6 期。

[83]　赵锡斌：《企业环境研究的几个基本理论问题》，《武汉大学学报》2004 年第 1 期。

[84]　庞敦之：《论文化对区域经济发展的影响》，《山东社会科学》2006 年第 8 期。

[85]　黄惠运：《论中小企业集群生成的历史文化条件》，《井冈山学院学报》2005 年第 3 期。

[86]　朱华晟：《关于中小企业集群化的几点思考》，《发展研究》2000 年第 5 期。

[87]　邹国胜：《集群文化与产业集群竞争力》，《现代企业》2006 年第 8 期。

[88]　李政新、李二玲：《区域文化差异对企业集群的影响——以河南省和浙江省为例》，《河南师范大学学报》2004 年第 6 期。

[89]　晏雄、寸晓宏：《基于文化层面的企业集群竞争力探析》，《经济问题探索》2005 年第 11 期。

[90]　陈光：《公共政策视野中的中小企业集群》，《科学学研究》2003 年第 10 期。

[91]　赵丽华：《中小企业集群式发展的机理和政府的作用》，《现代企业教育》2005 年第 6 期。

[92]　刘国荣、杨亮才：《社会发展与文化创新》，《中共福建省委党校学报》2004 年第 6 期。

[93]　彭岚嘉：《西部地区的文化圈及文化板块》，《兰州大学学报》2001 年第 6 期。

[94]　夏绍宣：《对甘肃经济发展滞后的分析及市场化的对策》，《兰州大学学报》1994 年第 3 期。

[95]　王晓兴、匡钊：《甘肃区域文化与人文资源开发》，《科学·经济·社会》1999 年第 1 期。

[96]　杨江、戴林：《中国企业家精神与企业行为理性化》，《管理世界》2005 年第 5 期。

[97]　路柳：《关于地域文化研究的几个问题——第一次十四省市区地域文化与经济社会发展研讨会综述》，《山东社会科学》2004 年第 12 期。

[98]　李相银：《企业战略管理模型：战略—文化—结构》，《中国工业经济》2002 年第 7 期。

[99]　田秋生：《甘肃非公有制经济发展滞后的原因与加快发展的对策建议》，《兰州大学学报》

2003 年第 6 期。

　　［100］　　张海冰、田秋生：《甘肃个体私营经济发展中的企业家问题》，《科学·经济·社会》1999
年第 3 期。

　　［101］　　鲁传一、李子奈：《企业家精神与经济增长理论》，《清华大学学报》2003 年第 3 期。

　　［102］　　肖瑛：《中国传统文化体系的核心结构与中国历史之进路》，《唐都学刊》2003 年第 2 期。

　　［103］　　周长城、吴淑风：《企业家与企业家精神：机遇、创新与发展》，《社会科学研究》2001 年
第 1 期。

# 后　记

　　现代企业的运营不仅受到"看不见的手"——价值规律的制约，也受到"无形之手"——文化规律的影响。知识经济时代，企业的发展越来越倚重于文化因素。中小企业是整个社会经济系统中重要的组成部分，正日益成长为经济竞争中的"隐形冠军"，近年来受到了理论界和企业界人士的共同关注。企业文化作为企业发展的精神源泉，这一领域的研究在欧美国家也异军突起并由此产生了企业文化理论。随着我国市场经济的发展，国内学术界对企业文化的研究方兴未艾，尤其在中小企业已成长为市场经济生力军时，越来越多的人开始重视中小企业文化体系的建设和发展。近几年来，又有学者深入到文化层面强调地域文化在区域经济发展中的作用。在国内外相关领域研究的基础上，通过不断的探索和凝练，笔者提出了地域文化创新与中小企业文化发展及其互动关系的研究课题，并在既有项目研究成果的基础上，以经济与文化的一体化发展趋势为背景，立足于我国中小企业发展相对滞后这一现状，通过进一步的思考、创新和拓展，提出了以文化创新推进中小企业发展的思路。

　　基于此，为全面阐述中小企业文化的体系结构及发展理路，本书借助文化生态学的分析理路，通过多层次、多视角的分析，系统考察了地域文化生态的历史演进，诠释了中小企业文化的基本内容、根植来源和影响因素，阐述了中小企业文化与传统文化、地域文化及企业集群文化间内在的互动、融合与嬗变关系，为此提出了通过传统文化及根植于其中的地域文化的解构与重构打破中小企业文化发展的"瓶颈"，并将其作为促进中小企业发展的"软环境"进行培育，优化中小企业发展的文化生态。

　　在漫长的思索和书稿写作过程中，笔者深深感到学术研究的艰辛，哪怕是取得一点微小的成果，也需付出百倍的努力！而今书稿完成之际，我深感欣慰并充满期待，但学术自觉和理性也使笔者清醒地意识到，本书所做的点滴研究成果是在大量研读、参考并应用相关领域学者们已有研究成果的基础上完成的，并且书中不可避免地还有许多疏漏之处，恳请各位专家学者批评指正！最后，对本书写作过程中给予思想启发和无声援助的各位学者表示诚挚的感谢！对本书出版过程中中国社会科学出版社的各位编辑及工作人员付出的辛勤劳动表示衷心的感谢！

李少惠

2007 年 10 月